LE LIVRE
DE L'HOMME PARFAIT

Prochains titres à paraître
dans la même collection :

Leszek KOLAKOWSKI, *Religion.*

M.I. von FRANTZ, *L'Alchimie de la mort.*

Les Chants de Milarépa.

A l'origine, et dans l'esprit de Jacques Masui son fondateur, la collection « Documents spirituels » avait pour objet de réunir des *documents* attestant la réalité d'une expérience spirituelle hors du commun. Elle s'est ouverte ensuite à des textes divers, émanant d'autres horizons culturels, et de nature à rendre vie à des traditions perdues. Un *espace* différent de la réalité intérieure s'est ainsi peu à peu dessiné, dont elle reste le cadre. D'où le nouveau titre adopté, qui nous paraît plus conforme à sa véritable intention.

R.M.

Voir, en fin de volume, la liste des ouvrages déjà parus dans la collection.

L'espace intérieur 30

Collection dirigée par Roger Munier

Recueil de traités de soufisme
connu sous le titre de

Le Livre de l'Homme Parfait

(Kitāb al-Insān al-Kāmil)

par

'AZĪZODDĪN NASAFĪ

Traduit du persan par Isabelle de Gastines

Fayard

Note liminaire

Les renseignements que l'on peut glaner sur la vie d'Azīzoddīn Nasafī sont trop rares pour permettre d'établir une biographie. Nous dirons seulement qu'il naquit à Nasaf en Transoxiane au VIIᵉ siècle de l'Hégire (XIIIᵉ siècle après J.-C.) et mourut à Abarqūh dans le sud de l'Iran vers l'an 700 de l'Hégire.

C'est en ce XIIIᵉ siècle de l'ère chrétienne que Gengis Khān, nouvel Alexandre à demi sauvage, avait traversé l'Asie. Dans ce climat d'intenses bouleversements nous pouvons entrevoir les grandes lignes de la vie de Nasafī. Elle gravite autour de deux pôles, à son époque les deux centres de la vie iranienne, la Transoxiane et le Fārs, Bokhāra et Shīrāz, Nasaf et Abarqūh. Entre les deux, le Khorāsān où notre auteur fit son apprentissage auprès d'un maître éminent : le shaykh Sa'doddīn Hamū'ī, disciple direct de Najm al-Dīn Kobrā. Humū'ī aurait également fréquenté Sadr al-Dīn Qonyawī, le futur disciple et gendre d'Ibn 'Arabī ainsi que le célèbre soufi de Bagdad Shihāb al-Dīn 'Omar Sohrawardī, à ne pas confondre avec Sohrawardī, le « *Shaykh al-Ishrāq* », (le shaykh ou le docteur de la « théosophie de la lumière levante »). L'influence de Sa'doddīn Hamū'ī devait être décisive sur la

9

pensée de Nasafī. A travers Nasafī, disciple de Sa'doddīn Hamū'ī, nous pouvons saisir sur le vif la première réception des idées d'Ibn 'Arabī dans les milieux soufis iraniens ; et c'est sans doute la propagation de ces idées dans des écrits en claire langue persane que réside l'importance historique des œuvres de Nasafī.

Nous savons par ailleurs que Nasafī fréquenta des soufis et des philosophes, qu'il eut un maître en soufisme à Bokhārā, qu'il fit des études de médecine.

L'œuvre de Nasafī est en majeure partie inédite. Outre le *Kitāb al-Insān al-Kāmil*, « Le Livre de l'Homme Parfait », édité par Marijan Molé en 1962 (Bibliothèque iranienne, dir. H. Corbin), seuls à notre connaissance deux de ses ouvrages : le *Maqsad-e aqsā* (« Le But ultime ») et le *Zobdat al-haqā'iq* (« La Quintessence des Vérités »), ont été lithographiés à Téhéran, à la suite du commentaire des *Lamā'āt* (« Observations »), de Fakhr 'Irāqī par Jāmī, en 1303 de l'Hégire (1885 après J.-C.).

Les manuscrits de ses œuvres sont pourtant très nombreux et ont été beaucoup lus. Mais le style de Nasafī, simple et clair, se prête facilement à des contrefaçons. De plus, l'auteur semble lui-même être revenu plusieurs fois sur le même sujet et avoir donné, du même traité, deux ou plusieurs versions. A partir de là, nous percevons l'extrême difficulté de la tâche essentielle qu'a menée à bien Marijan Molé — à savoir l'édition de l'œuvre majeure d' 'Azīzoddīn Nasafī. Il s'agissait de mettre en ordre les nombreux traités de soufisme à grouper dans le *corpus* pour lequel a été retenu comme titre « Le Livre de l'Homme Parfait », titre déjà consacré par une tradition.

Nous avons suivi dans cette traduction le texte édité par M. Molé.

10

« Le Livre de l'Homme Parfait » n'avait, jusqu'à ce jour, fait l'objet d'aucune traduction.

Notons pourtant que parmi les auteurs soufis, 'Azīzoddīn Nasafī est l'un des plus anciennement connus en Europe. Des fragments de la version turque de son *Maqsad-e aqsā* ont été publiés et traduits en latin dès 1655. Cette traduction fut ensuite amplement utilisée par Tholuck dans son traité sur le soufisme (Berlin, 1821), resté longtemps un classique. Plus tard, Palmer publia une paraphrase de l'original persan, paraphrase qui devait être réimprimée à la veille de la Seconde Guerre mondiale (cf. E.H. Palmer, *Oriental Mysticism,* Londres, 1867, seconde éd. 1938). Près d'un siècle après, Fritz Meier attira de nouveau l'attention des orientalistes sur Nasafī. Il rédigea deux études en se basant sur deux ouvrages importants du mystique iranien : le *Kitāb-e Kashf al-haqā'iq,* (« Le Livre du dévoilement des vérités ») et le *Kitāb al-tanzīl* (« Le Livre de la descente ») (cf. F. Meier, « Das Problem der Natur im esoterischen Monismus des Islams » (*Eranos-Jahrbuch* XIV, 1946, 149-227) ; « Die Schriften des 'Azīz-i Nasafī » (Wiener Zeitschrift für die Kunde des Morgenlandes, 52, 1953, 125-182).

Ces études sont le point de départ de toute recherche sur Nasafī.

I.G.
Paris, 1984.

Transcriptions

Rappelons que le 'ayn et le hamza sont indifféremment représentés par une apostrophe ; le s a toujours le son dur ; le h est toujours aspiré ; le j doit se prononcer dj ; le kh et le x équivalent au ch allemand ou à la jota espagnole ; le dh équivaut au z français. La voyelle u a toujours le son de ou en français. La semi-consonne w est prononcée ou en arabe mais comme un v en persan.

*

Les passages en italique — versets du Qorān, hadīths, sentences de derviches — sont traduits de l'arabe.

Les versets du Qorān cités et leur numérotation sont empruntés à la traduction de l'arabe de D. Masson, Bibliothèque de la Pléiade, Gallimard.

Nous tenons à remercier M. A. Jalīlī qui a bien voulu nous aider pour l'intelligence de certaines citations en arabe.

Au nom de Dieu :
Celui qui fait miséricorde,
Le Miséricordieux.

PROLOGUE

Gloire à Dieu le Seigneur des deux mondes. La fin heureuse est aux hommes pieux. Il n'est d'inimitié qu'envers les oppresseurs. Que les bénédictions et les saluts soient sur Ses prophètes et Ses Amis — les meilleures de Ses créatures — sur leurs descendants et leurs compagnons excellents et purs !

Ainsi rapporte le plus humble d'entre les humbles, le serviteur des pauvres, 'Azîzoddîn Mohammad Nasafî :

Un groupe de derviches, *que Dieu augmente leur nombre,* demanda à ma chétive personne d'assembler quelques traités sur les sciences dont la connaissance est nécessaire au pèlerin en sorte que — disaient-ils — « cette somme soit pour nous un compagnon et un modèle et pour toi un trésor et un souvenir ». Je dis : « Ces sciences sont nom-

13

breuses ; les exposer toutes serait long. A vos questions
plutôt je répondrai. » Je m'employai ainsi et priai Dieu
Très Haut de m'accorder aide et assistance afin qu'Il me
garde de la faute et de l'erreur, car *Il est puissant et prêt
à exaucer.* Je rédigeai vingt traités : dix à l'intention des
débutants et des initiés, afin que les uns trouvent la foi et
les autres une confiance accrue ; et dix à l'intention des
seuls initiés. Je fis précéder ces traités de cinq chapitres,
chacun étant sur cette voie, fondamental, et réunis le tout
en deux volumes.

> *Le secours ne me vient que de Dieu.*
> *Je me confie à Lui et je reviens repentant vers Lui.*
>
> Qorân XI/88

CHAPITRE I

De la Loi religieuse (shari'at);
de la Voie mystique (tariqat);
de la Réalité Vraie (haqiqat)

Sache, *béni sois-tu dans les deux mondes,* que la Loi
religieuse, la *shari'at,* est l'énoncé des prophètes ; que la
Voie mystique, la *tariqat,* est la pratique des prophètes ;
que la Réalité Vraie, la *haqiqat,* est la vision des prophètes.
« *Mes paroles sont la* shari'at, *mes actions la* tariqat, *mes
états la* haqiqat. » Le pèlerin doit d'abord étudier et apprendre par cœur ce qui est nécessaire dans la science de la Loi
religieuse, puis accomplir ce qui est nécessaire dans la prati-

que de la Voie mystique afin d'accéder, selon ses efforts et son assiduité, à la lumière de la Vérité.

O Derviche ! Celui qui accepte ce que son prophète a dit est parmi les adeptes de la Loi. Celui qui fait ce que son prophète a fait est parmi les gens de la Voie mystique. Celui qui voit ce que son prophète a vu est parmi les visionnaires de la Vraie Réalité.

O Derviche ! Celui qui possède les trois est au nombre des Parfaits : il est « celui qui se tient en avant » — le guide spirituel. Celui qui de cette triade est dépourvu est au nombre des imparfaits : il compte parmi les bêtes.

O Derviche ! Sache avec certitude que la plupart des hommes, bien qu'ayant forme humaine, ne sont pas hommes au sens plénier. Ils sont en vérité âne, bœuf, loup, panthère, serpent, scorpion. N'aie aucun doute là-dessus. Dans chaque cité il en est ainsi.

Le Très Haut a dit :

Nous avons destiné à la Géhenne
un grand nombre de djinns et d'hommes.

Ils ont des cœurs
avec lesquels ils ne comprennent rien ;
ils ont des yeux
avec lesquels ils ne voient pas ;
ils ont des oreilles
avec lesquelles ils n'entendent pas.

Voilà ceux qui sont semblables aux bestiaux,
ou plus égarés encore.

Qorân VII/179

15

CHAPITRE II

De l'Homme Parfait

Sache que l'Homme Parfait est celui qui est accompli dans la Loi religieuse, la Voie mystique et la Réalité Vraie. Si tu ne comprends pas cette définition je t'en donnerai une autre. L'Homme Parfait est celui qui détient avec perfection ces quatre choses : les paroles bonnes, les actes bons, les dispositions naturelles bonnes et les connaissances.

Tous les pèlerins qui sont sur la Voie sont parmi les hommes parfaits. Leur affaire est de porter à la perfection ces quatre choses. Celui qui y parvient atteint sa propre plénitude. O combien sur cette voie se sont engagés, mais au but ne sont pas arrivés !

Ayant appris ce qu'est l'Homme Parfait, sache maintenant que celui-ci est mentionné par de nombreux titres — épithètes, qualificatifs et noms différents — tous justes. O Derviche ! On l'appelle : « Maître spirituel », « Celui qui se tient en avant », « Guide », « Celui qui est guidé par Dieu ». On l'appelle « Savant », « Adulte », « Parfait », « Celui qui rend parfait ». On l'appelle « Imām », « Khalife », « Pôle ». On l'appelle le « Maître du temps », la « Coupe-qui-révèle-l'univers », le « Miroir-du-monde », le « Grand-antidote », l'« Elixir suprême ». On l'appelle « Jésus-qui-réssuscite-les-morts », « Khezr-qui-a-bu-à-l'eau-de-la-Vie », « Salomon-qui-connaît-le-langage-des-oiseaux ». Il est toujours au monde un Homme Parfait et il n'en est qu'un à la fois parce que tous les êtres sont comme un seul corps dont l'Homme Parfait est le cœur ; que le corps sans le cœur ne peut subsister. De même qu'il n'est

16

au corps qu'un seul cœur, il n'est au monde qu'un seul
Homme Parfait. Il est au monde beaucoup d'hommes sages
et instruits mais celui qui est le cœur du monde est unique.
Ceux-là se tiennent échelonnés chacun à un rang. Quand
celui-ci, cet « Unique au monde », disparaît, l'un de ceux-
là accède à son rang et le remplace.

O Derviche ! Le monde entier est comme une cassette
emplie de toutes sortes d'êtres. Aucun n'est averti de soi
ni de cette cassette sauf l'Homme Parfait pour qui rien,
dans le *Molk,* le monde des phénomènes, le *Malakūt,* le
monde des Ames et le *Jabarūt,* le monde des Intelligences
chérubiniques, ne demeure caché. L'Homme Parfait
connaît et voit la réité des choses et la sagesse de cette
réité. Les hommes sont le substrat et la quintessence des
êtres, le fruit de l'arbre de la création. L'Homme Parfait
est le substrat et la quintessence des êtres humains. Tous
les étants, d'emblée, sont sous le regard de l'Homme Parfait, et par la forme et par le sens, parce que l'ascension
s'effectue de ce côté.

O Derviche ! Quand l'Homme Parfait connaît Dieu, devient honoré par Sa Face, saisit et perçoit la réité des
choses et la sagesse de cette réité, il ne voit alors aucune
entreprise égale et ne sait aucune dévotion supérieure à
celle de procurer la quiétude aux hommes, en sorte que
ceux-ci, l'ayant entendu et pris pour modèle, traversent ce
monde préservés de ses fléaux et de ses intrigues et trouvent le salut dans l'autre. L'Homme Parfait est l'héritier
des prophètes : d'eux, il tient sa science et sa pratique.

O Derviche ! L'Homme Parfait n'a d'autre culte que
celui de rendre le monde droit — de faire apparaître la
droiture parmi les hommes. Il détourne ceux-ci des coutumes et habitudes mauvaises et pose en eux le fondement
et la règle du bien. Il les appelle à Dieu, les informe de

17

Sa magnificence, de Sa grandeur et de Son unicité. Il est prolixe à louer l'autre monde, à en chanter l'éternité et la pérennité ; à blâmer ce bas-monde, à en relater l'inconstance et la précarité. Il célèbre le bienfait de la pauvreté volontaire et de l'effacement afin que pauvreté et effacement deviennent doux au cœur de l'homme. Il dénonce le méfait du pouvoir et de la renommée afin que pouvoir et renommée deviennent odieux à l'homme. Il promet aux bons le paradis dans l'au-delà et aux mauvais l'enfer. Il relate par hyperbole la félicité du paradis, le tourment de l'enfer et la rigueur du compte final. Il rend les hommes aimants et bienveillants les uns envers les autres afin que ceux-ci se gardent réciproquement de l'injure et s'accordent mutuellement quiétude et assistance. Il les exhorte à établir entre eux la paix, en parole et en acte, en sorte que, cette nécessité perçue, les hommes soient véritablement liés les uns aux autres et que ce lien jamais ne soit rompu.

O Derviche ! L'appel des prophètes n'est autre que ceci ; le reste dépend de l'enseignement des Amis de Dieu :

Tu n'es qu'un avertisseur.
Un guide est donné à chaque peuple.

Qorān XIII/7

L'appel des prophètes est une miséricorde pour le monde :

Nous t'avons seulement envoyé
comme une miséricorde pour les mondes.

Qorān XXI/107

18

L'enseignement des Amis de Dieu est un rare bienfait : les prophètes décrivent, les Amis de Dieu dévoilent.

O Derviche ! La miséricorde de Dieu s'étend à tous les êtres ; la miséricorde des prophètes à tous les hommes ; la miséricorde des Amis de Dieu à tous ceux en quête. Tel fut l'appel des prophètes — tous furent une seule parole ; tous se confirmèrent l'un l'autre et jamais cette parole ne fut abolie. Mais revenons à notre propos. Ayant appris la grandeur et la perfection de l'Homme Parfait, sache maintenant qu'en dépit de cette grandeur et de cette perfection, l'Homme Parfait n'a pas de pouvoir : il vit dans le désappointement et consent. En fait de science et de vertu il est parfait ; en fait de pouvoir et de satisfaction il est déficient.

O Derviche ! Il se peut que l'Homme Parfait détienne le pouvoir, qu'il soit gouverneur ou roi. Mais le pouvoir humain est limité. A y bien considérer, son indigence dépasse son pouvoir et son insatisfaction son désir. Prophètes, Amis de Dieu, Rois, Princes veulent que soient maintes choses qui ne sont pas et inversement. Donc, tous les hommes, parfaits ou imparfaits, sages ou ignorants, rois ou sujets sont dépourvus, misérables, et vivent dans le désappointement. Certains d'entre les Parfaits, ayant compris que l'homme est impuissant à satisfaire ses désirs, que le pouvoir ne se récolte ni par l'effort ni par l'assiduité, que l'insatisfaction est le lot quotidien, savent qu'il n'est à l'homme aucune entreprise supérieure au renoncement, aucune dévotion égale à la liberté et au détachement : ils renoncent, deviennent libres et affranchis.

CHAPITRE III

De l'Homme Parfait libre

Il a été dit que l'Homme Parfait est celui qui détient avec perfection quatre choses : les paroles bonnes, les actes bons, les dispositions naturelles bonnes et les connaissances. L'Homme Parfait libre est celui qui détient avec perfection huit choses : les quatre précédentes et de plus, le renoncement, la vie cachée, la frugalité et l'humilité.

O Derviche ! Sache maintenant que les Hommes Parfaits sont de deux sortes. Les uns choisissent la solitude, la frugalité et l'obscurité. Les autres, le contentement, la soumission et la contemplation. Ces deux groupes sont de par le monde ; chacun est adonné à sa vocation. Les adeptes du premier savent que, de même que le chaud accompagne le miel et le froid le camphre, la désunion et la séparation accompagnent le monde et le commerce de ceux adonnés à ce monde. C'est pourquoi ils renoncent et arrachent de leur cœur l'amour du monde. Si d'aventure quelque tentation se présente à eux — jouissance ou plaisir mondain — ou si la compagnie de gens qui recherchent le monde leur est offerte, ils refusent et fuient. Ils craignent et fuient le monde comme d'autres craignent et fuient le lion, la panthère, le serpent ou le scorpion. Les adeptes du second groupe savent que l'homme ignore où est son bien. Tantôt l'homme se réjouit d'une chose et celle-ci cause son mal ; tantôt il s'en afflige et celle-ci cause son bien. Informés de ce secret, ils repoussent délibération, initiative, décision et choix : ils consentent et se soumettent. Si la fortune et la position leur échoient, ils ne se réjouissent pas ; si elles les quittent, ils ne s'affligent pas.

Si des vêtements neufs leur sont offerts, ils les revêtent ; si les vêtements sont usés, ils les revêtent pareillement. Si la compagnie de gens adonnés à ce monde leur est procurée, ils se réjouissent et veulent que ceux-ci, de leur commerce, tirent profit. Si la compagnie de gens en quête de l'autre monde leur est procurée, ils se réjouissent aussi bien et veulent, de ce commerce, tirer profit pour eux-mêmes. Quant à moi, je dirai humblement qu'après avoir renoncé, un long temps j'ai vécu dans la solitude, la frugalité et l'obscurité ; un long temps encore, dans le contentement, la soumission et la contemplation. A présent, j'en suis là. Je ne sais avec certitude quel parti est le meilleur ; à l'un plutôt qu'à l'autre je n'ai pu donner la préférence. Aujourd'hui même où je trace ces lignes je n'ai pas encore tranché. De chaque côté je vois maints profits et maints dangers.

CHAPITRE IV

Du dialogue

Sache que le dialogue a de profonds effets et de grandes propriétés. Le pèlerin qui n'atteint pas au but, c'est faute d'avoir accédé au commerce d'un Sage. De ce commerce dépend l'issue. Le reste — ces ascèses et efforts multiples, ces rituels et lois innombrables — n'est que pour rendre le pèlerin digne de cet entretien. Une fois le pèlerin digne du dialogue avec le Sage, l'entreprise du pèlerin est achevée.

O Derviche ! Si le pèlerin, un jour, que dis-je, un seul instant, accède à la compagnie d'un Sage et s'en montre digne, cet instant vaut plus que cent, que mille années d'ascétisme et d'effort.

> *Un seul jour, pour Dieu, est en vérité comme mille*
> *ans d'après votre manière de compter.*
>
> Qorān XXII/47

O Derviche ! Nombreux ceux qui rencontrent le Sage et de son commerce ne tirent nul profit ! De deux choses l'une : ou ils n'ont pas l'aptitude ; ou ils n'ont pas le même but. Ceux qui sont dépourvus d'aptitude ne sont pas au nombre des gens du dialogue. Ceux qui sont doués d'aptitude, mais dont le but diffère, ne parlent pas la même langue.

Ayant appris le sens du dialogue, sache maintenant qu'à l'assemblée des derviches une fois admis, tu dois peu parler. A la question qui ne t'est pas posée, garde-toi de répondre. S'il t'est posée une question dont tu ignores la réponse, empresse-toi, sans honte, d'avouer ton ignorance ; et si tu la connais, réponds d'une façon brève et pertinente en évitant la prolixité ainsi que les méandres de la controverse et de l'éristique. Ne sois pas arrogant ; ne prétends pas à la place d'honneur, que dis-je ! montre-toi généreux. Et lorsque l'intimité est préservée — c'est-à-dire en l'absence de tout étranger — ne fais pas de cérémonies, ne dispense pas de politesses exagérées car, en certains lieux, les façons sont déplacées. La simplicité est liberté.

O Derviche ! Non qu'il faille te montrer grossier : l'impolitesse, partout et toujours, est répréhensible. Nous voulons seulement dire que, dans l'intimité, tu te comportes sans manières afin de ne pas contraindre les derviches à en faire et par là, de les embarrasser et les priver du plaisir de l'entretien. Garde-toi de l'idolâtrie. Ne fais pas d'une chose ton idole. Accorde-toi aux autres.

O Derviche ! Ce qui est recommandé de faire ou de ne pas faire n'est en rien obligatoire. Se conformer aux compagnons est le fait de la générosité et de la magnanimité ; s'en différencier, celui de la mesquinerie. Tout ce que tu accomplirais par habitude deviendrait ton idole et toi, au milieu des compagnons, tu serais idolâtre.

O Derviche ! De ce qui n'est pas nécessaire et ne procure pas la quiétude aux compagnons, ne fais pas une habitude — celle-ci deviendrait une idole. Renoncer aux habitudes, briser les idoles, est le fait de l'Homme vrai.

CHAPITRE V

De la pérégrination

Sache que la pérégrination est à la fois voyage *vers* Dieu et voyage *en* Dieu. Le premier voyage est limité ; le second, illimité. Le premier est celui où le pèlerin tant voyage qu'il devient anéanti à soi-même et n'appartient plus qu'à l'Etre divin : il vit, connaît, voit, entend, articule — par Dieu.

O Derviche ! Quoique le pèlerin jamais n'a d'être propre, il s'imagine pourtant en avoir. Qu'il soulève ce fantasme et sache avec certitude que l'être est à Dieu seul. Lorsqu'il sait et voit qu'il en est ainsi, le voyage *vers* Dieu s'achève et le voyage *en* Dieu commence. Ce voyage est celui où le pèlerin, devenu existant par l'Etre de Dieu, vivant, connaissant, voyant, entendant, articulant par Dieu, tant voyage encore qu'il sait et voit distinctement la réité

23

des choses et la sagesse de cette réité en sorte que rien, dans le *Molk,* le monde des phénomènes, le *Malakūt,* le monde des Ames et le *Jabarūt,* le monde des Intelligences chérubiniques, ne lui demeure caché. Certains soutiennent qu'il est possible au même homme de tout connaître ; d'autres, que cela est impossible parce que la vie humaine est brève alors que la science et la sagesse divines sont infinies. Partant, ces derniers affirment que le voyage *en* Dieu est illimité.

O Derviche ! Ayant appris le sens du pèlerinage, sache maintenant que pour les philosophes le chemin de toi à Dieu s'étend à la verticale parce que le rapport de chaque être à Dieu est semblable à celui de chaque stade de l'arbre à la graine. Pour les soufis, le chemin de toi à Dieu s'étend à l'horizontale, parce que le rapport de chaque être à Dieu est semblable à celui de chaque lettre de ce livre à l'écrivain. Pour les témoins de l'Unicité, il n'est de chemin de toi à Dieu, ni à la verticale ni à l'horizontale, parce que le rapport de chaque être à Dieu est semblable à celui de chaque lettre de ce livre à la plume. Partant, ils affirment que l'être est un, que celui-ci est l'Etre de Dieu ; qu'il n'est et ne peut y avoir d'autre être que l'Etre de Dieu.

O Derviche ! J'ai assemblé et écrit ces cinq chapitres dans la Mosquée du Vendredi à Abarqūh.

Gloire à Dieu le Seigneur des deux mondes.

PREMIER TRAITÉ

De la connaissance de l'homme

Un groupe de derviches, *que Dieu augmente leur nombre,* demanda à ma chétive personne de rédiger un traité sur la connaissance de l'homme ; sur l'apparent et le caché en l'homme. Autrement dit, d'exposer d'après l'extérieur la nature de l'homme ; d'après l'intérieur son esprit et jusqu'où peut s'élever cet esprit. D'exposer en outre combien l'homme possède d'esprits et la fonction de chacun. Je répondis à sa requête et priai Dieu Très Haut de m'accorder aide et assistance afin qu'Il me garde de la faute et de l'erreur, car *Il est puissant et prêt à exaucer.*

de la création de la forme humaine

Sache, *béni sois-tu dans les deux mondes,* qu'en premier l'homme est une seule substance ; que chaque chose qui en l'homme vient par degré à l'existence est dans cette substance unique ; que chacune en son temps apparaît. Cette substance unique est la semence. Tous les composants de l'homme, substances et accidents, sont dans la semence, celle-ci possédant, en soi et par soi, ce qui est nécessaire à l'accomplissement de l'homme. Autrement dit, la semence est à la fois l'écrivain, la plume, la page, l'encrier, l'écrit et le lecteur.

O Derviche ! La semence de l'homme est la substance première, l'essence, le grain du microcosme. Le monde de l'amour est le microcosme. La semence est éprise de soi : elle veut contempler sa propre beauté, voir ses attributs et ses noms. A cette fin, elle s'épiphanise, revêt la qualité d'actuel, passe de l'universel au singulier et apparaît sous plusieurs aspects, formes, sens, lumières jusqu'à ce que sa beauté soit révélée, que ses attributs, ses noms et ses actes soient manifestés.

de l'évolution de la semence

Sache que lorsque la semence tombe dans la matrice, elle est successivement semence, caillot de sang et fœtus. Au bout de trois mois, se forment dans le fœtus les os, les veines et les nerfs. Au début du quatrième mois, lequel correspond à l'état solaire, la vie commence. Peu à peu, au cours de ce temps, se manifestent les sens et le mouvement volontaire. Le quatrième mois accompli, le corps et l'esprit sont formés, les organes et les membres constitués. Le sang, qui était accumulé dans la matrice de la mère, vient nourrir l'enfant par la voie du cordon ombilical. Au bout de huit mois, le corps, l'esprit et les membres sont progressivement achevés. Au neuvième mois, lequel correspond à l'état jupitérien, l'enfant, des entrailles de sa mère, vient à ce monde. Je sais que tu n'as pas bien compris. Je tenterai de m'exprimer plus clairement.

de l'évolution de la semence ; autre exposé

Sache que lorsque la goutte de semence tombe dans la matrice, elle est d'abord sphérique — la goutte d'eau par nature étant sphérique. Puis, la semence, sous l'effet de sa propre chaleur et de celle de la matrice, mûrit progressivement : ses éléments subtils se séparent de ses éléments denses. Une fois la maturation achevée, les éléments denses se dirigent vers le centre et les éléments subtils vers la périphérie, en sorte que la semence se délite en quatre couches, chacune englobant ce qui est en dessous. Autrement dit, ce qui est dense se dirige vers le centre et se fixe au milieu de la semence ; ce qui est subtil se dirige vers la périphérie et se fixe à la surface supérieure de la semence. Ce qui est au-dessous de la surface supérieure est, en subtilité, moindre par rapport à la surface supérieure ; ce qui est au-dessus du centre est, en densité, moindre par rapport au centre. Ainsi la semence se trouve étagée en quatre plans. Ce qui est au centre est appelé « atrabile » ou « mélancolie ». L'atrabile est froide et sèche ; elle a la nature de la terre ; elle tient lieu de terre. La couche située au-dessus du centre est appelée « phlegme ». Le phlegme est froid et humide ; il a la nature de l'eau ; il tient lieu d'eau. La couche située au-dessus du phlegme est appelée « sang ». Le sang est chaud et humide ; il a la nature de l'air ; il tient lieu d'air. La couche située au-dessus du sang est appelée « bile ». La bile est chaude et sèche ; elle a la nature du feu ; elle tient lieu de feu. Cette substance unique nommée « semence » est donc transformée en quatre éléments et quatre humeurs ; ceci en l'espace d'un mois.

27

de la naissance

Ce travail accompli, de ces quatre éléments et humeurs surgissent successivement les trois règnes : le minéral, le végétal et l'animal. Autrement dit, le Pourvoyeur répartit ces quatre éléments et humeurs et fait apparaître tous les membres de l'homme, intérieurs et extérieurs. Ces membres relèvent du minéral. Il envoie à chaque membre une quantité déterminée d'atrabile, de phlegme, de sang et de bile — à certains en quantité égale de chacun des quatre, à d'autres en quantité différente selon Sa sagesse — jusqu'à apparition de tous. Puis Il relie les membres les uns aux autres par les canaux de la nutrition, de la vie, des sens et du mouvement volontaire. La phase minérale est alors achevée. Tout ceci s'effectue en l'espace d'un autre mois.

de l'esprit végétal

Une fois les membres manifestés et la phase minérale achevée, apparaissent en chacun des membres intérieurs et extérieurs des forces particulières : forces d'attraction, de rétention, de digestion, de répulsion, de transformation, de nutrition, de croissance. Ces forces sont appelées les « Anges ». Lorsque les membres, les organes et les facultés sont achevés, l'enfant commence à réclamer la nourriture. Il draine à lui par la voie du cordon ombilical le sang accumulé dans la matrice de la mère. Quand le sang pénètre dans l'estomac de l'enfant, il est derechef digéré et porté à maturité. Le produit de cette élaboration est le chyle. Le foie, par le mésentère, draine à lui ce chyle. Quand le chyle pénètre dans le foie, il est derechef digéré et porté à maturité. Le substrat et la quintessence de cette élaboration, le chyme, devient l'esprit végétal. Ce qui reste devient bile, sang, phlegme et atrabile. La bile est drainée par la vésicule ; l'atrabile par la rate ; le phlegme, pour plusieurs raisons, est réparti par l'esprit végétal à travers tout le corps ; quant au sang, l'esprit végétal le renvoie sitôt reçu en nourriture à l'ensemble des organes. Le répartisseur de nourriture à travers le corps est l'esprit végétal. Le siège de l'esprit végétal est le foie. Le foie est situé du côté droit. La croissance s'opère dès que la nourriture atteint tous les membres. Telle est l'essence du végétal. Tout ceci s'effectue en l'espace d'un autre mois.

de l'esprit vital

Une fois la croissance commencée et la phase végétale achevée, l'esprit végétal s'affermit ; l'estomac et le foie se fortifient et deviennent aptes à digérer la nourriture. Alors le substrat et la quintessence de l'esprit végétal est attiré par le cœur. Une fois dans le cœur, il est derechef assimilé et porté à maturité et devient tout entier vie. Le substrat et la quintessence de cette élaboration devient l'esprit vital. Ce qui reste est envoyé par l'esprit vital, au moyen des artères, à tous les membres afin de les animer. Le répartisseur de vie à travers le corps est l'esprit vital. Le siège de l'esprit vital est le cœur. Le cœur est situé du côté gauche.

Lorsque l'esprit vital s'affermit, tout ce qui en était le substrat et la quintessence est attiré par le cerveau. Une fois dans le cerveau, il est derechef assimilé et porté à maturité. Le substrat, la quintessence, de cette élaboration devient l'esprit psychique. Ce qui reste est envoyé par l'esprit psychique, au moyen des nerfs, à tous les membres jusqu'à ce que les sens et le mouvement volontaire se manifestent en eux. Telle est l'essence de l'animal. Tout ceci s'effectue au cours d'un autre mois. Les éléments et les humeurs, le minéral, le végétal et l'animal s'accomplissent en quatre mois, chacun en l'espace d'un mois. Il n'est rien au-delà de l'animal. Celui-ci est le terme.

> *La demeure dernière est vraiment la vie.*
> *S'ils savaient !*
>
> Qorān XXI/64

des dix sens : les cinq internes et les cinq externes

Sache que l'esprit psychique, lequel est logé dans le cerveau, est perceptif et moteur. Sa perception est de deux sortes : externe et interne. A son tour, la perception externe est de cinq sortes ; de même la perception interne. Il est donc cinq sens externes : l'ouïe, la vue, l'odorat, le goût, le toucher ; et cinq sens internes : le *sensus communis* ou sens commun, l'imagination *(khiyāl)*, la *phantasia* ou « fantaisie » *(wahm)*, la mémoire et l'imagination créatrice *(motasarrifa)*. L'imagination est la trésorière du sensorium ; la mémoire, celle de la fantaisie. Le sensorium appréhende les formes des choses sensibles ; la fantaisie, leur sens. Autrement dit, le sens commun saisit à la fois le visible et l'invisible : tout ce que les sens extérieurs perçoivent, est perçu par lui, rassemblé en lui — d'où son appellation. La faculté estimative *(wahm)* perçoit le sens de l'amitié chez l'ami ; celui de l'inimitié chez l'ennemi. L'imagination active dispose des images thésaurisées dans l'imagination : elle en fait la synthèse et l'analyse.

de la faculté motrice

Sache que la faculté motrice aussi est de deux sortes : causale et agente. La faculté causale est celle qui, lorsqu'une forme attractive ou répulsive apparaît dans l'imagination, invite et incite la faculté agente au mouvement. La faculté agente est celle qui fait se mouvoir les membres. Elle est soumise et obéissante à la faculté causale. La faculté causale, instigatrice et stimulatrice de l'agente, agit selon deux fins : attirer le profit et récolter le plaisir — on l'appelle alors « appétit concupiscible » ; repousser le dommage et prévaloir — on l'appelle alors « appétit irascible ».

de l'esprit humain

Ayant appris par ce qui a été dit jusqu'ici que l'homme possède en commun avec les autres animaux l'esprit végétal, l'esprit vital et l'esprit psychique, sache maintenant que c'est par l'esprit humain qu'il s'en distingue. L'esprit humain ne relève pas de cette triade : il appartient au monde supérieur alors que ceux-là appartiennent au monde inférieur. Des différends se sont élevés à son sujet : l'esprit humain est-il à l'intérieur du corps ou ne l'est-il pas. Les docteurs de la Loi disent qu'il est à l'intérieur du corps, mêlé à lui comme la crème au lait. Les philosophes disent qu'il n'est ni à l'intérieur du corps ni à l'extérieur parce que l'âme pensante n'est pas localisée — ne nécessite pas de lieu. En outre, intérieur et extérieur sont des qualités corporelles ; or l'âme pensante est incorporelle. Par contre, tous s'accordent pour dire que l'esprit végétal, l'esprit vital et l'esprit psychique sont à l'intérieur du corps ; qu'ils sont le substrat et la quintessence des aliments. C'est la nourriture qui, par l'intervention des *pneumata,* fait ascension, se transforme graduellement et devient connaissante, voyante.

O Derviche ! Si l'on dit que c'est la nourriture qui fait ascension, par degré s'élève et devient connaissante, voyante et entendante, c'est juste. Si l'on dit que c'est la lumière accompagnatrice de la nourriture qui fait ascension et devient connaissante, voyante et entendante, c'est juste aussi. Je sais que tu n'as pas bien saisi. Je tenterai de m'exprimer plus clairement, car la compréhension de ces paroles est importante à l'extrême. Toutes les ascèses et disciplines des Hindous reposent sur elle.

du voyage intérieur chez les Hindous

Sache que la terre, l'eau, l'air, le feu, les animaux, les végétaux, les astres, les étoiles, soit toute la création, sont remplis de lumière. L'univers est bondé à ras bord de lumière et c'est cette lumière qui est l'âme du monde.

> « Le monde est embaumé par la brise du matin ;
> Encore faut-il que l'homme parvienne à en capter
> l'arôme. »

> « Va, acquiers la vision ! Car chaque grain de pous-
> sière,
> Si tu y regardes, est la Coupe-qui-reflète-l'univers. »

O Derviche ! Le monde est à la fois lumière et ténèbres ; océan de lumière et océan de ténèbres — les deux
océans étant l'un à l'autre intimement mêlés. Pour qu'apparaissent les attributs de la lumière, il faut séparer la
lumière des ténèbres. Chez l'animal, des artisans, sans
relâche, sont adonnés à cette tâche. Ils placent d'abord la
nourriture dans la bouche. Celle-ci accomplit son travail
et transmet la nourriture à l'estomac. La nourriture passe
ainsi de l'estomac au foie ; du foie au cœur ; du cœur au
cerveau. Alors — le travail du cerveau accompli, l'ascension effectuée, la lumière séparée des ténèbres et les attributs de la lumière manifestés — l'animal devient connaissant, entendant, voyant. C'est là de l'alchimie ; les
animaux sont en constante alchimie. L'homme porte cette
alchimie à l'extrême : il pratique l'alchimie de cette alchimie. Il s'empare de l'âme de tout ce qu'il mange ; il en
extrait le substrat et la quintessence. En d'autres termes, il
sépare la lumière des ténèbres, en sorte que la lumière
connaisse et voie sa propre réité. Ceci est le fait de l'Homme Parfait, de lui seul.

O Derviche ! La lumière toutefois ne peut être entièrement séparée des ténèbres car la lumière, sans les ténèbres,
ne serait pas et inversement. La lumière est en un sens
garante des ténèbres ; et les ténèbres sont garants de la
lumière. Lumière et ténèbres vont de pair, vont, ont été
et iront de pair. Mais la lumière, en premier, est unie aux
ténèbres comme la crème au lait ; c'est pourquoi ses attributs ne sont pas apparents. Pour qu'ils le deviennent, il
faut que la lumière soit avec les ténèbres comme la lampe
dans la niche. C'est lorsque la lumière, s'élevant par étapes, cependant que les artisans accomplissent chacun leur
tâche, parvient au cerveau, qu'elle devient telle la lampe
dans la niche. Cette lampe est l'essence de l'homme. Et

c'est cette lampe qui après avoir gagné le cerveau fait encore ascension. Jusqu'au cerveau l'ascension est selon la forme et le sens. A partir du cerveau, l'ascension est selon le sens seulement. Autrement dit, l'ascension de la lampe est ce qui rend la lumière plus transparente et ses attributs plus manifestes.

O Derviche ! Cette lampe, tous les hommes la possèdent ; mais celle de certains est faible et intermittente. Il faut rendre la lampe forte et pure pour que devienne manifeste la science première et dernière cachée en son essence. Sa force dépend de deux choses : manger une fois le jour ; et cette unique fois, des aliments sains, aptes à procurer un sang abondant et léger. Sa pureté dépend de quatre choses : la retraite mystique, peu parler, peu manger et peu dormir.

O Derviche ! Ce chapitre, du début à la fin traite de la pérégrination chez les Hindous. A la prolixité nous avons cédé et du but nous nous sommes éloignés. Notre intention était l'exposé des *pneumata ;* nous y voici — les propos tenus dans ce chapitre n'étant qu'une bouchée indigne de votre patience.

de ce qu'est l'esprit

Sache que l'esprit végétal est une substance complémentaire et motrice du corps par nature ; que l'esprit vital est une substance complémentaire et motrice du corps par volonté ; que l'esprit humain est une substance simple, complémentaire et motrice du corps par volonté et intelligence. Autrement dit, l'esprit vital perçoit le spécifique ; l'esprit humain, le spécifique et le générique. L'esprit vital appréhende l'utile et le nuisible ; l'esprit humain, l'utile et le nuisible ainsi que le plus utile et le plus nuisible.

O Derviche ! L'esprit humain est vivant, connaissant, voulant, pouvant, entendant, voyant, parlant. Non que d'un côté il voie, d'un autre il entende, d'un troisième il parle, tel un moule qui serait divisé en sections et sujet au partage. L'esprit humain est indivisible. Au moment de connaître, il est tout entier connaissant ; au moment de voir, il est tout entier voyant ; au moment d'entendre, il est tout entier entendant ; au moment de parler, il est tout entier parlant. Sache qu'il en est ainsi de tous ses attributs. De même pour les corps simples.

de la progression de l'esprit humain

Les docteurs de la Loi disent que l'homme, quand il reconnaît et suit un prophète, arrive à la station de la foi ; il est alors appelé « croyant ». Quand, de plus, il effectue maintes dévotions, passe la plupart des heures du jour et de la nuit en prière, il arrive à la station de la dévotion ; il est alors appelé « dévot » et devient accompli. Quand, de plus, il se détourne entièrement du monde, renonce à tout rang et position, se libère des plaisirs et appétits du corps, il arrive à la station de l'ascèse ; il est alors appelé « ascète ». Quand, de plus, il connaît et voit la réité des choses et la sagesse de cette réité, en sorte que rien — dans les trois univers, le *Molk,* le *Malakūt* et le *Jabarūt* — ne lui demeure caché, qu'il se connaît soi-même ainsi que son Nourricier, il arrive à la station de la gnose ; il est alors appelé « gnostique ». Cette étape est suprême ; elle est limitrophe de l'Amitié divine *(walāyat) ;* peu de pèlerins y parviennent. Quand, de plus, le Très

Haut le distingue par Son amour et Son inspiration, il arrive à la station de l'Amitié ; il est alors appelé « Ami de Dieu ». Quand, de plus, le Très Haut le distingue par Sa révélation et Son miracle et l'envoie, porteur d'un message, aux hommes afin d'appeler ceux-ci à Dieu, il arrive à la station de la prophétie *(nobowwat)* ; il est alors appelé « prophète ». Quand, de plus, le Très Haut le distingue par Son livre, il arrive à la station du message prophétique *(risālat)* ; il est alors appelé « envoyé ». Quand de plus, il remplace la loi religieuse établie, par une autre, il arrive à la station des prophètes-législateurs *(ulūl'azm)* ; il est alors appelé « prophète-législateur ». Quand, enfin, le Très Haut le fait sceau de la prophétie, il arrive à la station du Sceau ; il est alors appelé « Sceau des prophètes ». Telle est, selon les docteurs de la Loi, la progression de l'esprit humain.

O Derviche ! L'esprit du croyant progresse d'un degré ; celui du Sceau des prophètes de neuf degrés. Sache à présent que les docteurs de la Loi disent que le progrès de l'esprit humain ne dépasse pas ces neuf degrés ; ceux-ci sont parcourus par les hommes de piété et de science. A chaque niveau qui est plus élevé et plus éloigné correspond une science et une piété plus grandes, si bien que la science et la piété de personne n'atteindront jamais celles du Sceau des prophètes. Celui qui vient en dernier est plus élevé ; le rang auquel il fait retour, après la séparation d'avec le corps, est plus haut et plus noble. C'est pourquoi, aucun rang n'égale celui du Sceau des prophètes ; à ce rang est un trône particulier. Pour les docteurs de la Loi, ces neuf degrés sont un don. A chaque homme est un rang prédéterminé qu'il ne peut dépasser ni par le travail assidu ni par l'effort parce que, selon eux, l'esprit est créé *avant* le corps ; qu'à chaque esprit est un rang assigné.

Les philosophes aussi disent que l'esprit humain ne dépasse pas ces neuf degrés ; que ceux-ci sont parcourus par les hommes de science et de pureté. Plus le degré est élevé, plus la science et la pureté sont grandes et plus le rang auquel l'esprit fait retour, après la séparation d'avec le corps, est élevé et noble. Mais les philosophes ajoutent que chacun de ces neuf degrés est acquis, qu'à personne il n'est de rang prédéterminé. Le rang de chacun est la rétribution de sa science et de sa pratique. Celui qui acquiert plus de science et de pureté atteint un degré plus élevé et le rang auquel il fait retour, après la séparation d'avec le corps, est plus haut et plus noble, parce que, selon eux, l'esprit n'est pas créé *avant* mais *avec* le corps. Donc, à personne il n'est de rang prédéterminé ; chacun ici-bas acquiert le sien propre. Les philosophes disent encore qu'il n'est de sceau à rien ; que si à toute chose était un sceau, il lui serait aussi un commencement. Autrement dit, au terme du cycle de la Lune, toute chose atteint sa perfection et de ce fait, devient son propre sceau. Puis à nouveau au début du cycle suivant, à toute chose est un commencement ; et cette chose, par degré, atteint sa perfection.

Les témoins de l'Unicité disent qu'il n'est pas de limite au progrès de l'esprit humain. Si un homme doué vivait mille ans et s'adonnait, au cours de ces mille années, à l'étude, l'exercice, l'effort et la remémoration, il recueillerait chaque jour, en fait de sagesse, quelque chose qui jusque-là lui était inconnu — la science et la sagesse de Dieu étant illimitées. Les témoins de l'Unicité ajoutent qu'aucun rang n'est plus noble que celui de l'être humain ; que c'est à ce rang que l'esprit fait retour après la séparation d'avec le corps. Tous les étants voyagent vers l'homme. Une fois devenus homme, leur perfection est atteinte, leur ascension achevée. L'homme aussi voyage : il s'achemine vers sa propre perfection. Cette perfection atteinte, son ascension est effectuée : le fruit de l'arbre de la création est mûr. Pour les témoins de l'Unicité, la perfection de l'homme n'existe pas : l'homme, quelque soit le rang qu'il atteint, est toujours imparfait, tant par rapport à son aptitude que par rapport à la science et à la sagesse de Dieu. Donc l'homme dit « Parfait » n'est parfait que relativement.

Pour les docteurs de la Loi et les philosophes la perfection existe. Cette perfection de l'homme réside en quatre choses : les paroles bonnes, les actes bons, les dispositions naturelles bonnes et les connaissances. L'objet des connaissances est la connaissance de quatre choses : du monde, de l'autre monde, de soi, de son Créateur.

de ce qu'un même homme possède plusieurs esprits

Sache que les docteurs de la Loi et les philosophes disent que certains hommes possèdent trois *pneumata* ; ce sont les « imparfaits ». Que d'autres en possèdent quatre ; ce sont les « intermédiaires ». Que d'autres en possèdent cinq ; ce sont les « parfaits ». Ces cinq *pneumata* sont différents les uns des autres. Le corps est comparable à la niche aux lumières. L'esprit végétal, qui est situé dans le foie, est comparable au verre de la lampe. L'esprit vital, qui est situé dans le cœur, est comparable à la mèche. L'esprit psychique, qui est situé dans le cerveau, est comparable à l'huile. Cette huile, par extrême subtilité et pureté, veut, avant que le feu ne l'embrase, connaître et voir la réité des choses et la sagesse de cette réité :

Elle est près d'éclairer
sans que le feu la touche.

Qorān XXIV/35

Cette huile devient lumière. Quand le feu — l'esprit humain — se joint à l'huile, c'est « *lumière sur lumière* ». Et quand la lumière divine se joint à l'esprit humain, c'est « *lumière sur lumière sur lumière* ».

Dieu guide vers Sa lumière qui Il veut.

Qorān XXIV/35

O Derviche ! Sache qu'à mon humble avis, l'homme, qu'il soit parfait ou imparfait, n'a qu'un seul esprit. Mais cet esprit unique a des rangs et à chaque rang, un nom. A cause de ces nombreux rangs, certains s'imaginent qu'il est plusieurs esprits. Il n'en est rien. Il n'est qu'un corps et qu'un esprit.

O Derviche ! Le corps et l'esprit sont tous deux en progrès et en ascension. Si quelque fléau ne les frappe pas, ils s'élèvent par degré jusqu'à leur plénitude. Arrivés là, ils se tournent vers leur déclin. Mais revenons à notre propos. Nous disons donc qu'il n'est qu'un corps et qu'un esprit. Ces paroles ne te seront claires que lorsque tu sauras quelle est l'origine du corps et d'où il vient ; quelle est l'origine de l'esprit et d'où il vient.

de la manifestation du corps et de l'esprit ;
de celle de la constitution (mizāj)

Sache que la terre, l'eau, l'air et le feu sont les « Mères » ; que chacune a une forme et un sens. La forme de

39

chacune est ténèbre ; le sens de chacune est lumière. La forme est appelée « élément » ; le sens, « nature ». Il est donc quatre éléments et quatre natures. Lorsque les uns aux autres se mélangent, comme telle est leur loi, il en résulte nécessairement une chose à la ressemblance des composants ; celle-ci est la constitution.

Ces prémisses étant posées, sache maintenant que lorsque les Mères s'entre-mélangent, la forme et le sens de chacune des quatre se trouvent nécessairement mélangés. De la forme apparaît une chose à la ressemblance des composants ; celle-ci est appelée « corps ». Du sens apparaît une chose à la ressemblance des composants ; celle-ci est appelée « esprit ». Donc la constitution est à la fois corps et esprit. Tant que les Mères sont individualisées, elles sont appelées « éléments » et « natures ». Quand elles se mélangent les unes aux autres et que la constitution apparaît, elles sont appelées « corps » et « esprit ».

Sache maintenant que c'est ce corps qui par degré s'élève et à chaque degré prend un nom : corps minéral, corps végétal, corps animal. Que c'est cet esprit qui par degré s'élève et à chaque degré prend un nom : esprit minéral, esprit végétal, esprit vital. L'homme est une espèce parmi les espèces animales. L'esprit de l'homme, selon ses épithètes et ses qualificatifs, est mentionné par des noms différents : à chaque fois qu'il devient plus savant, il prend un nom autre.

Telle est l'essence de la constitution : réalité corporelle et réalité spirituelle. Le corps appartient au monde sensible ; l'esprit au monde intelligible. Le corps appartient au monde de la création ; l'esprit au monde de l'Impératif divin. Une fois posé qu'il n'est qu'un seul esprit, nous donnerons pour définition que l'esprit est une substance, qui est complémentaire et motrice du corps par nature au

plan végétal ; par volonté au plan animal ; par volonté
et intelligence au plan humain.

exhortation

O Derviche ! Ne t'attache pas au monde et à ses
richesses ; ne te fie pas à la vie, à la santé, aux biens, à
la position. Car, tout ce qui est dans le monde sublunaire
et au-dessus duquel les astres sont en circonvolution n'est
qu'un change continuel. Le monde est inconstant ; il
tourne sans cesse. A chaque instant il prend une forme
nouvelle, offre une autre image. La forme première n'est
pas encore achevée, pas encore fixée, qu'une autre surgit
venant l'effacer. L'affaire du monde est telle la vague sur
la mer — que dis-je ! est la vague même. Le sage, sur les
vagues, quand bâtirait-il sa demeure ?

O Derviche ! Choisis la pauvreté. Les plus sages d'entre
les hommes sont ceux qui, de leur propre volonté, ont fait
choix de cette condition. Sciemment, ils ont élu l'infortune : ils savent que sous chaque désir sont cachés dix,
ou plutôt cent désappointements. Le sage, pour un plaisir,
quand souffrirait-il cent désappointements ?

O Derviche ! Sache de science certaine que nous sommes des voyageurs ; d'un instant à l'autre nous partirons ;
que l'état de chacun d'entre nous aussi est passager ; d'un
instant à l'autre, il changera. Heur et malheur viennent
et passent. Donc, si tu détiens la fortune, ne t'y fie pas ;
qu'en sera-t-il dans un instant ? Si tu es dans le malheur,
ne t'afflige pas ; qu'en sera-t-il dans un instant ? A ceci
plutôt attache-toi : de tort à autrui ne sois jamais cause.
Autant que tu le peux, répands la quiétude.

Gloire à Dieu le Seigneur des deux mondes.

SECOND TRAITÉ

De l'Unification *(tawhīd)*

Un groupe de derviches, *que Dieu augmente leur nombre,* demanda à ma chétive personne de rédiger un traité sur l'unification ; d'exposer ce qu'est l'incrédulité *(kofr),* ce que sont l'unification, l'union *(itihād)* et l'unicité *(wahdat).* Je répondis à sa requête et priai Dieu Très Haut de m'accorder aide et assistance afin qu'Il me garde de la faute et de l'erreur, car *Il est puissant et prêt à exaucer.*

de l'Etre Nécessaire par soi-même (wājib al-wojūd)

Sache, *béni sois-tu dans les deux mondes,* au sujet de l'être, de deux choses l'une : ou il a un commencement ; ou il n'en a pas. S'il n'a pas de commencement, l'être est éternel, *ab aeterno ;* s'il en a un, l'être est advenu. Ces paroles sont à l'extrême claires et évidentes ; en elles, rien d'obscur. Sache en outre que l'être nous est donné. Si cet être est éternel, c'est l'être éternel que nous recevons. S'il est advenu, c'est encore l'être éternel que nous recevons, parce que l'advenu ne peut être sans l'éternel ; parce qu'assurément il faut que l'advenu participe à l'éternel pour venir à l'existence. L'être *ab aeterno* est « l'Etre Nécessaire par soi-même » — *exalté soit-il !* L'être advenu est « l'être non nécessaire par soi-même » (*momkin al-wojūd*). L'Etre Nécessaire est le Dieu du monde ; l'être advenant, le monde de Dieu. L'Etre Nécessaire est unique parce que les possibles sont contraints à un nécessaire et que le nécessaire universel ne peut être qu'un. Il est omniscient, *volens* et omnipotent parce que sans ces trois attributs personne ne pourrait rien faire apparaître.

Ces prémisses étant posées, sache maintenant que les hommes diffèrent dans la connaissance de l'Etre Nécessaire. Les uns sont les « gens de l'imitation » ; d'autres, « ceux du raisonnement » ; d'autres, « ceux du dévoilement ». De ces trois groupes nous donnerons exposé afin que le pèlerin sache auquel il se rattache et à quel rang il se trouve.

de la croyance des « gens de l'imitation » ;
ce groupe est celui du commun

Sache que les gens de l'imitation affirment avec la langue et attestent avec le cœur l'être et l'unicité de Dieu. Ils savent que ce monde a un démiurge ; que ce démiurge est unique, qu'il n'a ni commencement ni fin, ni limite ni extrémité, ni égal ni semblable ; qu'il est éternel vivant, omniscient, *volens*, omnipotent ; qu'il est entendant, voyant, parlant ; qu'il connaît l'apparent et le caché en ses serviteurs, qu'il entend leurs paroles et voit leurs actes ; qu'il est connaissant et puissant sur toute chose ; qu'il est qualifié des attributs louables, exempt des attributs blâmables. La croyance des gens de ce groupe est acquise par les sens — elle est le fait de l'ouïe — non par le dévoilement et l'évidence ; non par le raisonnement et le syllogisme. Ils entendent et croient.

O Derviche ! Cette croyance compte, bien qu'elle passe par les sens, et ses adeptes sont au nombre des vrais fidèles. A ce niveau, c'est la quantité qui prévaut. Celui qui imite, « le conformiste », bien qu'il croie à l'être et à l'unicité de Dieu, qu'il sache Dieu omniscient, *volens* et omnipotent, ne voit pas, à la lumière du dévoilement et de l'évidence, du raisonnement et du syllogisme, que la science, la volonté et la puissance de Dieu englobent toutes les causes et tous les effets ; que causes et effets sont indigents et soumis. D'où pour celui-ci la foi en les moyens : il ramène tout à la causalité, il voit tout à travers elle. Les causes relèvent du sensible ; et lui, encore au plan du sensible et ne pouvant appréhender au-delà, ne peut dépasser ce stade.

O Derviche ! Ayant appris qu'à ce niveau ce sont les causes seules qui sont prises en considération, sache maintenant que c'est là que se placent le tourment de la subsistance et le souci du pain quotidien ; l'avidité et l'affairement ; l'amour des moyens et l'amour pour autre que Dieu ; la confiance dans les dires du médecin et de l'astrologue.

de la croyance des « adeptes du raisonnement » ;
ce groupe est celui de l'élite

Sache que les adeptes du raisonnement aussi affirment avec la langue et attestent avec le cœur l'être et l'unicité de Dieu. Mais la croyance des gens de ce groupe est acquise par la lumière de l'intellect, c'est-à-dire par la voie des arguments tranchants et des preuves irréfutables. A ce niveau, c'est la raison nécessaire qui prévaut. Lorsque le monothéiste adepte du raisonnement connaît Dieu et l'unicité de Dieu à la lumière de l'intellect et sait avec certitude que la science, la volonté et la puissance de Dieu englobent tous les étants, il voit d'emblée ceux-ci indigents et soumis ; il perçoit, autant que celles du causé, l'indigence et la dépendance de la cause. Jusque-là, c'était le causé qu'il voyait indigent et soumis ; à présent, c'est la cause même qu'il voit indigente et soumise.

O Derviche ! Celui qui se connaît soi-même se signale par ceci : de même qu'auparavant il voyait la plume assujettie, à présent, il voit que le doigt aussi est assujetti. Bien que ce soit la main qui mette en branle le doigt, et le doigt la plume, et que ce soit de la plume que les mots surgissent, quelle différence y a-t-il entre le mot, la plume, le doigt et la main, puisque tous quatre sont indigents et soumis, que le moteur de tous est l'esprit ? De la même façon, considère d'emblée tous les étants : chacun est cause d'être et de mouvement pour l'autre. Pourtant, tous sont indigents, assujettis et soumis à Dieu. L'être et le mouvoir de tous procèdent de Dieu ; le créateur et le mouvant de tous est Dieu. C'est pourquoi il a été dit : « Connais-toi toi-même ainsi que tes propres actes afin de connaître Dieu et Ses actes. »

O Derviche ! L'être de la cause procède de Dieu ; l'être du causé aussi. De même que le causé, la cause est indigente et soumise : celle-ci n'affecte en rien celui-là. La seule différence entre la cause et le causé est que l'être de la cause précède l'être du causé. Un exemple te rendra ces paroles claires. Sache que l'être de *a* est antérieur à l'être de *b*. Mais il est pour toi de toute évidence que l'être de *a* procède de l'écrivain ; que l'être de *b* procède pareillement de l'écrivain ; que *a* n'a aucun effet sur l'être de *b* ; que l'écrivain n'a pas d'associé dans l'acte de tracer *b*. Il en est ainsi pour tous les étants : certains sont antérieurs aux autres ; mais tous procèdent de Dieu et Dieu n'a pas d'associé dans l'acte de créer.

O Derviche ! Aucune monade d'entre les monades qui existent n'est pour Dieu antérieure ou postérieure l'une par rapport à l'autre. Toutes sont au même plan parce que le rapport de chacune d'elles avec Dieu est semblable au rapport de chacune des lettres du livre avec l'écrivain. La première lettre procède de celui qui la trace ; la seconde aussi, la troisième et ainsi de suite, chacune, jusqu'à la fin du livre. Sache qu'il en est de même pour toute la création. L'Empyrée procède de Dieu ; le Trône, les Cieux, la Terre et toutes les monades qui existent procèdent de Dieu. C'est pourquoi il a été dit : « De toi à Dieu le chemin s'étend à l'horizontale et non à la verticale. »

Ces prémisses étant posées, sache maintenant que Dieu possède de nombreux trésors : l'être, la vie, la santé, le pain quotidien, la paix, l'abondance, l'intelligence, la connaissance, la sagesse, la félicité, la fortune, la liberté sont parmi ces trésors. A qui Il veut, Il donne ; à qui Il veut, Il refuse. La clef de ces trésors n'est entre les mains de personne ; elle est auprès de Dieu.

O Derviche ! Ayant appris que le monothéiste adepte du raisonnement dépasse les causes pour atteindre la cause des causes, sache maintenant que c'est à ce rang qu'il remplace l'avidité par l'abandon confiant ; le travail assidu et l'effort persévérant par le contentement et la soumission ; l'amour autre que celui pour Dieu par l'amour de Dieu ; que c'est à ce rang qu'il s'affranchit du tourment de la subsistance et du souci du pain quotidien ; qu'il lève le doute secret ; que le médecin est destitué et l'astrologue congédié ; que les causes, d'un coup, devant lui sont abolies. Et si d'aventure sur une cause son regard s'arrête, qu'il soit dans le tourment ou la quiétude, il tient ce regard pour idolâtre. Il l'en détourne aussitôt et s'adonne au repentir.

de la croyance des « gens du dévoilement » ;
ce groupe est celui de l'élite de l'élite

Sache que les gens du dévoilement aussi affirment avec la langue et attestent avec le cœur l'être et l'unicité de Dieu. Mais à cet être et à cette Unicité, ils accèdent par la voie du dévoilement et de la vision.

Ce groupe est celui de ceux qui dépassent tous les voiles, parviennent à la contemplation de Dieu et sont honorés de Sa face. Instruits qu'ils étaient jusque-là par la certitude noétique (*'ilm al-yaqîn*), ils le sont à présent par la certitude eïdétique (*'ayn al-yaqîn*) : ils savent et voient que l'être est à Dieu seul. On les appelle les « témoins de l'Unicité » parce qu'ils ne voient et ne connaissent que Dieu : ils voient et reconnaissent Dieu en tout.

O Derviche ! De l'incrédulité à l'unification le chemin est long ; de l'unification à l'union le chemin aussi est long ; de l'union à l'unicité le chemin encore est long. Et c'est l'unicité le but des pèlerins, le désir ardent de ceux sur la Voie.

L'incrédulité est synonyme de voile. Il est deux sortes de voiles : l'un est celui qui empêche de voir et de connaître Dieu ; c'est l'incrédulité des débutants ; celle-ci est blâmable.

Quand aux incrédules :
il est vraiment indifférent pour eux
que tu les avertisses
ou que tu ne les avertisses pas ;
ils ne croient pas.

Dieu a mis un sceau
sur leurs cœurs et sur leurs oreilles ;
un voile est sur leurs yeux
et un terrible châtiment les attend.

Qorān II/6.7

L'autre voile est celui qui empêche de voir et de connaître tout ce qui n'est pas Dieu. C'est l'incrédulité de ceux qui sont arrivés au but ; celle-ci est louable.

Ayant appris le sens de l'incrédulité, sache maintenant que celui de l'unification est : « faire un ». Or ce qui est déjà un ne peut être rendu un. Donc, seul le multiple peut être unifié ; et ceci de deux façons : par l'acte et par la science. Partant, l'unification aussi est de deux sortes : par l'acte et par la science.

Ayant appris le sens de l'unification, sache maintenant que celui de l'union est : « devenir un », « faire que deux deviennent un » ; que le sens de l'unicité est : « être unique ». Dans l'unité il n'est pas de multiple. Donc, dans l'incrédulité blâmable comme dans l'unification et l'union il y a le multiple. Ce n'est que dans l'unicité que le multiple n'existe pas. Et c'est l'unicité le désir ardent de ceux en quête, le but des pèlerins.

O Derviche ! Lorsque le multiple est levé, il n'y a plus ni pèlerin, ni association, ni incarnation, ni union, ni proche, ni lointain, ni séparation, ni réunion — il y a Dieu et c'est tout.

O Derviche ! Dès toujours Dieu était ; à jamais Dieu sera. Mais jusque-là le pèlerin était dans le leurre. Il s'imaginait que Dieu avait un être et que lui aussi, hors de Dieu, avait un être. A présent, sorti du leurre, le pèlerin sait avec certitude que l'être est un, que cet être est l'Etre de Dieu.

Bref, sache que les témoins de l'Unicité affirment qu'il n'est qu'un seul être : l'Etre divin — *loué et exalté soit-Il !* Qu'en dehors de l'Etre divin, il n'est d'autre être et ne peut y en avoir. Ils ajoutent que cet Etre, quoique unique, a un intérieur et un extérieur. L'intérieur de cet Etre unique est une lumière. C'est cette lumière qui est l'âme du monde — le monde à ras bord est empli d'elle. C'est une lumière illimitée, infinie ; un océan sans fond et sans rive. La vie, la connaissance, la volonté et le pouvoir des êtres procèdent de cette lumière ; la vue, l'ouïe, la parole, la préhension et le devenir des êtres procèdent de cette lumière ; la nature, la propriété et le faire des êtres procèdent de cette lumière, que dis-je ! tout ceci est cette lumière même.

Ayant appris que l'intérieur de cet être est une lumière, sache maintenant que l'extérieur est la niche de cette lumière, la manifestation des attributs de cette lumière. Toutes les monades qui existent sont d'emblée les manifestations des attributs de cette lumière.

O Derviche ! C'est à cette Lumière qu'il faut parvenir ; c'est cette Lumière qu'il faut voir ; c'est par cette Lumière qu'il faut regarder le monde afin d'être délivré de l'idolâtrie, de la multiplicité et de l'égarement ; d'acquérir la certitude que l'être est Un.

Le pèlerin qui n'a pas atteint cet Océan de lumière, qui en Lui ne s'est pas immergé, ne recueille pas le parfum du rang de l'Unicité. Celui qui ne parvient pas à ce rang, qui n'est pas honoré par la Face de Dieu, ne connaît et ne voit aucune chose telle qu'elle est. Aveugle il vient, aveugle il s'en retourne. Pourtant nombreux sont ceux qui déclarent être arrivés à cet Océan, avoir vu cette Lumière.

O Derviche ! Celui qui à cet Océan a accédé, qui en lui s'est immergé, est reconnaissable à maints signes. Celui-là, d'emblée, est en paix avec les créatures : sur toutes il pose un regard aimant et miséricordieux ; à aucune il ne refuse aide et assistance ; aucune d'elles, il ne l'accuse d'égarement et de fausse route. Il les voit toutes sur le chemin de Dieu, toutes dirigées vers Lui. Et il n'est pas de doute qu'il en soit ainsi. Un Maître vénéré rapportait : « Plusieurs années durant, j'appelai les hommes à Dieu. Aucun n'accepta mes paroles. Je perdis espoir, renonçai et me tournai vers Dieu. Mais voici : lorsque j'arrivai devant Lui, je les vis toutes en Sa divine présence — toutes avec Dieu s'entretenaient ! »

O Derviche ! L'appel et l'enseignement ne sont pas de procurer le bonheur au malheureux et l'aptitude à celui qui en est dépourvu ; ils ne sont pas non plus de divulguer la réalité vraie des choses. L'appel et l'enseignement ne sont autres que de détourner les hommes des habitudes mauvaises ; de rendre pour eux égales et sereines la vie et la subsistance de chaque jour ; de faire qu'ils soient aimants et bienveillants les uns envers les autres ; qu'ils soient sincères en paroles et en actes. L'exhortation au bien et la défense du mal ne tendent qu'à ceci. Le reste, tout ce que les hommes apportent avec eux-mêmes, ne peut être changé. Les hommes possèdent chacun des qualités bonnes et mauvaises ; chacun une aptitude et un talent particulier ; chacun un lot de félicité et un lot de misère. De tout cela, ils ne peuvent se départir.

Nous t'avons envoyé pour ôter les habitudes mauvaises

et non les qualités. Nous t'avons envoyé pour exprimer les décrets et non la réalité vraie.

Les hommes ont besoin de connaître les décrets pour traverser sains et saufs la vie, non les réalités ultimes. Celui qui a l'aptitude découvrira celles-ci de lui-même.

O Derviche ! Il n'est pas de qualité mauvaise. Toutefois, certains disposent de telle qualité d'une manière intempestive puis déclarent celle-ci mauvaise. Il n'est au monde rien de mauvais. Toute chose en son lieu propre est bonne.

d'un autre groupe parmi les témoins de l'Unicité

Sache que les témoins de l'Unicité se divisent en deux groupes. L'un affirme qu'il n'est qu'un seul être : l'Etre divin. Nous venons d'exposer amplement dans ce chapitre la doctrine de ce groupe. L'autre, que l'être est de deux sortes : l'être vrai et l'être illusoire. Dieu a l'être vrai ; le monde, l'être illusoire. Dieu est un être qui a l'apparence du non-être ; le monde un non-être qui a l'apparence de l'être. Le monde entier est d'emblée illusion et représentation. C'est par l'effet de l'Etre vrai, l'Etre divin, que le monde apparaît comme étant ; en réalité, il n'a d'autre existence que celle de l'illusion, du reflet et de l'ombre.

Gloire à Dieu le Seigneur des deux mondes.

TROISIÈME TRAITÉ

De la création des esprits et des corps

Un groupe de derviches, *que Dieu augmente leur nombre,* demanda à ma chétive personne de rédiger un traité, selon les règles et les canons des docteurs de la Loi, sur la création des esprits, leurs rangs, leur descente et leur ascension ; d'exposer si l'esprit humain peut porter sa plénitude à l'extrême perfection et son rang, celui auquel il fait retour après la séparation d'avec le corps, au rang suprême ; ou bien si cette perfection et ce rang sont prédéterminés, partant, ne peuvent être dépassés ni par l'effort ni par l'assiduité ; d'exposer enfin ce qu'est le décret divin. Je répondis à sa requête et priai Dieu Très Haut de m'accorder aide et assistance afin qu'Il me garde de la faute et de l'erreur, car *Il est puissant et prêt à exaucer.*

que l'homme est composé de l'esprit et du corps ;
des trois catégories d'hommes

Sache, *béni sois-tu dans les deux mondes,* que les hommes ici-bas sont des voyageurs. L'esprit humain, qui procède de la substance des anges célestes, appartient au monde supérieur ; il est envoyé au monde inférieur en quête de perfection. Celle-ci une fois récoltée, l'esprit fait retour à la substance angélique céleste et demeure à jamais dans le monde supérieur. Mais voici : la perfection sans un outil ne saurait être récoltée, pour cette raison que l'esprit humain connaît l'universel et non le singulier. Un outil appartenant au monde inférieur est procuré à l'esprit humain afin que celui-ci puisse connaître aussi le singulier, qu'à partir de l'universel et du singulier il raisonne et connaisse son Créateur. Cet outil est le corps. Donc l'homme est composé d'un esprit et d'un corps. L'esprit appartient au monde supérieur, le corps au monde inférieur ; l'esprit appartient au monde de l'Impératif divin, le corps au monde de la création.

Ces prémisses étant posées, sache maintenant que certains parmi les hommes ignorent qu'ils sont en ce monde des voyageurs venus en quête de la perfection. Puisqu'ils ne savent pas, en la quête ils n'entrent pas. Ils sont séduits et accaparés par les passions du ventre et du bas-ventre et l'amour de leur progéniture. Ce sont là les trois idoles des gens du commun. D'autres savent qu'ils sont en ce monde des voyageurs venus en quête de la perfection. Mais à la quête ils se refusent. Ils sont séduits et accaparés par l'amour de la belle apparence, idole mineure ; l'amour des possessions, idole suprême. Ce sont là les trois idoles des gens de l'élite. Les unes et les autres idoles sont les six branches de l'arbre du monde ; elles représentent toutes les jouissances de la terre.

Quand les trois dernières branches s'affermissent et prévalent, les trois premières s'affaiblissent et succombent. En fait, les idoles de l'homme sont au nombre de sept : la première est l'amour de l'ego ; les six autres ne sont que les servantes de celle-ci. L'amour de l'ego est la plus grande des idoles. D'elle, procèdent toutes les autres. Elle est l'idole la plus difficile à briser.

D'autres enfin, parmi les hommes, savent qu'ils sont en ce monde des voyageurs venus en quête de perfection. A cette quête, ils s'adonnent. Certains récoltent la perfection et s'emploient à parfaire les autres. Certains récoltent la perfection et s'en tiennent là.

Telles sont les trois catégories d'hommes. Les uns sont hommes au sens plénier ; les autres n'en ont que l'apparence.

Pour en revenir à notre propos, sache, ô Derviche ! qu'il n'est qu'un seul chemin vers la perfection. Ce chemin commence par l'étude et la répétition ; il s'achève par l'ascèse et l'invocation. Il y a d'abord le collège puis l'oratoire, la loge du soufi. Celui qui est sur cette voie, peut-être parviendra-t-il au but.

O Derviche ! Il arrive parfois que celui qui se rend directement à l'oratoire sans passer par le collège entreprenne avec succès le voyage *vers* Dieu et parvienne à Lui ; mais du voyage *en* Dieu, celui-là est à jamais exclu.

de la création des esprits et des corps

Sache que pour les docteurs de la Loi, Dieu Très Haut est créateur par choix, non par essence. A l'instant qu'Il voulut, Il créa le monde, lequel est fait de substances et d'accidents. La première chose qu'Il créa fut une substance ; celle-ci est appelée la substance première. Quand Dieu voulut créer le monde des esprits et des corps, Il posa le regard sur cette substance première ; la substance fondit et vint à ébullition. Tout ce qui en était le substrat et la quintessence monta à la surface, telle la quintessence du sucre ; tout ce qui en était le sédiment et la lie tomba au fond, telle la mélasse. A partir de la quintessence lumineuse, Dieu créa la hiérarchie du monde des esprits ; du résidu obscur, la hiérarchie du monde des corps.

O Derviche ! La quintessence lumineuse est Adam ; le sédiment obscur, Eve. S'il a été dit qu'Eve fut tirée de la côte d'Adam, c'est en tant que créature.

de l'esprit ; de la hiérarchie des esprits

Il a été exposé au premier traité ce qu'est l'esprit humain. Sache donc que l'esprit humain est une substance subtile, indivisible ; qu'il provient du monde de l'Impératif divin, que dis-je ! qu'il est l'Impératif divin lui-même.

Sache maintenant que lorsque Dieu voulut créer les rangs des esprits, Il posa le regard sur cette quintessence lumineuse. La quintessence fondit et vint à ébullition. Du substrat et de la quintessence de cette quintessence, Il créa l'esprit du Sceau des prophètes. Du substrat et de la quintessence de ce qui restait, Il créa les esprits des prophètes-législateurs. Et ainsi de suite, Il créa les esprits des envoyés, des prophètes — les nabis —, des Amis de Dieu, des mystiques, des hommes pieux, des serviteurs et des vrais croyants. Puis, du substrat et de la quintessence de ce qui restait, Il créa la nature du Feu et ensuite, de la même manière, celle de l'Air, de l'Eau et de la Terre. Pour chaque esprit, Il créa plusieurs anges. Les corps simples du monde intelligible, le *Malakūt*, furent achevés.

du corps ; du monde des corps ; de la hiérarchie des corps

Sache que le corps est une substance dense, divisible, partageable. Il appartient au monde de la création, que dis-je ! il est le monde de la création même. Sache maintenant que lorsque Dieu Très Haut voulut créer les rangs des corps, Il posa le regard sur ce sédiment obscur. Le dépôt fondit et vint à ébullition. Du substrat et de la quintessence de cette lie, Il créa le Trône *('arsh)*. Du substrat et de la quintessence de ce qui restait, Il créa le Ciel des Fixes *(korsî)*. Et ainsi de suite, Il créa le septième Ciel, le sixième, le cinquième, le quatrième, le troisième, le second, le premier. Puis, du substrat et de la quintessence de ce qui restait, Il créa l'élément du Feu ; et de la même manière, celui de l'Air et celui de l'Eau. Enfin, de tout ce qui restait, Il créa l'élément de la Terre. Les corps simples du monde sensible, le *Molk,* furent achevés. Les corps simples du monde sensible et du monde intelligible sont au nombre de vingt-huit — quatorze pour chaque monde. Les corps composés se rangent en trois groupes : le minéral, le végétal et l'animal. De même, les lettres de l'alphabet sont au nombre de vingt-huit ; elles se rangent en trois groupes : le substantif, le verbe et la particule.

de la place qu'occupe chaque esprit

Quand furent achevées la hiérarchie des esprits et celle des corps, les rangs des esprits se fixèrent un par un aux rangs correspondants des corps. Le Trône devint le rang du Sceau des prophètes, son ermitage, son oratoire. Le Firmament devint le rang des esprits des prophètes-législateurs, leur ermitage, leur oratoire. Et ainsi de suite, le septième Ciel devint le rang des esprits des envoyés ; le sixième, celui des esprits des nabis ; le cinquième, celui des esprits des mystiques ; le troisième, celui des esprits des hommes pieux ; le second, celui des esprits des serviteurs ; le premier, celui des esprits des vrais croyants. Les quatre natures se fixèrent sur les quatre éléments. Neuf rangs s'avérèrent supérieurs et quatre inférieurs. La Terre est au rang le plus bas ; le Trône au rang le plus haut.

O Derviche ! Chaque esprit descend de son rang propre à ce plan le plus bas, enfourche la monture du corps et, par ce moyen, récolte sa propre perfection. Puis, de là, il fait ascension et retourne à son rang premier. L'ascension est alors achevée et le cycle clos ; il n'est plus de progrès possible. Regagner son rang initial, tel est pour chacun, ce à quoi il tend ; l'esprit du croyant au premier Ciel ; l'esprit du serviteur au second ; celui de l'homme pieux au troisième ; etc. Mais l'esprit, de ce rang initial propre ne peut aller au-delà. Si dépasser ce rang est impossible, rester en chemin par contre est possible. Rester en chemin signifie que l'esprit de celui qui, au rang de la foi, se sépare d'avec le corps, fait retour au premier Ciel ; celui qui s'en sépare au rang de la dévotion, au second Ciel et ainsi de suite. Chaque esprit fait retour au rang correspondant à celui où il se sépare d'avec le corps, quand bien même il est descendu d'un rang plus élevé et qu'il y ait grande perte à n'y point faire retour. Celui qui n'atteint pas le rang de la foi ne fait retour à aucun ciel, quel que soit le rang d'où il est descendu. Il aura dilapidé ses jours, négligé les paroles des prophètes et des Amis de Dieu.

Les portes du ciel ne seront pas ouvertes
à ceux qui auront traité nos Signes de mensonges

et à ceux qui s'en seront détournés par orgueil :
ils n'entreront pas dans le Paradis
aussi longtemps qu'un chameau ne pénétrera pas
dans le trou de l'aiguille.

Qorān VII/40

O Derviche ! Ceux qui ne reconnaissent pas les prophètes ont beau avoir forme humaine, ils n'en ont pas l'esprit. Ils sont semblables aux bestiaux, que dis-je ! plus égarés encore. Pour la bête, il n'est pas d'accès au monde supérieur, parce que ce monde-là est le couvent, l'oratoire des Purs, le séjour des anges et des hommes pieux ; que sans la connaissance et la piété, le monde supérieur ne peut être atteint. Donc, celui qui n'a pas accédé au plan de la foi reste, quel que soit son rang d'origine, dans la sphère sublunaire.

O Derviche ! A l'origine, Dieu Très Haut crée purs tous les esprits. Mais lorsque ceux-ci descendent ici-bas, en quête de leur perfection, certains sont séduits par le monde et restent en chemin.

Tout enfant naît avec sa nature propre ; ce sont ses parents qui le font juif, chrétien ou zoroastrien.

Et si l'on demande : Puisque les esprits ne peuvent dépasser ce rang originel qui leur est propre, à quoi bon cette descente et cette ascension ? Réponse : Sache que les esprits, tant qu'ils ne sont pas descendus au monde inférieur, ne connaissent que ce qui leur est donné de connaître : ils ignorent le progrès et ne peuvent acquérir ni connaissance ni lumière. Ils connaissent le tout et non les parties. Ce n'est que lorsqu'ils descendent au monde inférieur et enfourchent la monture du corps en quête de la perfection, qu'ils progressent, parviennent à acquérir connaissances et lumières et à connaître le singulier ; que raisonnant désormais à partir de l'universel et du singulier, ils connaissent leur Créateur.

O Derviche ! Lorsque les esprits descendent, ils sont en quête de la perfection ; lorsqu'ils remontent, ils ont la perfection. Donc, il est en cette descente et cette ascension un grand profit. Mais la perfection ainsi que le rang de chacun est déterminé. Aucun ne peut aller au-delà de ce rang et de cette perfection qui lui est propre.

> *Il n'y a personne parmi nous*
> *qui n'ait une place désignée.*

Qorān XXXVII/164

du rang désigné

Sache que pour les docteurs de la Loi, chacun de ces neuf rangs est donné et non acquis. Ceci est la Religion vraie, la Religion immuable. La part divine de laquelle participent à l'origine tous les hommes est cette hiérarchie des esprits.

> *Acquitte-toi des obligations de la Religion*
> *en vrai croyant*
> *et selon la nature que Dieu a donnée aux hommes,*
> *en les créant.*
> *Il n'y a pas de changement dans la création de Dieu.*
> *Voici la Religion immuable.*

Qorān XXX/30

O Derviche ! Si les rangs étaient acquis, quiconque acquerrait davantage, accéderait au rang élevé d'autant. Ainsi le mystique, par acquisition, parviendrait au rang d'Ami de Dieu ; l'Ami au rang de prophète, etc. Or les rangs ne sont pas acquis, ils sont donnés.

O Derviche ! Ayant appris ce qu'est la hiérarchie des esprits — à chaque esprit est un rang qu'il ne peut dépasser — sache maintenant qu'il en est de même de leurs paroles et de leurs actes. A chacun est un rang et une mesure :

> *Toute chose est mesurée par Lui.*
>
> Qorān XIII/8

Autrement dit, l'esprit qui enfourche la monture du corps et vient à ce monde a une limite et un rang défini. Il restera tel laps de temps dans le corps ; disposera de tant de respirs ; mangera, parlera, agira dans telle mesure. Tout cela, dans la pré-éternité, est englobé dans la science de Dieu Très Haut :

> *Dieu est, en vérité, puissant sur tout*
> *et Sa Science s'étend à toute chose.*
>
> Qorān LXV/12

de la providence divine

Sache que Dieu Très Haut était dans la pré-éternité ; que rien d'autre alors n'était. Dieu et la Science divine étaient dès toujours et seront à jamais. A l'instant qu'Il voulut — ainsi qu'il était connu dans la pré-éternité — Il créa le monde sensible et le monde intelligible, le *Molk* et le *Malakūt*. Dieu n'a pas de commencement ; le monde sensible et le monde intelligible ont un commencement. Le monde sensible représente le monde des corps et le monde intelligible, celui des esprits. Le monde des Intelligences chérubiniques, le *Jabarūt*, représente l'essence et les attributs de Dieu. Autrement dit, le *Molk* est le monde des perceptions ; le *Malakūt* le monde des intellections ; le *Jabarūt* le monde où s'originent le *Molk* et le *Malakūt*. Nous ne parlerons pas davantage ici du *Jabarūt*.

Ces prémisses étant posées, sache maintenant que certains disent que Dieu, dans la pré-éternité, connaît l'essence et les qualités de toute chose ainsi que sa quantité ; que tel est le sens de la Providence divine. Pour ceux-là, Sa science est Sa providence. Cette famille est celle des shiites. D'autres disent que Dieu, dans la pré-éternité, connaît et veut l'essence et les qualités de toute chose ainsi que sa quantité ; que tel est le sens de la Providence divine. Pour ceux-là, Sa science et Sa volonté sont Sa providence. Cette famille est celle des sunnites.

Selon la lettre de la Loi religieuse — l'Impératif, le Décret, la Volonté et la Providence de Dieu ont le même sens. Certains invoquent Sa science ; d'autres, Sa science et Sa volonté. Si Sa science et Sa volonté sont Sa providence, elles englobent toute chose, l'universel comme le singulier. Partant, toute chose est par Sa volonté et rien d'aucune façon à cette volonté n'a pu et ne peut s'opposer. De nombreux théologiens et maîtres éminents ont fait et font cette prière :

O Dieu ! Il n'est pas d'obstacle à ce que Tu donnes ; et ce que Tu refuses ne peut être donné. Il n'est pas de guide à celui que Tu égares ; et celui que Tu guides ne peut être égaré. Il n'est pas d'empêchement à ce que Tu décrètes et nul effort n'aboutit sans Ton soutien.

O Derviche ! Si Sa science est Sa providence, par cette Providence, les hommes, en toutes choses, sont libres, en paroles et en actes. IIs mangent, disent et font ce qu'ils

veulent manger, dire ou faire. Si Sa science et Sa volonté
sont Sa providence, par cette Volonté, les hommes, en toutes choses, sont contraints, en paroles et en actes. Ils mangent, disent et font ce que Dieu veut. Dans le premier cas,
la Science de Dieu n'est pas l'obstacle au libre arbitre de
l'homme. Dans le second, la Volonté de Dieu est l'obstacle à ce libre arbitre.

de la traversée du pont Chinvat

Sache que cette descente et cette ascension de l'esprit
humain ressemblent à la traversée du pont Chinvat. On dit
que le Chinvat est un pont au-dessus de l'Enfer, plus étroit
qu'un cheveu, plus effilé que le tranchant d'une épée.
Sur ce pont, il faut aller tantôt en descendant, tantôt à
plat, tantôt en montant. Certains le franchissent vite et
sans peine aucune ; d'autres cahin-caha, à grand dam ;
d'autres enfin ne peuvent le franchir et tombent en Enfer.
La descente et l'ascension de l'esprit humain sont à cette
image ; le monde de la nature est à l'image de l'Enfer. Les
esprits doivent descendre à ce monde et le traverser. Certains le franchissent vite et sans peine aucune ; d'autres à
grand dam ; d'autres enfin ne peuvent le traverser : ils restent dans le monde de la nature — au monde supérieur
ils n'ont pas accès. Cette voie aussi est plus étroite qu'un
cheveu, plus effilée que le tranchant d'une épée. C'est parce
qu'en toute affaire le milieu est la voie droite, la voie de
l'intelligence, que les deux extrêmes sont le monde de la
nature, l'Enfer ; que cette voie médiane est plus étroite
qu'un cheveu ; que s'y maintenir et la parcourir est plus
périlleux que marcher sur le fil d'une épée.

que tout ce qui est en ce monde et en l'autre est aussi en
l'homme

Sache que l'homme est la copie, la représentation de ce
monde et de l'autre : tout ce qui est en ce monde et en
l'autre est aussi en l'homme.

O Derviche ! L'esprit humain, selon sa descente et son
ascension, sa connaissance et son ignorance, traverse
maints états et reçoit de multiples noms. Quand l'esprit
humain effectue la descente, la lumière décline. Quand il
effectue l'ascension, la lumière s'élève. Puisque la descente
est le déclin de la lumière, la descente de l'esprit humain
est la nuit. Puisque l'ascension est le lever de la lumière,
l'ascension de l'esprit humain est le jour. Puisque, pendant
la descente, les choses dans l'esprit humain sont pré-
déterminées, sont toutes voilées et occultées, la descente de
l'esprit humain est la Nuit du destin. Puisque pendant
l'ascension, tout ce qui dans l'esprit humain était prédéterminé, voilé et occulté, devient manifeste, l'ascension
de l'esprit humain est le Jour de la résurrection. Puisque
la descente de la lumière est dans le corps et la montée
de la lumière, à partir du corps, le corps humain est à la
fois le Levant et le Couchant, et l'esprit humain Dhū'l-
Quarnaïn [1], l'une de ses cornes étant la descente et l'autre
la montée :

> *Quand il eut atteint le couchant du soleil,*
> *il vit que le soleil se couchait*
> *dans une source bouillante*
> *et il trouva un peuple auprès de cette source.*
>
> Qorān XVIII/86

63

Cette source bouillante est le corps de l'homme.

O Derviche ! Le corps humain, tant qu'il est vivant, possède une chaleur inhérente. Le soleil de l'esprit en lui descend et demeure jusqu'à ce que le corps devienne froid, qu'il ne reste plus rien en lui de cette chaleur. Alors le soleil de l'esprit s'élève du corps. Donc, le soleil de l'esprit descend dans une source bouillante et s'élève d'une source froide. Dhū'l-Quarnaïn trouva à l'Occident un peuple qui était à l'extrême faible et impuissant, à l'extrême ignorant et inconscient — demeuré dans les ténèbres ; de la lumière éloigné et dépourvu. Quand il parvint à l'Orient, il vit un peuple à l'extrême fort et puissant, à l'extrême sage et instruit — sorti des ténèbres ; à la lumière accédé.

> *Quand il eut atteint l'endroit où le soleil se lève,*
> *il vit que le soleil se levait sur un peuple*
> *auquel nous n'avions pas donné d'abri*
> *pour s'en protéger.*
>
> Qorān XVIII/90

O Derviche ! Ce peuple-là, qu'il trouva à l'Occident et ce peuple-ci, qu'il vit à l'Orient représentent les attributs spirituels et les qualités corporelles. On rapporte que Dhū'l-Qarnaïn alla vers le monde des ténèbres. Ce monde est le corps ; et l'eau de la Vie, la connaissance. Ayant appris ce que sont le Couchant et le Levant, sache encore que le Couchant est une digue ; que le Levant aussi est une digue ; qu'entre l'Orient et l'Occident s'étend le pays-situé-entre-les-deux-digues. Ce pays contient toute la vie. Entre les deux digues, il trouva un peuple qui se plaignait des gens de Gog et de Magog[2]. Gog et Magog représentent la cupidité et la colère. Ce sont là des maux qui corrompent et entraînent la ruine. Ce peuple qui se plaignait de Gog et Magog représente les attributs spirituels et les facultés de l'intelligence. Dhū'l-Qarnaïn lui dit : « Aidez-moi donc avec zèle et je construirai un rempart entre vous et eux. »

Apportez-moi des blocs de fer !

Qorān XVIII/96

Le fer représente la fermeté, la droiture, la constance — l'ego dominé. Si tu ne comprends pas cette explication, je t'en donnerai une autre.

O Derviche ! Le pèlerin qui, en compagnie d'un sage et à son commerce, emprunte le chemin de l'ascétisme et de l'effort, voit en lui s'ajuster l'intérieur et l'extérieur. Son entreprise est alors achevée. Autrement dit, tant que l'extérieur n'est pas droit et pur comme l'intérieur, l'intérieur ne peut recevoir la lumière.

Jusqu'à ce que l'espace compris entre les deux monts soit comblé.
Il dit :
« Soufflez ! »

Qorān XVIII/96

L'extérieur et l'intérieur de l'homme représentent ces deux monts. Une fois l'un à l'autre ajustés, le pèlerin bénéficie de la connaissance et de la sagesse du sage et devient à son tour connaissant et sage. A ce stade, la science et la connaissance du pèlerin, tel le feu, réduisent à néant toutes les pensées vaines et les idées mauvaises qui surgissent des Gog et Magog de la nature, et rendent le cœur du pèlerin pur et limpide.

O Derviche ! Au commencement était le souffle de l'Esprit :

Après que je l'aurai harmonieusement formé,
et que j'aurai insufflé en lui de mon Esprit.

Qorān XV/29

Il dit :
« Soufflez !
Jusqu'à ce qu'un grand feu surgisse ! »

Qorān XVIII/96

Il est quatre souffles du début de la vie à la fin. L'un est le souffle de l'Esprit. Un autre, celui qui tue les qualités mauvaises et les dispositions blâmables. Un autre, qui ranime les qualités bonnes et les dispositions louables :

On soufflera dans la trompette :
Ceux qui sont dans les cieux
et ceux qui se trouvent sur la terre
seront foudroyés,
à l'exception de ceux que Dieu voudra épargner.

Puis on soufflera une autre fois dans la trompette,
et voici :
tous les hommes se dresseront et regarderont.
La terre brillera de la lumière de son Seigneur.

Qorān XXXIX/68.69

Un souffle enfin qui sépare l'esprit du corps et brise le moule :

TROISIÈME TRAITÉ

Il dit :
« Voici une miséricorde de mon Seigneur !
Quand viendra l'accomplissement
de la promesse de mon Seigneur,
il rasera ce rempart.
La promesse de mon Seigneur est vraie ! »

Qorān XVIII/98

Gloire à Dieu, le Seigneur des deux mondes.

QUATRIÈME TRAITÉ

De l'Origine et du Retour selon les philosophes

Un groupe de derviches, *que Dieu augmente leur nombre,* demanda à ma chétive personne de rédiger un traité, selon la doctrine et les canons des philosophes, sur l'Origine et le Retour. Je répondis à sa requête et priai Dieu Très Haut de m'accorder aide et assistance afin qu'Il me garde de la faute et de l'erreur, car *Il est puissant et prêt à exaucer.*

de l'Origine

Sache donc, *béni sois-tu dans les deux mondes,* au sujet de l'être, de deux choses l'une : ou il a un commencement, ou il n'en a pas. S'il n'a pas de commencement, il est l'Etre Nécessaire (*wājib al-wojūd*) par essence. S'il a un commencement, il est l'être advenant (*momkin al-wojūd*) par essence. L'Etre Nécessaire par essence est le Dieu du monde — *loué et exalté soit-Il !* L'être advenant par essence est le monde de Dieu. Pour les philosophes, Dieu est nécessaire par essence — non créé par volonté. L'Intelligence première émana de Son essence tel le rayon de soleil du disque solaire ou l'être de l'effet de l'être de la cause.

Ces prémisses étant posées, sache maintenant que les philosophes disent que de l'essence du Créateur émana une substance unique nommée « Intelligence première ». L'intelligence est une substance simple, indivisible, indestructible. Puis, de l'Intelligence première émanèrent les « Pères » et les « Mères », par ce fait que dans cette Intelligence première, qui est une, apparut, avec les épithètes et les attributs, le multiple. Autrement dit, du point de vue de l'essence de l'Intelligence, de la cause de l'Intelligence et du lien entre la cause et l'effet, de ces trois points de vue, apparurent dans l'Intelligence première trois valeurs. Pour chaque valeur, émanèrent de l'Intelligence première, trois réalités : intellectuelle, psychique et astrale. De même, de chaque réalité intellectuelle, émanèrent trois réalités : intellectuelle, psychique et astrale, et ainsi, jusqu'à l'apparition, à la suite de l'Intelligence première, de neuf intelligences, neuf psychés et neuf sphères. Alors, sous la sphère de la Lune, apparurent l'élément et la nature du Feu ; puis l'élément et la nature de l'Air ; puis l'élément et la nature de l'Eau ; puis l'élément et la nature de la Terre. Les « Pères » et les « Mères » furent achevés ; la descente se trouva effectuée. La descente fut de quatorze degrés. L'ascension étant proportionnelle à la descente sera donc de quatorze degrés pour que le cycle soit bouclé.

O Derviche ! Pour certains, cette antériorité qui vient d'être exposée n'est pas temporelle. Il est en effet plusieurs antériorités — selon le temps, l'espace, le degré et la cause. La priorité de ces rangs est selon le degré et la cause, parce que ces rangs, c'est-à-dire les « Pères » et les

« Mères », émanèrent tous en un clin d'œil, que dis-je ! en moins d'un clin d'œil, de l'Intelligence première. Sur ce, des « Pères » et des « Mères » surgirent les trois règnes : le Minéral, le Végétal et l'Animal. L'homme est une espèce d'entre les espèces animales.

O Derviche ! L'homme apparut en dernier. Il s'avère donc évident que l'homme est le fruit de l'arbre de la création. Et lorsque l'homme parvint à l'Intelligence, le cycle fut clos. Il s'avère donc évident que le grain de l'arbre de la création était l'Intelligence ; que tout ce qui apparut en dernier était cela même qui était au commencement. Donc, l'Intelligence première est à la fois le commencement et la fin. Par rapport à la venue, elle est le commencement, l'origine ; par rapport au retour, elle est le terme, la fin. Par rapport à la venue, elle est la Nuit du destin ; par rapport au retour, elle est le Jour de la résurrection.

O Derviche ! L'Intelligence première est le calame de Dieu, l'envoyé de Dieu, l'agent des créatures, l'Adam des êtres. Elle est parée des attributs et des qualités divines. Pour cette raison, il a été dit que Dieu Très Haut créa l'homme à Sa propre image. Aucune des intelligences et des âmes ne peut recevoir de Dieu l'influx sauf l'Intelligence première qui est la plus instruite et la plus noble de toutes. L'Intelligence première reçoit de Dieu l'influx et le transmet après elle. Ainsi, chaque intelligence reçoit de celle qui est au-dessus et transmet à celle qui est au-dessous. Toutes ont une main pour prendre et une main pour donner — elles prennent et donnent. L'Etre Nécessaire par soi-même donne mais ne reçoit pas parce qu'il n'a rien au-dessus de Lui ; que par essence, Il détient la pureté, la sainteté, la connaissance et la sagesse.

O Derviche ! Les intelligences et les âmes du monde

supérieur sont toutes nobles et subtiles, possèdent toutes la connaissance et la pureté. Celle qui est plus élevée et plus proche de l'Intelligence première est plus noble et plus subtile, plus instruite et plus limpide. Sache qu'il en est de même pour les sphères célestes : le Ciel qui est plus élevé, qui est plus proche de la Sphère des sphères, est plus noble et plus subtil. Dans la descente, c'est le degré qui est plus proche de l'origine qui est plus noble et plus subtil. Dans l'ascension, c'est le degré qui est plus éloigné du point de départ qui est plus noble et plus subtil. Ceci parce que, dans la descente, le sédiment se dépose au fond et que, dans l'ascension, la quintessence remonte à la surface. Et si l'on dit d'un corps simple que plus il est éloigné de l'origine, plus il est vil, et d'un corps composé que plus il est éloigné du point de départ, plus il est noble — cela est également juste.

Comme je sais que tu n'as pas bien compris, je tenterai de m'exprimer plus clairement. Sache qu'en premier il y a Dieu ; puis, successivement, l'intelligence, l'âme et la nature. La descente est alors achevée. Puisque telle est la descente et que l'ascension correspond à la descente, il y a donc dans l'ascension, en premier, la nature, puis, successivement, l'âme, l'intelligence et Dieu. L'ascension est alors achevée. Il est évident que tout ce qui dans la descente est en premier, dans l'ascension est en dernier ; que dans la descente, le premier degré est le plus noble ; que dans l'ascension, le dernier degré est le plus noble.

O Derviche ! En premier il y a Dieu ; les prophètes et les Amis de Dieu sont des théophanies. Puis il y a l'intelligence ; les philosophes et les savants sont des manifestations de l'intelligence. Puis il y a l'âme ; les princes et les rois sont des manifestations de l'âme. Puis il y a la nature ; les citadins et les campagnards sont des manifestations de la nature. Dieu était en premier ; Il est Un. L'intelligence vint en second ; elle est de deux sortes. L'âme vint en troisième ; elle est de trois sortes. La nature vint en quatrième ; elle est de quatre sortes. $1 + 2 + 3 + 4 = 10$. *Voici la dizaine complète.* Telles sont les hiérarchies du monde sensible, du monde intelligible et du monde des Intelligences chérubiniques.

O Derviche ! Pour les docteurs de la Loi et les philosophes, le *Molk* est le monde sensible ; le *Malakūt,* le monde intelligible ; le *Jabarūt,* le monde de l'essence et des attributs de l'Etre Nécessaire, le Dieu du monde — *loué et exalté soit-Il !* Pour les témoins de l'Unicité, le *Molk* est le monde du sensible ; le *Malakūt,* celui de l'intelligible ; le *Jabarūt,* le monde condensé, virtuel.

des intelligences et des âmes du monde inférieur

Sache que pour certains philosophes, seule la dixième intelligence, celle de la sphère de la Lune, est l'origine des intelligences et des âmes du monde inférieur. Elle est appelée « Intelligente agente ». Elle régit le monde. Elle est le *Dator Formarum,* le Donateur des Formes. Toutefois, la plupart des philosophes s'accordent pour dire que les intelligences du monde supérieur sont toutes les dix agentes ; sont toutes ensemble l'origine des intelligences et des âmes du monde inférieur — d'où cette grande différence entre les hommes. Ainsi, l'âme qui reçoit l'influx de l'âme de la sphère de la Lune n'égalera jamais celle qui reçoit l'influx de l'âme de la sphère du Soleil. Celle qui reçoit l'influx de la sphère du Soleil sera d'une haute énergie spirituelle ; celle qui le reçoit de la sphère de la Lune sera d'une moindre énergie spirituelle.

O Derviche ! Si la différence qui existe entre les hommes est due à l'origine, elle l'est aussi aux influences des quatre temps. La félicité et la détresse, la perspicacité et la stupidité, l'avarice et la générosité, la religiosité et la perfidie, la force d'âme et la bassesse, la pauvreté et la richesse, l'honnêteté et la vilenie, la longévité et la brièveté de la vie sont les effets de l'origine et des quatre temps.

O Derviche ! Puisque tu sais que le sort de l'homme est réglé avant même sa naissance, contente-toi de ce qui t'a été donné par Dieu ; accepte et soumets-toi ! Il faut au pauvre s'accorder à la pauvreté et au riche à la richesse car pauvreté et richesse sont causes de tourment. Le généreux demande afin de prodiguer ; l'avare, afin de thésauriser ; et tous deux sont en peine.

O Derviche ! Tiens pour certain qu'il n'est pas de bonheur en ce monde.

du Retour

Sache que l'âme humaine après la séparation d'avec le corps fait retour, si elle a récolté la perfection, vers les intelligences et les âmes du monde supérieur. Sinon, elle reste sous la sphère de la Lune, laquelle est l'Enfer, soit pour un temps, soit à jamais. La perfection de l'âme humaine est le rapport de celle-ci avec les intelligences et les âmes du monde supérieur.

O Derviche ! Les intelligences et les âmes du monde supérieur ont toutes la connaissance et la pureté ; pourtant elles n'ont de cesse d'acquérir sciences et lumières, de récolter la connaissance et la pureté. L'affaire de l'homme aussi est d'acquérir sans cesse les sciences et les lumières, de récolter la connaissance et la pureté. Celui qui établit

ce rapport avec les intelligences et les âmes du monde
supérieur recueille l'aptitude à leur médiation : lorsque
son âme se sépare d'avec son corps, les intelligences et les
âmes du monde supérieur l'attirent à elles. Tel est le sens
de la médiation. Quelle que soit l'âme du monde supérieur
à laquelle l'âme correspond, l'âme fait retour vers celle-là
même. Si c'est à l'âme de la sphère de la Lune, son retour
se fait vers celle-ci. Si c'est à l'âme de la Sphère des sphères, son retour se fait vers celle-là. Maintenant que tu
connais l'origine et la fin, apprends de même le reste.
Lorsque l'âme humaine parvient au monde supérieur, elle
se libère de sa monture éphémère et enfourche une monture impérissable qu'elle chevauche pour l'éternité. Chaque âme, selon son rang, est dans la béatitude et la paix,
le rang de chacune étant la rétribution de sa connaissance
et de sa pureté. Plus la connaissance et la pureté sont
grandes, plus le rang est élevé. Autrement dit, il n'en
est pas ainsi que les docteurs de la Loi le soutiennent, à
savoir que l'âme précède le corps ; que chaque âme a un
rang qui lui est assigné ; qu'une fois l'âme parvenue à ce
rang, le cycle est clos — il n'est plus de progrès possible.
Pour les philosophes, en effet, l'âme n'est pas *avant* le
corps, mais *avec* le corps. Donc, il n'est pas à l'âme de rang
assigné — c'est l'âme qui trouve son rang propre.

O Derviche ! Celui qui porte son âme au rang de la
Sphère des sphères atteint la connaissance et la pureté
extrêmes ; il parvient au rang le plus haut. L'Intelligence
première devient sa messagère, l'envoyée de sa cour : elle
va *de cet ange vivant-immortel à cet ange vivant-immortel.*
C'est à ce rang que l'âme s'entretient avec Dieu, tantôt
par le truchement de l'Intelligence première, tantôt directement. Et lorsqu'elle se sépare du corps, elle se tient, pour
toujours, allègre et joyeuse, en présence du Seigneur des

deux mondes, au nombre de Ses intimes. C'est là le Paradis de l'élite, le lieu des Parfaits. L'âme qui s'y trouve est dans la béatitude et la paix absolues. Les huit autres rangs constituent les échelons du Paradis. Les âmes qui s'y trouvent ne sont pas dans la béatitude et la paix absolues ; elles ne sont pas non plus dans l'affliction et la peine absolues. Parce qu'elles ont traversé l'Enfer et atteint l'un des échelons du Paradis, elles sont dans la béatitude et la paix ; parce qu'elles sont exclues de la proximité du Seigneur des deux mondes et privées de Son intimité, elles sont dans le feu de la séparation et pour l'éternité brûlent dans ce feu. Les huit paradis sont le lieu des « imparfaits ». Si le tourment qui les habite est le fait du manque de connaissance, jamais de ce tourment ceux-là ne se délivreront ; s'il est le fait du manque de pureté, peut-être avec le temps s'en déferont-ils.

O Derviche ! L'âme humaine après la séparation d'avec le corps ne peut être que dans l'un de ces six états : ou elle est simple, ou elle est composée. Si elle est simple, elle est soit pure soit impure. Si elle est composée, elle est soit pure, soit impure ; soit parfaite, soit imparfaite.

de l'état de l'âme humaine après le trépas

Sache que les âmes de ceux qui n'ont pas récolté la connaissance et la pureté restent, après la séparation d'avec le corps, dans le monde inférieur.

Pour certains philosophes, chacune de ces âmes retourne à un autre corps jusqu'à ce que, au moment du trépas, telle qualité prévaille et que sous la forme de cette qualité, l'âme ressurgisse. Cette forme est soit celle de l'homme, soit celle de l'animal, soit celle du végétal, soit celle du minéral. Sous cette forme, l'âme est châtiée en proportion de la faute, punie en proportion du crime. De moule en moule, l'âme descend ainsi par échelon jusqu'au minéral. Cette descente est appelée « métempsychose ». Puis, l'âme remonte par échelon jusqu'à l'homme. Cette remontée est appelée « transmigration ». De la sorte, les âmes descendent et remontent jusqu'à ce qu'elles aient récolté la connaissance et la pureté.

Chaque fois que leur peau sera consumée,
Nous leur en donnerons une autre
afin qu'ils goûtent le châtiment.

Qorān IV/56

... pour prix de ce qu'ils ont accompli.

Qorān VI/129

Pour d'autres philosophes, ces âmes ne peuvent prendre un autre corps, parce que, à chaque corps, ne correspond qu'une seule âme, qu'un même corps ne peut avoir deux âmes. Ainsi dépourvues de corps, ces âmes restent pour toujours dans le monde sublunaire.

Pour d'autres, ce sont ces âmes demeurées dans le monde sublunaire qu'on appelle « Djinns ». Elles prennent toutes les formes qu'elles veulent ; apparaissent ainsi à qui elles veulent.

Pour d'autres philosophes enfin, les Djinns n'existent pas tels que les hommes se les imaginent. Selon eux, les Djinns sont des hommes qui, vivant dans les déserts et les montagnes, n'ont jamais approché de Sage, n'ont jamais entendu les paroles d'un Sage. Ils comptent parmi les bêtes, que dis-je ! ils sont plus bas encore. Le mot *djinn* signifie à la fois « voiler » et « être voilé ». Les fous sont des hommes à l'intelligence voilée ; pour cette raison, on les appelle *majnūn*[a].

Pour les docteurs de la Loi, les Djinns existent indépendamment de l'homme. Les Djinns sont une espèce ; les hommes, une autre. Les hommes ont pour Père et Mère Adam et Eve ; les Djinns ont pour Père et Mère Māraj et Mārejeh. Dieu Très Haut créa Adam d'argile et Māraj de feu :

Il a créé les Djinns d'un feu pur.

Qorān LV/15

O Derviche ! J'ai assemblé et écrit ces quatre traités dans quatre provinces. Le premier en l'an 660 dans la ville de Bokhārā. Le second au Khorāssān, à Bahr-Abād sur la tombe du Shaykh des shaykhs Sa'doddīn Hamū'ī. Le troisième, dans la ville de Kermān. Le quatrième dans la ville de Shirāz en l'an 680 sur la tombe du Shaykh des shaykhs Abū Abdāllah Khafīf.

exhortation

O Derviche ! J'ai beaucoup voyagé de par le monde. J'ai rencontré, parmi les plus grands, maints théologiens, philosophes et maîtres. Un long temps auprès de chacun je suis resté. J'ai pratiqué tout ce qu'ils ordonnèrent en fait d'études et d'exercices, d'efforts et d'invocations. J'ai tiré à leur commerce un grand profit : mon œil intérieur s'est ouvert au monde sensible, au monde intelligible et au monde des Intelligences chérubiniques. Le champ de ma pensée s'est élargi. Je suis devenu l'ami des théologiens, de ceux qui détiennent toutes les branches de la science.

O Derviche ! Garde-toi cependant de n'acquérir la connaissance et la sagesse que pour t'affubler du nom de savant et de sage ; de ne pratiquer l'adoration et la dévotion que pour te parer du titre d'homme pieux et de maître ; ces vaines gloires ne sont que fléaux et tourments ! En fait de connaissance et de sagesse, accomplis ce qui est nécessaire ; à tout ce qui est utile ne te soustrais pas. En fait de dévotion et de piété, agrée ce qui est nécessaire ; de tout ce qui est obligatoire, acquitte-toi ! Après avoir connu Dieu, attache-toi à récolter la pureté de l'âme, à vivre sans malice et à répandre la quiétude — en ceci est le salut de l'homme.

O Derviche ! Celui qui n'a pas récolté la pureté de l'âme est prisonnier de la concupiscence, esclave de la convoitise et de l'ambition. L'amour du ventre et du bas-ventre est un feu qui dévaste la foi et la pratique du pèlerin, anéantit celui-ci, le perd à ce monde et à l'autre. L'avidité, comme l'ambition, est un crocodile dévoreur d'hommes. Combien de milliers d'individus a-t-il déjà engloutis, engloutira-t-il encore ! L'homme qui s'affranchit de l'amour du ventre et du bas-ventre, de celui des biens et de la position, devient libre et accompli. La liberté absolue n'existe pas, ne peut exister ; la liberté n'est que relative.

O Derviche ! Tous les hommes sont prisonniers en ce monde. Prophètes, Amis de Dieu, Princes, Rois — tous sont aux liens. A certains il n'est qu'un seul lien ; à d'autres, il en est deux ; à d'autres, cent ; à d'autres, mille. Nul, en ce monde, n'en est dépourvu. Toutefois, celui qui n'a qu'un seul lien est libre et dégagé par rapport à celui qui en a mille. Plus les liens sont nombreux plus la peine est lourde.

O Derviche ! Si tu ne peux devenir libre et affranchi, du moins consens et soumets-toi !

Gloire à Dieu le Seigneur des deux mondes.

CINQUIÈME TRAITÉ

De la Pérégrination

Un groupe de derviches, *que Dieu augmente leur nombre*, demanda à ma chétive personne de rédiger un traité sur la pérégrination : le but du pèlerin ; les conditions et les principes du pèlerinage. Je répondis à sa requête et priai Dieu Très Haut de m'accorder aide et assistance afin qu'Il me garde de la faute et de l'erreur, car *Il est puissant et prêt à exaucer.*

ce qu'est la pérégrination

Sache, *béni sois-tu dans les deux mondes,* que *solūk* en langue arabe a le sens général de « marcher » — marcher soit dans le monde extérieur, celui de l'apparence ; soit dans le monde intérieur. Pour les soufis, la pérégrination est une marche particulière : elle est à la fois voyage *vers* Dieu et voyage *en* Dieu.

O Derviche ! Avant nous, des maîtres éminents ont rédigé de nombreux ouvrages sur ce sujet. Tous ont dit que la pérégrination, le pèlerinage, est à la fois le voyage *vers* Dieu et le voyage *en* Dieu. Dans plusieurs traités je l'ai moi aussi affirmé. Dans le présent livret, j'ajouterai une chose.

O Derviche ! L'homme a des rangs. Les qualités et les dispositions inhérentes qui sont cachées en lui se manifestent à chaque rang. Une fois tous les rangs de l'homme manifestés, toutes ses qualités et dispositions le sont aussi. Le parcours du microcosme est achevé. Le voyageur qui a accompli le parcours du microcosme devient dans le macrocosme le représentant, le khalife, le vicaire de Dieu : ses paroles sont les paroles de Dieu ; ses actes, les actes de Dieu. Ceci est l'épiphanie suprême, la manifestation de l'éthique et de la connaissance.

O Derviche ! La connaissance se manifeste en maints lieux. Mais c'est ici le lieu de la connaissance englobante : ici, elle se connaît soi-même ; elle sait et voit la réité des choses. Donc le pèlerinage est cette marche par laquelle le voyageur parcourt ses propres rangs et, par degrés, tous les manifeste.

O Derviche ! Il est évident que le voyageur, c'est toi ; la voie et l'étape, toi encore. Lorsque les rangs du voyageur sont tous manifestés, commence le voyage *en* Dieu ; ce voyage-là ne s'achève jamais. Je sais que tu n'as pas bien saisi. Je m'exprimerai plus clairement, car la compréhension de ces paroles est importante à l'extrême.

de l'intention du pèlerin dans le pèlerinage

O Derviche ! Il ne faut pas que l'intention du pèlerin soit, dans l'ascétisme et l'effort persévérant, de demander Dieu. Dieu n'a pas besoin d'être demandé. Il ne faut pas

81

non plus qu'elle soit de demander la pureté et le beau caractère, la science et la connaissance mystique, le dévoilement des secrets et la manifestation des lumières. Toutes ces choses correspondent chacune à un rang. Tant que le pèlerin à ce rang n'a pas accédé, la chose particulière à ce rang ne peut se manifester. Et s'il y accède, cette chose, qu'il le veuille ou non, qu'on la lui explique ou non, se manifeste d'elle-même. Quand tous les savants expliqueraient à l'enfant ce qu'est le plaisir érotique, l'enfant ne comprendrait pas. Ce n'est que lorsque l'enfant atteint la puberté qu'il comprend ; et cela de lui-même.

O Derviche ! L'homme a des rangs, comme l'arbre des étapes. Ce qui apparaît à chaque étape du développement de l'arbre est bien évident. L'affaire du jardinier est donc de rendre le sol meuble et adapté, de le nettoyer des broussailles et des ronces et de l'arroser en temps voulu afin de protéger l'arbre des fléaux jusqu'à ce que tous ses stades, chacun en son temps, deviennent manifestes. L'affaire du pèlerin est à cette image. Il faut que l'intention du pèlerin soit, dans l'ascétisme et l'effort, de devenir Homme — de rendre en lui manifestes tous les rangs. Alors, au pèlerin, qu'il le veuille ou non, apparaîtront, chacun en son temps, la pureté, le beau caractère, la connaissance, le dévoilement des secrets, la manifestation des lumières et d'autres choses encore dont il n'aura jamais entendu le nom, qui ne lui seront jamais venues à l'esprit. Celui qui ne s'est pas donné à cette entreprise ne comprendra pas ces paroles.

Bref, pour ne point dévier, disons que le pèlerin doit être d'une haute énergie spirituelle et, tant qu'il est en vie, se donner à la tâche avec assiduité et persévérance, car la science et la sagesse de Dieu sont illimitées.

O Derviche ! Tous les stades de l'arbre sont dans le

grain. Mais il faut l'habileté et les soins du jardinier perspicace pour que tous deviennent manifestes. De même, la pureté, le beau caractère, la connaissance et la sagesse, le dévoilement des secrets, la manifestation des lumières sont dans l'essence de l'homme. Il faut l'attention du Sage, son enseignement et ses soins, pour que tous deviennent manifestes.

O Derviche ! Les connaissances première et dernière sont cachées en ton essence. Tout ce que tu cherches, cherche-le en toi ! Que chercherais-tu au dehors ? La connaissance qui, par le truchement de l'oreille, parvient à ton cœur est comparable à l'eau que tu tirerais du puits d'un autre et verserais dans ton puits à sec. Cette eau est précaire : elle est aussitôt croupie et génératrice de graves maux.

O Derviche ! L'arrogance, l'avidité et l'ambition — tels sont les maux étranges qui surgissent et croissent de cette eau putride.

Tire l'eau de ton propre puits. Et de cette eau, autant que tu en tires, prodigue-la alentour — elle n'en sera en rien diminuée ; que dis-je, elle en sera accrue ! Loin de tarir, l'eau jaillira chaque jour plus limpide et pure ; elle sera la panacée contre les plus graves maux.

O Derviche ! Le pèlerin, par cette voie qui vient d'être dite, récolte la science et la connaissance mystique : l'eau de la Vie jaillit de la source de son cœur.

Quiconque se purifie pendant quarante jours en se vouant sincèrement à Dieu — la sagesse jaillit de son cœur par sa langue.

Mais il est une voie vers la connaissance, à l'inverse de celle-ci.

de la voie inverse qui conduit aussi à la connaissance

Sache que l'appel des prophètes et l'enseignement des Amis de Dieu ne sont que pour exhorter les hommes aux paroles bonnes, aux actes bons et aux dispositions bonnes afin que leur extérieur devenu droit, l'intérieur de même le devienne. L'extérieur est à la ressemblance d'un moule et l'intérieur au contenu du moule. Si le moule est droit, le contenu aussi est droit. Si le moule est gauchi, le contenu aussi est gauchi.

O Derviche ! Il ne fait aucun doute que l'extérieur affecte l'intérieur et pareillement l'intérieur l'extérieur. Donc, lorsqu'au commerce d'un sage, par l'ascèse et la discipline l'extérieur est rectifié, l'intérieur aussi l'est. Et lorsque l'extérieur et l'intérieur sont droits, l'intérieur se trouve entre deux mondes purs : d'un côté le monde visible ; de l'autre, le monde invisible. Autrement dit, d'un côté le corps, qui est le monde du phénomène, le monde des choses sensibles ; de l'autre, le monde des anges et des purs esprits, qui est le monde supra-sensible, le monde des intelligibles. Ce côté qui est le monde invisible est toujours pur et limpide ; de là, l'intérieur ne reçoit jamais ni trouble, ni obscurité, ni ternissure. Ce côté qui est le corps, tant qu'il est lié par les plaisirs et les passions, qu'il est prisonnier de l'avidité et de la violence, est troublé et obscurci et de même maintient l'intérieur. Pour cette raison, l'intérieur ne peut acquérir les sciences et les lumières du monde supra-sensible. Ce n'est que lorsque le corps devient pur et limpide que l'intérieur se trouve entre deux mondes purs. Alors, tout ce qui est dans le monde invisible se reflète sur le cœur du pèlerin — tel deux miroirs polis l'un en face de l'autre ; tout ce qui est en celui-ci apparaît en celui-là et inversement. Ceci est la vertu du

84

pèlerinage aux Lieux saints, la réalité même du pèlerinage.

O Derviche ! Il est en ces propos un point délicat, voici. Le monde invisible a des rangs ; d'un rang à l'autre il est une grande différence. L'intérieur du pèlerin aussi a des rangs ; d'un rang à l'autre, il est aussi une grande différence. Le premier rang ne peut acquérir que du rang premier ; et le rang ultime, que du rang ultime. La science et la connaissance du pèlerin par cette voie également peuvent être récoltées. Le rêve véridique, l'extase, la révélation, l'inspiration, l'illumination ne sont autres que l'expression de cette connaissance. Celle-ci ne dépend ni de l'incrédulité ni de la foi. Elle est le fait de celui qui a rendu pur le miroir de son cœur. Elle est perçue chez beaucoup d'individus pendant le sommeil ; chez quelques-uns seulement pendant la veille. Dans le sommeil, les sens sont au repos. Le trouble qui, par le truchement des sens, par celui de la passion et du désir, accapare l'intérieur, étant moindre, l'intérieur accède aux sciences du monde supra-sensible. Donc, le recueillement, la solitude, l'ascétisme et l'effort persévérant ne sont que pour rendre le corps du pèlerin à l'état de veille semblable au corps de l'homme pris dans le sommeil — que dis-je ! plus limpide et plus pur encore.

O Derviche ! Les pèlerins diffèrent en leur tempérament. Certains au prix d'une moindre discipline éprouvent en eux ces effets. D'autres, de nombreuses années durant pratiquent l'ascétisme et ne les éprouvent jamais. Ces effets dépendent de l'origine et des quatre temps.

des trois catégories d'hommes

Sache que Dieu a créé les hommes différents. A chacun, Il a donné une aptitude. Il est nécessaire qu'il en soit ainsi pour qu'il y ait un ordre dans le monde. Il faut des citadins et des campagnards, des soyeux et des vidangeurs. Si à tous Il avait donné la même aptitude, il n'y aurait pas d'ordre du monde. Le travail du Sage est de veiller à ce que chacun s'adonne à la tâche pour laquelle il a été créé.

Bref, certains hommes ont une haute énergie spirituelle ; d'autres, en sont dépourvus. De là vient que les uns recherchent le monde ; d'autres la vie future ; d'autres Dieu. Ce sont là les trois catégories d'hommes ; il n'en est pas d'autres que celles-ci. Ceux qui cherchent Dieu ont une haute énergie spirituelle ; ce sont eux les meilleurs des hommes ; ils constituent la famille des pèlerins. Cette famille précède les deux autres ; elle est le but de milliers et de milliers d'hommes. Les deux autres familles, à l'exemple des ronces et des broussailles, en parasites, s'abreuvent et se nourrissent à la première.

O Derviche ! Quiconque entreprend le pèlerinage doit nécessairement connaître quatre choses : le but, le voyageur vers le but, la voie vers le but et le guide, lequel est le *Shaykh*, l'Hégémone. Sans la connaissance de ces quatre choses le pèlerinage est impossible. Sache que le but, le désir ardent des pèlerins, est la perfection. Le voyageur vers le but, selon certains, est Dieu ; selon d'autres, l'esprit du pèlerin ; selon d'autres encore, la Lumière divine. Pour ma part, je dirai humblement que le voyageur est l'âme du pèlerin ; que cette âme est une lumière unique mentionnée par des épithètes, des qualificatifs et des noms différents tels que psyché, esprit, cœur, intelligence, lumière divine ; que toutes ces appellations désignent une même substance ; que cette substance unique est la *réalité* vraie de l'homme.

de la voie vers le but

Sache qu'à mon humble avis il n'est qu'une voie vers le but. Cette voie unique est celle qui commence par l'étude et la répétition et s'achève par l'ascèse et la remémoration. Le pèlerin se rend d'abord au collège et y apprend ce qui est nécessaire dans la science de la Loi religieuse, la *Sharī'at*. Muni de ce viatique, il s'adonne à la lecture jusqu'à ce qu'il devienne capable de comprendre les paroles bonnes — la compréhension de celles-ci étant, en ce chapitre, une base fondamentale qui ne s'acquiert qu'au collège. Puis il se rend au *khānegāh*, la loge du soufi, devient le disciple d'un maître et s'attache au service de celui-ci. Il se contente d'un seul maître et à ce commerce, apprend ce qui est nécessaire dans la science de la Voie intérieure, la *Tarīqat*. Après quoi, il s'initie aux récits des grands maîtres — leur ascèse, leur discipline, leur piété, leur vertu, leurs états, leurs rangs. Ce stade franchi, le pèlerin abandonne les livres et, sous la direction du maître, s'adonne à son entreprise.

Pour certains, il y a deux voies vers le but. Toutes deux y conduisent si on les parcourt selon la règle. L'une est celle de l'étude et de la répétition. Sur cette voie sont les pèlerins qui ont choisi la Loi religieuse. L'autre est celle de l'ascèse et de la remémoration. Sur cette voie sont les pèlerins qui ont choisi la Voie intérieure.

O Derviche ! Le pèlerin sur la première voie est celui qui, chaque jour, découvre et retient une chose qu'il ignorait. Le pèlerin sur la seconde est celui qui, chaque jour, oublie une chose de ce qu'il savait. Sur le premier chemin, le devoir est, chaque jour, de noircir un morceau de la page blanche. Sur le second, tout l'emploi du temps est, chaque jour, de blanchir une partie du cœur noirci.

O Derviche ! Certains pèlerins disent : « Nous apprenons l'art de peindre et, par le crayon de l'étude et la plume de la répétition, enluminons le rouleau de notre cœur de toutes les connaissances afin que toutes s'y trouvent écrites et dessinées. Chaque chose qui en notre cœur est tracée devient notre mémoire ; partant, notre cœur est la " Table Préservée ". »

D'autres pèlerins disent : « Nous apprenons l'art de polir et, par le polissoir de l'effort et l'huile de l'invocation, rendons pur et limpide le miroir de notre cœur, afin que s'y reflètent toutes les sciences du monde visible et du monde invisible ; que ce reflet soit plus précis et fidèle qu'un livre, car l'omission et la faute sont possibles dans l'écrit — non dans le reflet. L'histoire des peintres de l'Empire de Chine est bien connue. De plus, les sciences sont innombrables — leurs formes mêmes sont innombrables — et la vie de l'homme est brève. Il est impossible que cette vie suffise pour que le cœur, par l'étude et la répétition, devienne la « Table Préservée ». Mais il se peut qu'elle suffise pour que le cœur, par l'effort et la remémoration, devienne le Miroir de l'univers.

Bref, nous disons donc, ô Derviche ! qu'il n'est qu'une seule voie vers le but. Et s'il en est une seconde, c'est la voie de l'effort et de la remémoration, la plus sûre et la plus courte.

du rang des gens du commun

Sache que lorsque l'enfant arrive à l'âge du discernement il faut, en ses dévotions, qu'il imite ses parents. Et s'il ne s'acquitte pas de ses dévotions, ses parents doivent les lui rappeler. Cet assentiment est appelé « soumission » (islām). Lorsque l'enfant atteint l'âge de raison, six autres choses, outre la soumission, lui deviennent obligatoires. La première est la foi. Il faut que l'enfant n'ait aucun doute sur l'être et l'unicité de Dieu ainsi que sur la mission des prophètes. Il saura avec certitude que tout ce que les prophètes ont dit est juste ; que leurs paroles ont été inspirées par Dieu. La seconde est l'obéissance aux commandements. La troisième est l'abstention des choses défendues. La quatrième est le repentir. Si l'adolescent omet l'un des commandements ou néglige l'un des interdits, il fera aussitôt repentance — la contrition étant le regret de ce qui a été fait et la résolution de ne plus jamais commettre cette action. La cinquième est l'apprentissage d'un métier. Il choisira un métier qui lui assure sa subsistance, afin qu'il soit préservé de la cupidité et que sa foi reste intacte. La sixième est la piété. Dans l'exercice de son métier, l'homme veillera à respecter la loi ; à s'abstenir des biens illicites ou suspects ; à être sincère en paroles et en actes afin d'être préservé de l'hypocrisie et de l'imposture.

O Derviche ! Ces six obligations s'étendent à tous les musulmans. Ce rang est celui des gens du commun. Ce qui distingue l'élite du commun est la pratique du pèlerinage : pèlerinage par la voie de l'étude et de la répétition, ou bien pèlerinage par la voie de l'ascèse et de la remémoration. Nous exposerons dans ce traité cette dernière voie.

des conditions du pèlerinage

Sache que les conditions requises pour le pèlerinage sont au nombre de six. La première est le renoncement — renoncement aux biens et à la position, à l'ambition et à l'avidité, à la rébellion et aux mauvais penchants. La seconde est la paix. Le pèlerin se réconciliera d'emblée avec toutes les créatures — il n'en offensera aucune, que ce soit par la langue ou par la main, à aucune il ne refusera sa compassion — et les verra toutes comme lui-même, indigentes, misérables et dépourvues. La troisième est la réclusion ; la quatrième le silence ; la cinquième le jeûne ; la sixième la veille.

des principes du pèlerinage

Sache que les principes du pèlerinage sont également au nombre de six. Le premier est d'avoir un guide. Sans guide le pèlerinage ne peut être entrepris. Le second est le dévouement et l'amour envers le guide. Le pèlerin qui rencontre le guide et par celui-ci est accepté, doit, sa vie durant, ne s'attacher à personne d'autre afin d'atteindre rapidement au but. La monture du pèlerin sur cette voie est ce dévouement et cette dilection. Quand l'une et l'autre sont fortes, la monture est vaillante. Quiconque possède une bonne monture ne redoute pas l'âpreté du chemin. Mais si d'aventure la moindre faille entame cet attachement, la monture devient boiteuse et le pèlerin reste en route. Le troisième principe est l'obéissance absolue au guide. Le pèlerin doit désormais renoncer à imiter ses parents, en pensées et en pratiques, et n'obéir plus qu'au guide. Il est tel un malade et le guide un médecin. Le malade qui ne se soumet pas aux prescriptions du médecin ou agit à l'inverse de celles-ci, ne recouvre jamais la santé — que dis-je ! son mal chaque jour augmente. Et si, à l'aide de quelque manuel il tente de se soigner soi-même, il n'y parvient pas davantage. Il faut donc la présence du médecin et l'obéissance du patient pour que le mal et la cause du mal disparaissent. Le quatrième principe est le renoncement à tout jugement ou idée propre : le pèlerin ne doit rien entreprendre de soi-même, fût-ce la moindre dévotion. Tout acte que le pèlerin accomplit de sa propre initiative cause son éloignement ; tout acte que le pèlerin accomplit sur l'ordre du guide cause son rapprochement. Le cinquième principe est le rejet de la contestation et du désaveu. Le pèlerin ne doit ni contester les paroles du guide ni désavouer ses actes parce que lui-même ignore où sont le bien et le mal, parce qu'il ne peut distinguer entre la piété et la faute — ces connaissances étant choses difficiles. Le récit de Moïse et de Khezr illustre ce point [*].

Le sixième principe est la fermeté et la constance, de nombreuses années durant, quant aux conditions et aux principes fondamentaux du pèlerinage. Sans cette constance, rien de bon n'est effectué.

Tels sont les conditions et les principes, douze au total, pour que le pèlerinage soit accompli.

du voile et du rang

O Derviche ! Le pèlerin qui respecte avec constance ces douze points accède aux rangs supérieurs et voit devant lui se lever les voiles. L'origine des voiles, c'est en quatre choses : l'amour des biens, l'ambition, l'imitation aux parents et la rébellion. L'origine des rangs, c'est aussi en quatre choses : les paroles bonnes, les actes bons, le beau caractère et les connaissances. L'objet des sciences est la connaissance de nombreuses choses. Mais la connaissance de dix-huit choses est absolument nécessaire. Le pèlerin averti connaîtra ces choses à la fois par la certitude noétique et par la certitude eïdétique. Ce sont : la connaissance du monde et des affaires du monde ; celle de l'autre monde et des affaires de l'autre monde ; celle de la mort et de la raison de la mort ; celle de Satan et de l'impératif de Satan ; celle de l'Ange et de l'impératif de l'Ange ; celle du Prophète et des paroles du Prophète ; celle de l'Ami de Dieu et des paroles de l'Ami de Dieu ; celle de soi et de l'impératif de soi ; celle de Dieu et de l'impératif de Dieu. Dix-huit choses donc ; ou si tu préfères, neuf ; ou si tu préfères encore, une seule.

O Derviche ! Distinguer entre l'impératif de Satan et celui de l'Ange, entre l'impératif de l'ego et celui de Dieu est chose difficile. Saisir les paroles du Prophète et celles de l'Ami de Dieu est, pareillement, chose difficile.

Ayant appris le sens du voile et du rang, sache maintenant que tous les pèlerins se dirigent vers ces quatre rangs ; que tous leurs efforts, leurs ascèses, ne sont que pour soulever ces quatre voiles, pour accéder à ces quatre rangs. Ces rangs atteints, le pèlerin récolte la perfection.

O Derviche ! Soulever les voiles revient à « se purifier ». Atteindre les rangs revient à « prier ». Il y a d'abord la purification, puis la prière ; d'abord la séparation puis l'union ; d'abord le polissage du miroir puis l'éclat de la lumière. Celui qui soulève ces quatre voiles se purifie — pour toujours il est dans la pureté. Celui qui atteint ces quatre rangs accomplit la prière — pour toujours il est en prière.

CINQUIÈME TRAITÉ

de l'enseignement

Lorsque le fauconnier du roi capture un faucon, il commence par lui bander les yeux et lui lier les pattes. Puis il le tient, des jours et des nuits durant, affamé, assoiffé et éveillé jusqu'à ce que la nature du faucon soit brisée, que son animalité et sa férocité soient domptées — que l'oiseau s'apprivoise. Alors le fauconnier lui apprend à chasser. Et lorsque l'oiseau sait chasser, le fauconnier le porte devant le roi afin que l'oiseau jouisse de la proximité du roi, qu'il se pose sur son poing. Il est évident que le but du fauconnier n'est pas de tourmenter l'oiseau mais de lui apprendre à chasser. Ou plutôt, que le but ultime du fauconnier est de faire accéder le faucon à la proximité du roi. L'entreprise du guide est à cette image. Une fois le pèlerin capturé, il lui bande les yeux — c'est la pièce obscure — et lui lie la langue — c'est la solitude et la réclusion. Puis, des jours et des nuits durant, il le tient dans l'étau de la faim, de la soif et de la veille jusqu'à ce que l'ego du pèlerin soit brisé, que son appétit animal, sa férocité et sa malignité soient domptés. Alors le guide lui apprend à chasser. Les proies du pèlerin sont la science, la connaissance mystique, l'amour, la contemplation et la vision. Lorsque le pèlerin sait chasser, il accède au Roi et jouit de Sa proximité. Une fois en la royale Proximité, le pèlerin est délivré ; il est au nombre des élus.

Gloire à Dieu le Seigneur des deux mondes.

SIXIÈME TRAITÉ

Des règles de la retraite mystique

Un groupe de derviches, *que Dieu augmente leur nombre,* demanda à ma chétive personne de rédiger un traité sur les conditions de la quarantaine, les règles de la remémoration *(dhikr)* et l'ascension des soufis ; d'exposer ce qu'il convient de manger pendant la quarantaine et en quelle quantité ; quelles sont les invocations à réciter et comment les réciter ; enfin, ce qu'est l'ascension des soufis. Je répondis à sa requête et priai Dieu Très Haut de m'accorder aide et assistance afin qu'Il me garde de la faute et de l'erreur, car *Il est puissant et prêt à exaucer.* J'intitulai ce traité : « Des règles de la retraite mystique. » *Ma réussite ne dépend que de Dieu ; à Lui je m'abandonne et me remets.*

de la dévotion et de la rébellion

Sache que les soufis honorent au plus haut point trois choses : l'extase, le pèlerinage et l'ascension. L'extase n'est

94

autre que le ravissement ; le pèlerinage, l'effort assidu et l'ascension, la munificence. Seul celui qui fait siennes ces trois choses devient Maître et Guide.

O Derviche ! Il est dix étapes du premier au dernier rang de l'humain. A chacune, il y a l'extase, le pèlerinage et l'ascension. Mais à chacune, l'extase, le pèlerinage et l'ascension sont autres ; à chacune la piété et la rébellion sont autres. Distinguer entre la dévotion et l'impiété, le bien et le mal, est chose difficile. C'est pourquoi il a été dit que le disciple, d'aucune manière, ne doit contester le maître ni le réfuter. Maintes choses qui à un rang sont pieuses sont au rang supérieur impies et inversement. Par exemple, avant la foi, donc avant la connaissance, que l'ignorant mange, dorme ou s'adonne au plaisir : tout est impiété. Le rang de la foi atteint, donc après la connaissance, que l'homme averti mange, dorme ou s'adonne au plaisir : tout est dévotion. La dévotion a des degrés. Le degré ultime est celui où Dieu Très Haut devient pour le voyageur l'œil, l'oreille, la main et la langue, en sorte que tout ce que dit celui-ci est le dire de Dieu, tout ce que fait celui-ci est le faire de Dieu ; que personne à ses paroles et à ses actes n'objecte ni ne s'oppose. Le récit de Khezr et de Moïse illustre ce point [1]. Dieu Très Haut, selon la force et l'intention du pèlerin, change la belle action en faute et la faute en belle action.

des conditions de la quarantaine

Sache que la première condition requise est la présence du *shaykh,* le maître. Le disciple n'entrera en quarantaine qu'avec la permission du maître et en présence de celui-ci. Tous les huit ou dix jours, le maître viendra le visiter en son lieu de retraite, afin qu'à la vue de la beauté du maître l'élève ait une force accrue, une endurance affermie ; que si quelque difficulté se présente, il puisse demander.

La deuxième condition est le temps et le lieu. Il faut que le temps ne soit ni très froid, ni très chaud, mais tempéré. Quant au lieu, il sera éloigné des populations afin que les rumeurs du monde ne parviennent pas au pèlerin et que le chant de la litanie du pèlerin ne parvienne pas au monde. La pièce sera vide et sombre ; durant ces quarante jours, personne n'y pénétrera à l'exception du maître et d'un serviteur.

La troisième condition est la propreté corporelle. Le pèlerin doit respecter toutes les ablutions : à chaque heure de la prière il fera une ablution ; et à chaque nouvelle ablution, deux unités de prière en action de grâces.

La quatrième condition est le jeûne. Pendant ces quarante jours, le pèlerin pratiquera le jeûne.

La cinquième est la frugalité. Peu manger diffère selon les individus. Il appartient au maître de fixer à chacun sa ration.

La sixième est le silence. Pendant ces quarante jours, le pèlerin ne parlera à personne sauf au maître et au serviteur.

La septième est la veille. Chaque nuit, le pèlerin ne dormira que les deux tiers de ce temps.

La huitième est la distinction entre les images mentales. Celles-ci sont de quatre sortes : divines, angéliques, psychiques et démoniaques. Chacune se reconnaît à un signe particulier.

La neuvième est le rejet de toute image mentale. Pendant ces quarante jours, le pèlerin, pas un instant, n'aura l'esprit occupé par l'une d'elles. Quand bien même il croirait reconnaître en celle qui se présente une vision divine, il la repoussera aussitôt parce que seules les directives du maître, lesquelles assurément sont divines, doivent le guider. Et s'il ne peut rejeter cette vision — songe, réminiscence où sollicitation venue de l'extérieur pendant la veille — il l'exposera au maître afin que celui-ci la lui explique et lève ainsi l'obstacle à sa concentration.

La dixième est la remémoration, l'incantation continue (*dhikr*). Outre les cinq prières à accomplir, le pèlerin ne sera occupé par rien d'autre que cette litanie : « *Il n'y a pas de Dieu sauf Lui.* » Il prononcera cette invocation à voix haute ; ce faisant, il s'efforcera d'être présent et saura à chaque fois qu'il nie et qu'il affirme. Cette négation et cette affirmation ont des niveaux. Le pèlerin aussi a des niveaux ; la négation et l'affirmation du débutant n'égalent pas la négation et l'affirmation de celui qui est arrivé au but.

des règles de la remémoration

Sache que la remémoration (*dhikr*) est pour le pèlerin comme le lait pour l'enfant. Il faut que cette incantation soit par le maître entée sur le pèlerin, telle la greffe sur l'arbre. Avant de l'entreprendre, le récitant fera une nouvelle purification, l'action de grâces pour cette ablution, puis se tournera vers la *qibla*[5]. Certains disent que pendant l'invocation (*dhikr*), il faut se tenir les jambes croisées sous soi afin d'être plus à l'aise. D'autres, qu'il faut se tenir agenouillé, comme pour la prière, la posture étant plus respectueuse. Notre maître, quant à lui, s'asseyait les jambes croisées, et ses compagnons de même. En prononçant l'invocation, le récitant fermera les yeux et, les premières années, récitera à voix haute. Ce n'est que lorsque la litanie dépasse la langue et pénètre à l'intérieur — quand c'est le cœur le récitant — que le pèlerin peut se permettre de réciter à voix basse ; beaucoup de temps est nécessaire pour en arriver là. Il a été dit que dans la remémoration le récitant doit s'efforcer d'être présent ; de nier et d'affirmer selon son rang et sa connaissance, de prendre pour litanie « *Il n'y a pas de Dieu sauf Lui* ». Nous ajoutons qu'à chaque fois qu'il prononcera « sauf Lui », il se frappera la rate, qui est du côté gauche, avec le *alef* de *illā* (sauf), au point d'en être meurtri. En récitant de la sorte, sa voix, les premiers jours, sera prise et au côté il éprouvera une vive douleur. Mais bientôt la voix s'épanouira, la douleur s'apaisera et, sans plus de défaillance ni de peine, il pourra réciter à voix haute un jour et une nuit durant. Ceci est le signe que la litanie a pénétré à l'intérieur du pèlerin, que le cœur est devenu le récitant. Les derviches expérimentés savent, à entendre une seule fois « *Il n'y a pas de Dieu sauf Lui* » si le cœur est bien le récitant. Cette litanie intérieure, qui fait de la sorte rappel, a de nombreuses et bénéfiques propriétés qui ne sauraient être exprimées par écrit. Ces paroles seront comprises par celui qui aura passé des années à cette pratique, qui aura éprouvé ces états — non par le débutant. Que ce dernier les accepte donc avec foi et se mette au travail afin, à son tour, de les éprouver.

de l'ascension des soufis

Sache que pour les prophètes et les Amis de Dieu, il est, avant la mort naturelle, une mort autre : la mort volontaire ; de celle-ci, ils meurent avant de mourir. Tout ce que les autres voient après la mort naturelle, eux le voient avant. Confrontés avec les états *post mortem,* ils accèdent, du plan de la certitude noétique, à celui de la certitude eïdétique. Le voile pour les hommes est le corps. Lorsque l'esprit sort du corps, plus rien ne lui fait alors écran. L'ascension des prophètes est de deux sortes : l'une, de l'esprit sans le corps ; l'autre, de l'esprit avec le corps. L'ascension des Amis de Dieu n'est que d'une sorte : de l'esprit sans le corps.

Ces prémisses étant posées, sache maintenant que notre propos ici n'est pas l'ascension des prophètes — celle-ci est bien connue — mais celle des soufis. Nous tenterons d'avertir et d'inciter les pèlerins, afin qu'ils ne relâchent pas leurs ascèses et leurs efforts, qu'ils ne restent pas en chemin. Peut-être alors atteindront-ils cette félicité, seront-ils distingués par cette fortune. Après avoir été honorés par la Face de Dieu, il n'est pas de plus grande félicité pour le pèlerin que la confrontation avant la mort avec les états *post mortem* et la vision du rang auquel il fera retour après la séparation d'avec le corps.

O Derviche ! Voir, dès ici-bas, les états *post mortem* est chose grave. Si les hommes n'étaient pas insoucieux, nuit et jour à cette fin ils s'efforceraient.

Bref, pour en revenir à notre propos, sache que l'ascension des soufis consiste en ce que l'esprit du pèlerin, à l'état de santé et d'éveil, sorte du corps du pèlerin ; que les états, qui après la mort lui seraient dévoilés, le lui soient dès avant ; qu'il considère le Paradis et l'Enfer et voie la condition des habitants de l'un et de l'autre ; qu'il passe du plan de la certitude noétique à celui de la certitude eïdétique — que tout ce que jusque-là il savait, à présent il le voie. L'esprit de certains monte jusqu'au premier Ciel ; celui de certains autres, jusqu'au second et ainsi de suite jusqu'au Trône où accède l'esprit du Sceau des prophètes. Chaque esprit, une fois retourné au corps, se souvient de tout ce qu'il a vu et, s'il est à l'état lucide, en fait le récit. Mais en réalité, tous sont en ébriété : ils ont bu à pleines coupes le vin de la pureté et leur échanson était le divin Pourvoyeur. Les plus faibles ne se peuvent contenir ; ils font tapage d'ivrognes et négligent la pratique de la Loi religieuse. Les plus forts se contiennent. Quoique ivres, ils ne font pas d'esclandre et respectent les convenances. Seul celui qui a effectué l'ascension, qui a respiré cet arôme délicieux, saisira ces paroles. Certains esprits restent un jour dans les cieux ; ils en font la circumambulation, puis reviennent au corps. D'autres y restent deux jours ; d'autres trois ; d'autres davantage encore — dix, vingt, quarante jours.

Mon maître rapportait que son esprit était resté treize jours dans les cieux avant de retourner à son corps, lequel, aux dires de témoins, demeura, treize jours durant, inconscient, comme mort. Un autre vénérable maître disait que son esprit était resté vingt jours dans les cieux ; un autre, quarante jours et que tout ce qu'il avait vu au cours de ce temps était intégralement dans son souvenir.

Il a été dit que l'esprit de chacun ne peut faire ascension que jusqu'à son rang initial ; que l'esprit du Sceau des prophètes peut faire ascension jusqu'au Trône. Certains parmi les soufis affirment que l'esprit des deux Sceaux, le Sceau des prophètes et le Sceau des Amis de Dieu, peuvent faire ascension jusqu'au Trône. Ceux-là placent l'Amitié divine, la *walāyat,* à un rang supérieur à celui de la Mission prophétique, la *nobowwat.* Nous avons exposé en détail cette controverse dans « Le livre du dévoilement des réalités intérieures ». Que ceux qui le veulent se reportent à cet ouvrage. Pour cette famille, la *walāyat* est l'ésotérique de la *nobowwat* et la divinité, l'ésotérique de la *walāyat*. La *nobowwat* est comme la lune ; lorsqu'elle se fend, la *walāyat*, qui est le soleil, apparaît ; et lorsqu'à son tour la *walāyat* se fend, le soleil de la divinité surgit. Le tracé de la lettre *noun* ن est la représentation graphique de ces propos.

Gloire à Dieu le Seigneur des deux mondes.

SEPTIÈME TRAITÉ

De l'amour

Un groupe de derviches, *que Dieu augmente leur nombre*, demanda à ma chétive personne de rédiger un traité sur l'amour : ce que sont l'élan amoureux et l'amour ; quels sont les degrés de l'amour. Je répondis à sa requête et priai Dieu Très Haut de m'accorder aide et assistance afin qu'Il me garde de la faute et de l'erreur, car *Il est puissant et prêt à exaucer.*

*de l'inclination ; du désir ; de l'élan amoureux ;
de l'amour*

Sache, *béni sois-tu dans les deux mondes,* que les récitants du *dhikr* — la remémoration, la litanie intérieure — se répartissent en quatre niveaux. Certains sont au niveau de l'inclination ; d'autres à celui du désir ; d'autres à celui de l'élan amoureux ; d'autres à celui de l'amour. Le soufi qui a effectué l'ascension est à ce quatrième niveau. Tant qu'à celui-ci le récitant n'a pas accédé, l'ascension de son esprit n'est pas accomplie. Nous exposerons en détail ces quatre plans afin que le pèlerin, dans la pratique de la remémoration, sache à quel plan il se trouve.

Au premier niveau est le récitant qui par le corps est en un lieu de retraite et par la langue prononce l'invocation mais qui, par le cœur, est au bazar à négocier. Cette litanie est moindre en efficacité ; toutefois, elle n'est pas totalement dépourvue de valeur.

Au second niveau est le récitant qui prononce l'invocation cependant que son cœur s'absente. C'est à grand-peine qu'il parvient à rendre son cœur présent. La plupart des récitants sont à ce stade.

Au troisième niveau est le récitant dont le cœur est entièrement occupé par l'invocation. Le récitant y est si absorbé que s'il doit un instant s'adonner à une tâche extérieure qui s'impose, il ne le peut qu'avec effort. De même qu'au second niveau il se forçait pour être présent par le cœur, au troisième il se force pour s'adonner par le cœur à tout ce qui n'est pas la remémoration. Ce rang est celui de la Proximité ; peu de récitants y parviennent. Seul celui qui a connu cet élan de l'amant pour l'aimée comprendra ces paroles. L'amant, sans cesse, remémore l'aimée ; pas un instant il n'est sans le souvenir de l'aimée. Il ne veut célébrer qu'elle ; ne veut entendre célébrer qu'elle. A tout autre emploi il ne peut qu'avec peine se livrer.

Au quatrième niveau est le récitant dont le cœur est entièrement occupé par l'objet de la remémoration. De même qu'au troisième niveau la litanie intérieure lui occupait le cœur, au quatrième c'est l'objet même de la litanie qui le lui occupe tout entier. Une grande différence sépare ces deux plans.

O Derviche ! Il arrive parfois que l'amant soit à ce

point absorbé en l'aimée qu'il en oublie jusqu'au nom même de l'aimée, que dis-je ! qu'il oublie tout, hors l'aimée.

Ces prémisses étant posées, sache maintenant que le premier niveau correspond au rang de l'inclination ; le second à celui du désir ; le troisième à celui de l'élan amoureux ; le quatrième à celui de l'amour.

O Derviche ! Celui qui aspire à la compagnie d'un autre : cette aspiration première est appelée « inclination ». Quand l'inclination augmente et devient extrême, elle est appelée « désir ». Quand le désir augmente et devient extrême, il est appelé « élan amoureux ». Quand l'élan augmente et devient extrême, il est appelé « amour ». Donc, l'amour procède de l'élan porté à son paroxysme ; l'élan, du désir et ainsi de suite.

O Derviche ! Si l'amour, ce voyageur béni, est ton hôte — chéris-le ! Rends vacant pour le recevoir l'habitacle de ton cœur, car l'amour ne souffre pas le partage.

> « L'amour m'envahit tel le sang dans mes veines et
>   sous ma peau.
> Il me rendit vacant pour m'emplir de l'aimée :
> De toutes les cellules de mon être il fit son séjour.
> Il n'est plus de moi que le nom, tout le reste est
>   l'aimée. »

O Derviche ! L'amour est le Borāq⁕ des pèlerins ; la monture de ceux qui sont sur la Voie. Tout ce que l'intellect amasse en cinquante années l'amour en un instant le consume, rendant pur et limpide celui qui aime. Jamais le pèlerin en cent quarantaines ne parcourra le chemin que l'amant, le temps d'un regard, parcourt : l'homme raisonnable appartient à ce monde ; l'amant à l'autre. Le pas de l'homme raisonnable, comment rattraperait-il sur la route le pas de l'amant ?

O Derviche ! De l'amour vrai, tel qu'il doit en être parlé, je ne puis rien écrire qui ne soit aussitôt pris pour hérésie. Mais de l'amour figuré, j'écrirai ce qui suit, afin qu'à partir de là ceux qui pensent et réfléchissent puissent le concevoir.

des degrés de l'amour figuré

Sache que l'amour figuré a trois niveaux. Au premier, l'amant tout le jour remémore l'aimée. Il se tient à proximité de sa ruelle. Il prend pour *qibla*[*] sa maison et tourne autour en d'interminables circumambulations ; il en scrute la porte et les murs dans l'attente d'apercevoir, fût-ce de loin, la beauté de l'aimée ; qu'à cette vue, la paix regagne son cœur meurtri — que sa blessure soit pansée.

Au second, l'amant se trouve dans un état tel qu'il n'a pas la capacité de soutenir la beauté de l'aimée. Lorsque enfin il l'aperçoit, un tremblement s'abat sur ses membres, il ne peut émettre une parole — il est à craindre qu'il ne tombe sans connaissance.

O Derviche ! L'amour est un feu qui embrase celui qui aime. Le foyer de cet incendie est le cœur. Le feu, par le regard, pénètre jusqu'au cœur qu'il prend pour patrie.

> « Si le cœur n'était où l'amour aurait-il sa patrie ?
> Et si l'amour n'était, à quel office servirait le
> cœur ? »

Les flammes de ce feu s'emparent de tous les membres et, peu à peu, brûlent et purifient le cœur de l'amant, au point que ce cœur devient si fragile et vulnérable qu'il ne

peut endurer la vue de l'aimée. L'amant, à la manifestation de l'aimée, est près de s'anéantir. Moïse, *que la paix
soit sur lui !* était à ce rang lorsqu'il demanda à voir son
Dieu. Le Très Haut lui répondit : « Tu ne peux me voir ! »
Il ne dit point : « Je ne me montrerai pas à toi ! »

O Derviche ! C'est à ce rang que l'amant préfère la
séparation à l'union. Il y trouve plus de quiétude et de
repos. Tout le jour, il s'entretient en lui-même avec l'aimée.
Tantôt l'aimée le gratifie de sa faveur et l'amant s'épanouit. Tantôt l'aimée lui déclare son courroux et l'amant
se contracte. Le témoin de ces états constate cette expansion et cette contraction ; il en ignore la cause.

Au troisième niveau enfin, la beauté de l'aimée déporte
du cœur de l'amant tout ce qui n'est pas elle et l'envahit,
entier. Alors, l'amant s'efface à soi-même : désormais il
voit tout en l'aimée. Qu'il soupe, dorme, aille, vienne —
c'est pour lui l'aimée qui soupe, dort, va et vient. Délivré
du chagrin de la séparation et de la nostalgie de l'absence,
il s'apprivoise à la beauté de l'aimée et s'enhardit. Jusque-
là il était à craindre que l'amant à la manifestation de
l'aimée ne s'anéantisse ; à présent, cette crainte est levée.
Si l'amant, de l'extérieur, aperçoit l'aimée, il n'y prête pas
attention et demeure inchangé parce que l'aimée qui est à
l'intérieur, qui a pris son cœur pour patrie, est plus proche.
Désormais, pour lui extérieur et intérieur ne sont qu'un.

Certains disent que l'amant, brûlé par le feu de l'amour,
est rendu à l'extrême subtil et spirituel ; que la beauté de
l'aimée — qui dans le cœur de l'amant a fait sa patrie,
qui lui a entièrement envahi le cœur — est aussi à l'extrême subtile et spirituelle. Que ce qui est à l'extérieur est,
par rapport à ce qui est à l'intérieur, dense et matériel ;
que le spirituel va au spirituel et le matériel au matériel.

O Derviche ! Pour ma part, je dirai humblement que

lorsque la beauté de l'aimée envahit tout entier le cœur de l'amant en sorte qu'il n'y ait de place pour rien d'autre, l'amant s'efface à soi-même : il ne voit plus désormais que l'aimée. Donc il n'y a trouble et égard que lorsqu'il y a deux personnes. A ce rang où l'amant s'efface à soi-même, l'attente cesse ; il n'y a plus ni séparation ni union ; ni crainte ni espoir ; ni contraction ni expansion.

O Derviche ! Celui qui n'est pas amant est impur ; celui-là ne connaît pas la pureté, n'y a pas accès. Et celui qui est amant et divulgue son amour demeure souillé et ne connaît pas non plus la pureté parce que ce feu, qui par les yeux lui a pénétré jusqu'au cœur — voici qu'il le fait sortir par la langue. Ce cœur, à demi calciné, reste en chemin. De ce cœur désormais il n'est plus d'emploi ni en ce monde ni en l'autre.

O Derviche ! J'ai assemblé ces trois traités — de la pérégrination ; de la retraite ; de l'amour — dans la ville de Shirāz sur le tombeau du Shaykh des shaykhs Abū 'Abdāllah Khafīf, *sanctifié soit-il !*

Gloire à Dieu le Seigneur des deux mondes.

HUITIÈME TRAITÉ

Du rituel chez les soufis

Un groupe de derviches, *que Dieu augmente leur nombre,* demanda à ma chétive personne de rédiger un traité sur le rituel chez les soufis. Je répondis à sa requête et priai Dieu Très Haut de m'accorder aide et assistance afin qu'Il me garde de la faute et de l'erreur, car *Il est puissant et prêt à exaucer.*

du rituel chez les soufis

Sache que la première règle est la pureté corporelle. Pour chaque ablution le derviche doit faire en action de grâces deux unités de prière.

La seconde est d'avoir toujours avec soi un tapis de prière. Partout où le derviche arrive il doit faire, avant de s'asseoir, deux unités de prière.

La troisième est le partage du jour et de la nuit. Pour chaque fraction, le derviche doit réciter une incantation appropriée : incantation pour la nourriture, pour le sommeil, etc. afin qu'aucun moment de son existence ne soit vain.

La quatrième est la prière de la nuit. Dans la dernière moitié de la nuit, le derviche doit faire douze unités de prière ; puis trois fois la prière de *vetr*[7].

La cinquième est la prière de l'aube. Une fois cette prière faite, le derviche doit entreprendre des incantations jusqu'à ce que le soleil se lève.

La sixième est la prière du jour. Lorsque le soleil surgit, le derviche doit faire deux unités de prière à l'illumination ; puis, sans changer de posture, achever les incantations de l'aube le temps que le soleil monte. Alors, il se lèvera et accomplira les douze unités de la prière du jour. Celle-ci terminée, il s'adonnera au travail qu'il veut. De la pointe de l'aube jusqu'à cet instant, il ne prononcera pas une parole ayant trait aux affaires du monde et ne quittera pas son tapis de prière. Les soufis affectionnent en particulier ce moment ; ils y recueillent maintes grâces.

La septième est la prière des *Avvābīn*[8]. Entre la prière du coucher du soleil et celle du soir, le derviche doit faire douze unités de prière outre les deux habituelles à la prière du coucher du soleil. Ce moment, autant que celui de l'aube, est précieux aux derviches.

La huitième est le voyage. Le derviche ne doit pas rester en permanence dans sa ville. Il voyagera de temps à autre afin d'éprouver l'humilité et l'âpreté de la route ; d'affectionner les voyageurs et d'apprécier leur mérite ; et aussi, de rencontrer des sages, de s'entretenir avec les hommes perspicaces et de chacun tirer profit. Il est dans le voyage de grands bienfaits pour l'homme averti.

des bienfaits du voyage

Il ne convient pas de voyager seul. Assurément, il faut un compagnon ; en avoir plus de quatre aurait des inconvénients, moins de deux aussi. Chaque voyageur doit avoir en propre un bâton, une gourde, un tapis de prière, un peigne, un pagne et un cure-dents. L'un des voyageurs sera désigné par les autres comme guide et tous le suivront. Lorsque les voyageurs arrivent à un couvent, la première chose est d'en mander le serviteur. Celui-ci, une fois prévenu, doit les accueillir avec cordialité, leur souhaiter la bienvenue et les faire entrer. A l'endroit désigné par lui, les voyageurs enlèveront leurs bottes et enfileront des sandales. Le serviteur leur indiquera la salle d'eau puis, tous lui ayant remis leur équipement, leur préparera une couche et déploiera en lieux propices les tapis de prière. Cependant les voyageurs renouvelleront leurs ablutions puis reviendront s'installer chacun sur son propre tapis et accompliront deux brèves unités de prière. Sur ce, les voyageurs se relèveront, quitteront leur tapis respectif et salueront les derviches présents. Ceux-ci à leur tour se lèveront tous, quitteront leur tapis et répondront aux saluts en échangeant accolades et baisers de mains. Après quoi, tous retourneront s'asseoir à leur place. Aux questions qui leur sont posées, les voyageurs donneront une réponse courte et appropriée ; si rien ne leur est demandé, ils garderont le silence. Le serviteur étendra une nappe et apportera en fait de collation ce qui est prêt. Sauf nécessité absolue, les derviches, les trois premiers jours, ne sortiront pas du couvent. Au troisième jour seulement, et avec l'autorisation, ils pourront se rendre aux sanctuaires qu'ils désirent visiter, auprès des personnages qu'ils souhaitent rencontrer.

O Derviche ! Les hôtes du couvent ne doivent pas sortir

sans autorisation. Et, s'ils sortent, ce ne sera pas pour aller au bazar. L'affaire qui les requiert sitôt réglée, ils regagneront en hâte le couvent. Au-dehors, ils ne prendront aucune nourriture, n'accepteront l'hospitalité et l'aumône de personne. Tout ce dont ils auront besoin, c'est au serviteur du couvent qu'ils le demanderont.

du rituel au couvent

Lorsque le derviche pénètre dans le couvent, il doit poser d'abord le pied droit ; et lorsqu'il en sort, le pied gauche ; de même dans la mosquée et dans les lieux saints. Lorsqu'il pénètre dans la salle d'eau, il doit poser d'abord le pied gauche ; et lorsqu'il en sort, le pied droit ; de même dans les établissements de bain et les maisons étrangères.

O Derviche ! Ni de jour ni de nuit, le derviche ne doit au couvent parler ou chanter à voix haute. Lorsqu'il marche, il le fera légèrement sans frapper du pied afin de ne pas déranger ceux qui sont adonnés à la méditation et à la remémoration, ni réveiller ceux qui sont pris dans le sommeil.

O Derviche ! Il faut qu'au couvent certains soient préposés au service et à ce rôle consentent de plein gré. Et s'il est pour chaque tâche un serviteur assigné, celui-ci sera gratifié pour chaque service rendu. Le serviteur s'acquittera de son travail avec loyauté et dévouement ; il n'entreprendra rien sans être requis.

O Derviche ! Il faut que les hôtes du couvent soient informés de l'état de tous. Si l'un est dans la peine ou le souci et ne puisse surmonter cet état, les autres lui viendront en aide et s'attacheront à le soulager. S'il s'agit d'un novice, l'ancien lui donnera conseil en privé. Ceci pour

111

dire que les derviches ne se refusent pas mutuelle assistance ; qu'ils oublient les défauts des uns et des autres et
ne retiennent de chacun que les qualités. Le novice, sur
un point délicat qui le tourmente, interrogera l'ancien.
Celui-ci lui répondra avec bienveillance. Et si le novice
pose une question au-dessus de son rang, dont il n'ait pas
la capacité de saisir l'explication, la meilleure chose pour
celui qui est interrogé est de ne pas répondre — le dommage autrement serait plus grand que le profit — ou
bien, pour ne pas blesser, de répondre tout en ne répon-
dant pas. Il importe de s'adresser à chacun selon sa
capacité.

de l'explication en cas de différend

Si un derviche prononce une parole ou commet un acte
qui blesse un autre derviche, il ne faut pas que ce dernier
garde rancœur au premier ; devant tous, il lui exposera
avec mansuétude son grief. Si l'offenseur a une explication claire, acceptable par tous, il la donnera afin que le
malentendu se dissipe. S'il n'en a pas, il s'attachera aussitôt
à obtenir excuse et pardon. Il se lèvera, se rendra au lieu
où sont déposées les sandales et là, se tiendra debout, les
mains croisées, la tête penchée jusqu'à ce que le derviche
offensé se lève et que toute la confrérie de même se
lève. Les deux derviches se donneront l'accolade ; les autres
s'étreindront, puis tous se rassiéront. Là-dessus, le serviteur
apportera quelque nourriture ; s'il n'y a rien de prêt, de
l'eau. S'il est un chanteur présent, celui-ci récitera quelque
chose — une voix mélodieuse en cette circonstance est
efficace. S'expliquer dès le différend survenu est d'un grand
secours aux derviches pour vivre en harmonie. Des paro-

les qu'il ne faut pas dire les derviches s'abstiendront ; de même des actes qu'il ne faut pas faire. Au moment de l'explication, il faut que le Maître soit présent ; à défaut de celui-ci, son remplaçant. Et si tous deux sont absents, les derviches se garderont de s'expliquer seul à seul ; sinon, le ressentiment serait accru.

du concert spirituel (samā')

Si quelque défaillance apparaît chez le derviche — qu'il relâche son ascèse et son assiduité ou qu'un désordre apparaisse en son cerveau — il faut sans tarder que les autres derviches s'appliquent à le soigner : ils lui procureront des onguents appropriés, des aliments sains, une atmosphère tempérée. Un autre excellent remède est le son d'une belle voix. L'un de ceux, parmi les derviches, qui sera pourvu d'une voix belle et nostalgique chantera de temps en temps pour celui-là. Et si ce n'est pas un seul derviche mais toute la confrérie qui est morose, c'est pour la confrérie entière qu'au moment opportun, en lieu approprié et en l'absence de tout profane, il chantera ; les derviches, au son de leur tambourin, pourront reprendre en chœur. Certains pèlerins, des états qu'ils éprouvent dans le concert spirituel, recueillent d'innombrables bienfaits. Il est recommandé que ce soit ces pèlerins-là qui, si le temps, le lieu et la confrérie s'y prêtent, exécutent le concert, le samā'.

O Derviche ! La coutume de nos jours qui veut que l'élite et le commun s'assemblent dans le samā' n'est ni dans la pratique des derviches, ni dans la tradition des maîtres. C'est là l'usage des gens du commun. Les maîtres ont déclaré qu'à ce concert-là les derviches doivent s'abstenir. Il ne sied pas, ajouterai-je humblement, que les initiés soient présents à pareil concert. Folâtrer est l'affaire des enfants, non celle des sages.

O Derviche ! Pour que le concert spirituel soit dans la tradition des maîtres, il faut que les derviches respectent absolument le temps, le lieu et la compagnie.

O Derviche ! Si pendant le concert, le Maître ou un autre dignitaire est présent, lorsque celui-ci se lève il faut que tous les derviches en signe d'assentiment se lèvent aussi et que tous restent à leur place. Lorsque le Maître en attire un au centre, seul celui-là ira au centre. S'il en attire plusieurs ou les attire tous, plusieurs ou tous iront au centre. Si le Maître ôte son turban, tous, en signe d'assentiment, ôteront le leur. S'il s'assied, tous de même s'assiéront. Si l'un des derviches entre en transe et se lève — lorsque le Maître est présent et qu'il se lève aussi — tous se lèveront. Si le Maître ne se lève pas mais ordonne aux derviches de se lever, tous se lèveront ; et s'il se tait, aucun ne se lèvera. Le derviche en transe tournera jusqu'à ce qu'il revienne de cet état, et ira aussitôt s'asseoir. Si l'un des derviches ôte son turban — lorsque le Maître est présent et qu'il ôte aussi le sien — tous ôteront le leur ; si le Maître ne l'ôte pas, aucun ne l'ôtera. Et s'il n'est ni Maître ni dignitaire présent, lorsque l'un des derviches se lève, il convient que toute la confrérie, en signe d'assentiment, se lève aussi ; s'il ôte son turban, que tous ôtent le leur. L'assentiment au Maître est obligatoire ; celui donné aux simples derviches est courtoisie et générosité. Toutefois le derviche qui, par quelque défaillance, n'ôtera pas son turban, partant ne donnera pas signe d'assentiment, ne sera pas blâmé.

de l'attitude pendant les repas

Les derviches doivent s'asseoir poliment autour de la nappe, se tenir attentifs et manger sans gloutonnerie. Ils chériront les anciens et ne s'assieront pas plus haut que ceux-ci. Tant que les dignitaires n'auront pas commencé, ils n'entameront pas le repas. Ils ne regarderont ni dans la main ni dans l'écuelle des autres ; dans leur propre écuelle seulement ils porteront le regard. De celle-ci, ils prélèveront une petite bouchée, la mâcheront soigneusement et, tant qu'ils ne l'auront pas avalée, n'en prendront pas une autre. S'ils ont à manger au même plat, ils prendront ce qui est devant eux. Si quelque chose leur tombe de la main, ils le ramasseront de la main gauche et le mettront de côté sans le porter à la bouche. Ils ne s'arrêteront pas de manger les premiers ; et s'ils sont rassasiés, ils feront semblant d'être encore à manger. Ils se laveront les mains avant le repas ; les mains et la bouche après le repas.

O Derviche ! Chaque jour, les derviches liront quelques extraits des écrits des Maîtres sur la piété, l'abstinence, l'ascétisme et l'effort et réciteront quelques-unes de leurs litanies et de leurs prières. Chaque derviche aura sa cellule où il se rendra une fois quittée la compagnie pour lire, s'adonner à la méditation et à la litanie.

de l'ascèse et de l'effort persévérant

Jusqu'à l'âge de quarante ans, le derviche doit s'astreindre sans relâche à l'ascétisme et à l'effort. Entre quarante et soixante ans, il pourra, sans pour autant y renoncer, se livrer à un ascétisme et à un effort moins stricts. Après soixante ans, il cessera complètement ces pratiques et ne s'adonnera plus qu'au dialogue — il ne vivra désormais qu'au contact des gens de cœur. Le devoir premier du derviche est de servir un Sage ; viennent ensuite, selon les directives du Sage : peu manger, peu parler, peu dormir.

du dialogue

O Derviche ! Le dialogue a de profonds effets et de grandes vertus. Ce que chacun trouve, c'est au commerce du Sage qu'il le trouve. L'essentiel est donc ce commerce. Tout le reste — ascèses, efforts assidus, rituels et lois — n'est que pour rendre le pèlerin digne du dialogue avec le Sage. Ce but atteint, l'entreprise du pèlerin est achevée. Le pèlerin ne devient digne de cette parole que lorsqu'il s'est entièrement purifié des qualités mauvaises et s'est entièrement paré des qualités bonnes. Cette parole qu'il recueille du Sage, s'il la comprend c'est bien ; sinon, qu'il l'accepte avec foi jusqu'à ce que, le temps venu, celle-ci lui devienne claire. Le Sage qui s'adresse à quiconque n'est pas à ce rang de pureté et ne s'est pas purifié des qualités mauvaises, assurément nuit à soi-même et à son auditeur.

Gloire à Dieu le Seigneur des deux mondes.

NEUVIÈME TRAITÉ

De la maturité et de la liberté

Un groupe de derviches, *que Dieu augmente leur nombre,* demanda à ma chétive personne de rédiger un traité sur la maturité et la liberté. Je répondis à sa requête et priai Dieu Très Haut de m'accorder aide et assistance afin qu'Il me garde de la faute et de l'erreur, car *Il est puissant et prêt à exaucer.*

du sens de la maturité et de la liberté

Sache, *béni sois-tu dans les deux mondes,* que tout ce qui est a une apogée et une fin. L'apogée est la maturité ; la fin, la liberté. Un exemple te rendra ces paroles claires. Lorsque le fruit est à son apogée, qu'il a atteint sa maturité, on dit en arabe qu'il est mûr *(bālegh)*. Et lorsque le fruit, une fois mûr, se détache de l'arbre, que le lien qui l'y retenait se rompt, on dit en arabe qu'il est libre *(horr)*.

Ayant appris ce que sont l'apogée et la fin, sache maintenant que le signe de l'apogée est le retour au commencement. Ainsi le grain de blé. Lorsque le grain est semé dans les conditions requises, il croît nécessairement ; chaque jour, il progresse et grandit jusqu'à ce que le fruit apparaisse. Le fruit de toute chose est le grain même de cette chose. Et lorsque le fruit fait retour au grain, il atteint son apogée ; le cycle est clos. De même, le grain, pour le corps de l'homme, est la goutte de semence. Lorsque le corps humain arrive au stade où la semence apparaît en lui, on dit qu'il est adulte : il a fait retour à la semence. Donc, accéder à la maturité signifie rejoindre l'origine ; accéder à la liberté signifie rompre le lien.

Ayant vu ce que sont la maturité et la liberté au plan du sensible, apprends maintenant qu'il en est de même au plan de l'intelligible. Le sensible est la forme de l'intelligible et le corps, le moule de l'esprit. Le monde sensible, le *Molk*, est l'épiphanie du monde intelligible, le *Malakūt*. Un Sage[9] a dit :

« *En vérité, Dieu Très Haut créa le* Molk *à l'image de Son* Malakūt ; *Il constitua Son* Malakūt *à l'image de Son* Jabarūt, *afin que Son* Molk *symbolise avec Son* Malakūt *et Son* Malakūt *avec Son* Jabarūt. »

Voilà des paroles excellentes. Le *Molk,* le monde corporel, est l'être sensible ; le *Malakūt,* le monde spirituel, l'être intelligible ; et le *Jabarūt,* le monde des Intelligences chérubiniques, l'être vrai. Tant que les monades du monde sensible ne rejoignent pas leur propre origine, n'accomplissent pas leur cycle, elles n'accèdent pas à la maturité. Donc les monades du monde intelligible aussi, tant qu'elles ne rejoignent pas leur propre origine, qu'elles n'accomplissent pas leur cycle, n'accèdent pas à la maturité. Et, une fois les monades du *Molk* et du *Malakūt* devenues adultes et le cycle bouclé, tant que de ce cycle et des étapes de ce cycle elles ne se séparent pas, qu'elles ne coupent pas le lien qui les y rattache, elles ne sont pas libres. Connaître la relation entre le *Molk*, le *Malakūt* et le *Jabarūt* est un principe fondamental en même temps qu'un grand mystère. Celui qui pénètre ce mystère voit s'ouvrir devant lui les portes de la connaissance. Il perçoit, tels qu'ils sont, le monde matériel visible, le monde spirituel et le monde des Pures Intelligences.

O Derviche ! Notre but par ces paroles est qu'à partir de la maturité et de la liberté du *Molk* tu conçoives la maturité et la liberté du *Malakūt*. Certains disent que le grain des êtres du monde intelligible est constitué par les natures ; de celles-ci les êtres procèdent, à celles-ci ils font retour. D'autres disent que le grain des êtres du monde intelligible est l'intelligence ; de celle-ci les êtres procèdent, à celle-ci ils font retour. D'autres encore disent que tous procèdent de Dieu et vers Lui font retour.

Pensiez-vous que nous vous ayons créés sans but
et que vous ne seriez pas ramenés vers Nous ?
Que Dieu soit exalté,
le Roi, la Vérité !
Il n'y a de Dieu que Lui.

Qorān XXIII/115.16

Toute chose périt, à l'exception de sa Face.
Le Jugement lui appartient.
Vous serez ramenés vers Lui !

Qorān XXVIII/88

Notre intention ici n'est pas d'expliquer ces paroles. Pour nous, il ne fait aucun doute que tout procède de Dieu, que tout fait retour à Dieu : *De Lui l'origine ; vers Lui le retour.* Notre but à ce niveau est d'exposer ce que sont la maturité et la liberté. De quelque manière qu'on l'exprime, notre but est atteint lorsque nous disons que toute chose qui fait retour à son origine devient adulte. Comme on demandait à un maître éminent quel était le signe de l'apogée, il répondit : « *Le retour à la source.* »

de la maturité et de la liberté de l'homme

Nous poserons comme fondement que l'origine, la semence de tous les êtres, est l'Intelligence première. Les prophètes et les philosophes s'accordent pour dire que la première chose que Dieu créa fut une substance nommée Intelligence première. Puisque l'origine des êtres est l'Intelligence première, les intelligences, les âmes, les sphères, les étoiles, les éléments, les règnes minéral, végétal et animal sont donc en puissance dans l'Intelligence première, comme l'est dans le grain de blé, la racine, le pédoncule, la branche, la feuille, la fleur et le fruit. Lorsque apparaît le fruit, l'apogée est atteinte, le cycle est clos. De la même manière, tous les êtres s'originent à l'Intelligence première et, par hiérarchie, aboutissent à l'homme. Comme après l'homme il n'est rien, il est clair que l'homme est le fruit de l'arbre de la création. Lorsque l'homme parvient à l'intelligence, comme après l'intelligence il n'est rien, il est clair que le grain initial est l'Intelligence. Et lorsque l'homme parvient à la perfection de l'intelligence, il atteint son apogée et devient adulte ; le cycle est clos.

O Derviche ! Sache de science certaine que Dieu Très Haut ne créa rien de plus excellent, de plus précieux, de plus grand que l'Intelligence première. C'est l'Intelligence la plus noble des choses créées ; c'est elle qui est proche de Dieu. D'entre les créatures, aucune ne se connaît soi-même ni ne connaît Dieu à l'exception de l'Intelligence. De plus savant et de plus proche, il n'est rien. Mais voici : l'Intelligence a des niveaux. D'un plan à l'autre, il y a une grande différence. Quiconque accède à une parcelle de l'intelligence s'imagine avoir atteint la perfection de l'intelligence. Il n'en est rien. C'est celui qui accède à l'apogée de l'intelligence qui atteint cette perfection. Et si l'on dit qu'à la fin apparaît la Lumière divine et qu'au-delà de cette Lumière il n'y a plus rien, l'on aura raison :

« *Prenez garde à l'intelligence de l'homme de foi : elle est éclairée par la lumière de Dieu Très Haut.* »

Les êtres sont tous des épiphanies de la Lumière divine. C'est Dieu qui, à travers eux, à travers l'homme en particulier, se manifeste :

« *Je suis pour lui l'oreille, l'œil, la main et la langue ; par Moi, il entend, il voit, il palpe, il articule.* »

Bref, disons, ô Derviche ! que celui qui accède à l'Intelligence première et devient adulte, si de ce cycle, c'est-à-dire de tout ce qui est dans le cycle, il se détache et coupe le lien — il devient libre. Autrement, il est adulte mais n'est pas libre.

O Derviche ! Tout ce qui fut, est, sera — tout est dans le cycle. L'adulte qui reste attaché à une seule chose du cycle et veut cette chose, n'est pas libre. Or quiconque n'est pas libre est esclave. Ainsi, celui qui désire l'or et les femmes, la fortune et la position, un jardin et un verger ; qui convoite le titre de gouverneur ou de ministre, de prince ou de roi, de prédicateur ou de maître, de juge ou de professeur ; qui aspire à la Proximité et à l'Amitié de Dieu, à la mission et au message prophétique et à d'autres semblables choses, par le fait même qu'il veut une de ces choses, que par l'une d'elles il est lié — il n'est pas libre.

Seul peut se rendre libre celui qui n'est retenu par rien, qui ne veut rien.

O Derviche ! Ce qui est le fait de la nécessité ne relève pas de cette catégorie. Par exemple, celui qui en cas de besoin se rend aux lieux d'aisance, n'est pas pour autant attaché à ces lieux. Celui qui par temps froid se rend au soleil n'est pas pour autant attaché au soleil. Celui qui par temps chaud se rend à l'ombre n'est pas pour autant attaché à l'ombre. A rien de tout ceci il n'est lié. La preuve en est que sans la contrainte, jamais il n'irait aux latrines, au soleil ou à l'ombre. Ce n'est donc pas le désir mais la nécessité qui le meut : il lui faut écarter une gêne. De même en toute affaire, sache que la nécessité n'entrave en rien la liberté et le détachement. Mais voici : quiconque par un vêtement de coton peut se protéger du froid ou de la chaleur et, possédant pareille vêture, ne s'en couvre pas disant : « Il me faut une tunique de brocart ou de toile de lin », celui-là est esclave.

O Derviche ! Pour l'un, l'idole est un vêtement usé ; pour l'autre, un vêtement neuf. L'homme libre est celui pour qui les deux vêtements sont égaux. Son but en se couvrant est de se protéger du froid ou du chaud. Qu'importe que le vêtement soit neuf ou vieux ; le premier qui vient fait l'affaire.

O Derviche ! Celui qui réclame un vêtement neuf et ne veut pas d'un usé est aux liens ; de même celui qui réclame un vêtement usé et ne veut pas d'un neuf. Il n'est pas de différence entre les deux. Que le lien soit d'or ou de fer, il est toujours un lien. L'homme libre est celui qui n'est retenu par aucune sorte d'attache ; qui, adorateur d'idoles, a brisé toutes les idoles, les a toutes dépassées. Il s'est, des idoles, purifié le cœur — ce cœur qui est la maison de Dieu.

O Derviche ! Il est toujours une idole majeure ; les autres sont les idoles mineures ; celles-ci procèdent de celles-là. Pour certains, l'idole majeure est la richesse ; pour d'autres, la position ; pour d'autres encore la bonne réputation. D'entre les idoles majeures, la bonne réputation est la plus grande de toutes. Viennent ensuite la position et la richesse.

O Derviche ! De tout ce qui n'est pas une nécessité et ne procure pas la paix à autrui, ne fais pas une habitude. Autrement, celle-ci deviendrait ton idole ; et toi, tu serais idolâtre. Ces intimes résolutions telles : « Désormais je ne sortirai plus de chez moi ! » ou « Désormais je ne me lèverai plus devant personne ! » sont autant d'idoles. Celui qui les prend, cependant qu'il n'a de cesse de vitupérer l'idolâtrie, ignore qu'il est lui-même idolâtre.

O Derviche ! Ne t'imagine pas pour autant que l'homme libre n'ait ni maison, ni sérail, ni jardin, ni verger. Il se peut qu'il ait tout cela ; que même il soit gouverneur ou roi. L'homme libre est celui qui, si on lui remet le pouvoir, ne se réjouit pas ; si on le lui ôte, ne s'afflige pas. Accéder au trône ou le quitter, pour lui, est égal. Avoir bonne ou mauvaise réputation, pour lui, est égal. S'il est accepté, il ne cherche pas à être rejeté ; et s'il est rejeté, il ne cherche pas à être accepté. Tel est le sens de la « maturité », du « contentement », de la « soumission ». Béni soit celui qui le comprend !

Gloire à Dieu le Seigneur des deux mondes.

DIXIÈME TRAITÉ

Que le microcosme est la copie, l'image du macrocosme

Un groupe de derviches, *que Dieu augmente leur nombre,* demanda à ma chétive personne de rédiger un traité sur le macrocosme ; d'exposer comment le microcosme est la copie et l'image du macrocosme ; comment, ainsi qu'ils l'ont entendu maintes fois, tout ce qui est dans le macrocosme est aussi dans le microcosme. Je répondis à sa requête et priai Dieu Très Haut de m'accorder aide et assistance afin qu'Il me garde de la faute et de l'erreur, car *Il est puissant et prêt à exaucer.*

du macrocosme et du microcosme

Sache, *béni sois-tu dans les deux mondes,* que lorsque Dieu Très Haut eut achevé la création, Il la nomma « Univers ». La création est le signe de Son être ainsi que de l'être de Sa connaissance, de Sa volonté et de Sa puissance.

O Derviche ! La création est d'un côté signe et de l'autre écrit. Par ce côté où elle est signe, Il la nomma « Univers ». Par ce côté où elle est écrit, Il la nomma « Livre ». Alors, Il décréta que quiconque lirait le Livre, Le connaîtrait ainsi que Sa science, Sa volonté et Sa puissance. En ce temps-là, les lecteurs étaient les Anges. Ils étaient peu nombreux et le Livre était vaste. Le regard des lecteurs, à cause de leur indigence, ne pouvait embrasser la totalité du Livre et de ses feuillets. Dieu s'en avisa. De cet Univers Il fit une copie ; du Livre, Il écrivit un abrégé. Il nomma le premier monde « Macrocosme » et le second « Microcosme ». Il nomma le premier livre « le Grand livre » et le second « le Petit livre ». Tout ce qui était dans le grand livre Il l'inscrivit dans le petit sans augmentation ni diminution, afin que quiconque lise le petit livre se trouve avoir lu le grand. Puis Il envoya en vicariat au microcosme Son *khalife,* Son vicaire — l'intelligence. Tous les anges du microcosme se prosternèrent devant l'intelligence, le vicaire de Dieu, sauf Satan *(wahm).* De même, lorsqu'Adam fut assigné comme vicaire dans le macrocosme, tous les anges se prosternèrent devant lui sauf Iblis.

O Derviche ! Dans le microcosme l'intelligence est le vicaire de Dieu ; dans le macrocosme, c'est l'homme doué d'intelligence le vicaire de Dieu. Le macrocosme est d'emblée Présence divine et le microcosme, présence du vicaire de Dieu. Lorsque l'intelligence s'instaura en vicaire, cette exhortation lui vint : « O Intelligence ! Connais-toi toi-même. Connais tes attributs et tes actes afin de connaître Mes attributs et Mes actes. »

des actes de Dieu ; des actes du vicaire de Dieu

Sache que lorsque Dieu Très Haut veut créer une chose, la forme de cette chose qui d'abord est dans la connaissance divine, arrive au Trône (*'arsh*) ; puis du Trône au Firmament (*korsī*). De là, portée par la lumière des Fixes, elle traverse les sept Cieux ; puis, accompagnée par la lumière des Etoiles, arrive au monde inférieur. La Nature, souveraine de ce bas-monde, accueille ce voyageur invisible venu de Dieu et lui offre une monture parmi les quatre piliers selon ce qui convient à ce voyageur, afin que celui-ci l'enfourche et vienne à l'existence dans le monde du phénomène. Une fois en ce monde, cette chose qui était le « savoir » de Dieu devient le « faire » de Dieu. Donc, l'âme de tout ce qui est dans le monde visible procède du monde de l'Impératif divin et le corps, du monde de la création. Cette âme pure venue de Dieu pour accomplir une mission retourne à Dieu dès cette mission accomplie. *De Lui l'origine, vers Lui le retour.*

O Derviche ! Ayant appris ce que sont les actes de Dieu dans le macrocosme, apprends de même ce que sont les actes du vicaire de Dieu dans le microcosme. Sache que dans le microcosme l'Intelligence est le vicaire de Dieu ; l'esprit psychique, le Trône du vicaire de Dieu ; l'esprit vital, le Firmament du vicaire de Dieu ; que les sept membres intérieurs sont les sept Cieux ; les sept membres extérieurs, les sept Climats.

Ces prémisses étant posées, sache maintenant que lorsque le vicaire de Dieu décide d'œuvrer, de faire surgir une chose, la forme de cette chose apparaît d'abord dans l'intelligence. De l'intelligence, elle va à l'esprit psychique, lequel correspond au Trône ; puis, de l'esprit psychique à l'esprit vital, lequel correspond au Firmament. De là, portée par les artères, elle traverse les sept membres intérieurs, lesquels correspondent aux sept Cieux ; puis, mue par la force des organes intérieurs, elle s'extériorise. Si elle surgit par le truchement de la main, c'est la main qui accueille ce voyageur invisible venu du vicaire de Dieu. La main lui offre une monture parmi les quatre piliers — sulfate, noix de galle, gomme, noir de fumée — selon ce qui convient à ce voyageur invisible afin que celui-ci l'enfourche et vienne à l'existence dans le monde du phénomène. Une fois en ce monde, cette chose qui était le « savoir » du vicaire de Dieu, devient le « faire » du vicaire de Dieu — son « écrit ».

O Derviche ! Tout ce que fait Dieu Très Haut, Il le fait au commencement par Lui-même, sans intermédiaire, ni matière, ni outil. Puis, la forme de cette chose se matérialise et descend au monde inférieur, le monde du phénomène. La forme première est l'être noétique ; la forme seconde est l'être visible. De la même manière, tout ce que fait ou écrit le vicaire de Dieu, il le fait ou l'écrit, au commencement, par lui-même, sans intermédiaire, ni matière, ni outil. Puis, la forme de cette chose se matérialise et vient à l'être dans le monde du phénomène. Sache qu'il en est ainsi dans tous les arts et les métiers — ceux de forgeron, de charpentier, etc. La forme première est l'être intelligible ; la forme seconde, l'être sensible. La forme première est l'être mental ; la forme seconde, l'être concret.

Bref, revenons à notre propos. Si cette forme s'extériorise par le truchement de la langue, c'est la langue qui accueille ce voyageur invisible venu du vicaire de Dieu. Elle lui offre une monture parmi les quatre piliers — respir, chant, lettre, mot — selon ce qui convient à ce voyageur invisible afin que celui-ci l'enfourche et vienne à l'existence dans le monde du phénomène. Une fois en ce monde, cette chose qui était le « savoir » du vicaire de Dieu, devient le « dire » du vicaire de Dieu. Derechef, cet écrit voyage et, par le truchement de l'œil, parvient au vicaire de Dieu ; cette parole voyage et, par le truchement de l'oreille, parvient au vicaire de Dieu. L'un est un voyage diagonal ; l'autre, un voyage vertical.

O Derviche ! Il est deux paroles : la parole dite et la parole écrite. En chacune, l'âme du voyageur invisible procède du monde de l'Impératif et le corps, du monde de la création. Ces voyageurs sont tous deux l'expression du sens. La forme de l'expression n'est que le quart habité du sens. Le sens est constitué par ces deux paroles du vicaire de Dieu.

O Derviche ! Jésus est le Verbe. Or Jésus est à la ressemblance d'Adam. Donc, Adam aussi est le Verbe. Mais Jésus est la parole dite, celle qui va de la bouche de l'univers au ciel de l'âme. Adam est la parole écrite, celle qui va du ciel de l'âme à l'Hindoustan de la plume.

Ayant appris ce que sont les actes de Dieu et ceux de Son vicaire, ayant en outre appris comment se manifestent les choses dans les deux mondes — sache maintenant que tout ce qui est dans le macrocosme est aussi dans le microcosme.

des anges du microcosme

Sache que lorsque la goutte de semence tombe dans la matrice, elle est à l'image de la substance première. Lorsqu'elle se délite en quatre couches, elle est à l'image des éléments et des natures. Lorsque les membres apparaissent, ils sont les uns extérieurs, tels la tête, les mains, le ventre, les parties génitales, les pieds — ils sont à l'image des sept Climats ; les autres intérieurs, tels les poumons, le cerveau, les reins, le cœur, la vésicule, le foie, la rate — ils sont à l'image des sept Cieux. Les poumons correspondent au premier Ciel ; ils représentent la sphère de la Lune parce que la Lune est le poumon du macrocosme ; qu'elle est intermédiaire entre les deux mondes. Dans cette sphère, il est de nombreux anges ; celui qui est affecté à la tempérance de l'air et de l'eau est le chef de ces anges. Le cerveau correspond au second Ciel ; il représente la sphère de Mercure parce que Mercure est le cerveau du macrocosme. Dans cette sphère, il est de nombreux anges ; celui qui est affecté à l'étude de l'écriture et des sciences et à l'acquisition des moyens de subsistance est le chef de ces anges. Son nom est Gabriel. Il est l'Ange de la connaissance. Les reins correspondent au troisième Ciel. Ils représentent la sphère de Vénus parce que Vénus est le rein du macrocosme. Dans cette sphère, il est de nombreux anges. Celui qui est affecté à la vivacité, à la joie et à l'appétit charnel est le chef de ces anges. Le cœur correspond au quatrième Ciel. Il représente la sphère du Soleil parce que le Soleil est le cœur du macrocosme. Dans cette sphère, il est de nombreux anges. Celui qui est affecté à la vie est le chef de ces anges. Son nom est Séraphiel. Il est l'Ange de la vie. La vésicule correspond au cinquième Ciel. Elle représente la sphère de Mars parce que Mars est la vésicule du macrocosme. Dans cette sphère, il est de nombreux anges. Celui qui est affecté à la domination, à la colère, à la violence et au meurtre est le chef de ces anges. Le foie correspond au sixième Ciel. Il représente la sphère de Jupiter parce que Jupiter est le foie du macrocosme. Dans cette sphère, il est de nombreux anges. Celui qui est affecté au pain quotidien est le chef de ces anges. Son nom est Michaël. Il est le Pourvoyeur des hommes. La rate correspond au septième Ciel. Elle représente la sphère de Saturne parce que Saturne est la rate du microcosme. Dans cette sphère, il est de nombreux anges. Celui qui est affecté à la collecte des âmes est le chef de ces anges. Son nom est 'Azraël. Il est l'Ange de la mort. L'esprit animal correspond au Firmament. Il représente la sphère des Fixes parce que celle-ci est le firmament du macrocosme. Dans cette sphère, il est de nombreux anges. L'esprit psychique correspond au Trône. Il représente la Sphère des sphères parce que celle-ci est le Trône du macrocosme, l'intellect du vicaire de Dieu. Les membres, tant qu'ils sont à l'état embryonnaire, sont à l'image du minéral. Lorsque la croissance en eux apparaît, ils sont à l'image du végétal. Lorsque les sens et le mouvement volontaire en eux apparaissent, ils sont à l'image de l'animal.

d'Adam et d'Eve

Sache que dans le macrocosme il y a Adam, Eve et Iblis ; qu'il en est de même dans le microcosme. Que dans le macrocosme il y a des fauves, des bêtes, des démons et des anges ; qu'il en est de même dans le microcosme.

O Derviche ! L'homme est le microcosme. L'intelligence est l'Adam de ce microcosme. Le corps est Eve ; l'illusion, Iblis ; le désir, le paon ; la colère, le serpent. Le beau caractère est le Paradis ; le mauvais, l'Enfer. Les facultés de l'intellect, de l'esprit et du corps sont les anges.

O Derviche ! Il est une distinction entre Satan et Iblis. Satan représente la nature ; Iblis, l'illusion.

O Derviche ! Ce n'est pas l'apparence qui compte mais le sens. Ce n'est pas le nom ou la généalogie qui compte mais la valeur. Le chien, par son apparence canine, n'est ni vil ni impur ; c'est par sa férocité et son appétit de mordre qu'il l'est. Et lorsque ces traits se trouvent en l'homme, celui-ci est qualifié de chien. Le porc, par son apparence porcine, n'est ni vil ni impur ; c'est par sa voracité et son avidité qu'il l'est. Et lorsque ces traits se trouvent en l'homme, celui-ci est qualifié de porc. Satan, par son apparence satanique, n'est ni vil ni impur ; c'est par sa rébellion, sa corruption et son maléfice qu'il l'est. Et lorsque ces traits se trouvent en l'homme, celui-ci est qualifié de satanique. Iblis, par son apparence diabolique, n'est ni banni, ni rejeté ; c'est par son arrogance, sa vanité, sa jalousie et sa désobéissance qu'il l'est. Et lorsque ces traits se trouvent en l'homme, celui-ci est qualifié de démoniaque. L'ange, par son apparence angélique, n'est ni noble, ni bon ; c'est par son obéissance et sa dévotion qu'il l'est. Et lorsque ces traits se trouvent en l'homme, celui-ci est qualifié d'angélique. Sache qu'il en est ainsi en toute chose. L'affaire du vicaire de Dieu est de conquérir ces qualités, de toutes se les assujettir en sorte qu'aucune, hors de son ordre, ne s'exerce. Le vicaire de Dieu est tel Salomon : il dispose de toutes.

O Derviche ! L'Ange autant qu'Iblis est une puissance. Tant que cette puissance n'est pas soumise à Salomon elle est appelée « Iblis » ; et Salomon la tient prisonnière. Dès qu'à Salomon cette puissance est assujettie elle est appelée « Ange » et Salomon la dispense assignant à chaque individu une tâche : celui-ci sera architecte ; cet autre pêcheur de perles. Donc, l'affaire de Salomon est de transformer les qualités — non de les anéantir car ceci ne se pourrait. Il rend obéissant le rebelle, honnête l'incivil. Il redonne la vue à l'aveugle, l'ouïe au sourd, la vie au mort. Partant, l'intelligence, le vicaire de Dieu, est à la fois Adam, Salomon et Jésus. S'il en était autrement — que Salomon soit assujetti aux puissances du mal — Salomon serait prisonnier du chien et du porc ; il serait aux liens de Satan et des démons. Chaque jour il lui faudrait les servir, répondre à leurs désirs — entre leurs mains il serait indigent et misérable. Les démons prévaudraient et sur le trône prendraient place, cependant que Salomon devant eux se tiendrait et nouerait la ceinture de la servitude. En lui, toutes les qualités divines seraient voilées et occultées ; tous les caractères démoniaques révélés et manifestés.

O Derviche ! Pareil individu, quand bien même il aurait forme humaine, serait en vérité démon, Satan, chien ou porc. Il est grand dommage que le démon s'assoie sur le trône et que Salomon, devant lui, se range à son service.

de la représentation du Paradis et de l'Enfer

Le plaisir et la béatitude qui demain seront dans le Paradis sont aujourd'hui représentés en l'homme. De même, la peine et le tourment qui demain seront en Enfer.

Sache que le pain et le vin de toute chose sont en ce qui sied à cette chose ; de même le plaisir et le bien-être. Ainsi, l'intelligence s'épanouit dans l'étude de la connaissance et de la sagesse ; et le corps, dans la satisfaction des sens et des appétits charnels. Ce qui appartient au monde céleste tire jouissance des choses angéliques ; ce qui appartient au monde terrestre, des choses matérielles.

Ces prémisses étant posées, sache maintenant qu'il est au corps un pain et un vin corporels, des houris et des serviteurs matériels ; qu'il est à l'intelligence des houris et des serviteurs spirituels. Autrement dit, l'intelligence, tel Salomon, connaît le langage des oiseaux — tous avec elle s'entretiennent ; de tous elle comprend le langage ; en

132

tous elle perçoit la sagesse de Dieu. Pour cette raison elle est dans la joie et la béatitude.

Chaque monade qui existe est un oiseau ; toutes avec Salomon — l'intelligence — s'entretiennent. Elles lui demandent ce qu'elles sont ; quelle est leur raison d'être. Salomon — l'intelligence — comprend le langage de toutes et à cet entretien éprouve plaisir et félicité. Désire-t-il ardemment la jouissance d'un arôme délectable ou celle d'une beauté parfaite — tout ce qu'il respire ou regarde a pour lui le parfum et la beauté de Dieu. Désire-t-il ardemment le plaisir de la compagnie — toutes les monades qui existent sont aussitôt pour lui autant de kiosques et de pavillons remplis de houris et de beautés que nul n'a touchées — toutes vierges — auxquelles nul, sauf lui, n'a accès. Salomon pénètre dans ces kiosques, pose la main sur la nuque des houris et de leur commerce tire quiétude et plaisir — un plaisir qui ne cède ni au remords ni à l'abattement ; plus l'entretien se prolonge, plus le plaisir augmente. De ce commerce naissent des beautés et des servantes paradisiaques.

O Derviche ! Ces kiosques et ces pavillons ont, les uns, une existence apparente ; d'autres, une existence mentale ; d'autres, une existence littérale ; d'autres, une existence livresque. L'existence livresque est un kiosque embaumé de musc, tel celui délectable que j'ai fait surgir dans cette plaine camphrée.

O Derviche ! J'ai assemblé et écrit ces trois traités à Ispahan.

Ici s'achève le dixième traité du premier tome de l'Homme Parfait.

Gloire à Dieu le Seigneur des deux mondes.

ONZIÈME TRAITÉ

Du *Molk,* le monde des phénomènes ; du *Malakūt,* le monde des Ames ; du *Jabarūt,* le monde des Intelligences chérubiniques

Un groupe de derviches, *que Dieu augmente leur nombre,* demanda à ma chétive personne de rédiger un traité sur le monde des phénomènes, le monde des Ames et le monde des Intelligences chérubiniques. Je répondis à sa requête et priai Dieu Très Haut de m'accorder aide et assistance afin qu'Il me garde de la faute et de l'erreur, car *Il est puissant et prêt à exaucer.*

O Derviche ! Ce tome deuxième diffère du premier, et par le fond et par la forme. Ils sont l'un de l'autre éloignés.

du Monde

Sache que le mot « Monde » désigne les substances et les accidents. On appelle « Monde » l'ensemble des substances et des accidents. Pareillement, on appelle « Monde » chaque espèce de substance et d'accident. Ayant appris ce sens, sache maintenant que le monde, qui est un étant et possède une existence extérieure, se divise d'abord en deux sortes : le *Molk,* ou monde sensible et le *Malakūt,* ou monde intelligible. Ces deux mondes sont mentionnés par des épithètes, des qualificatifs et des noms différents tels : monde corporel physique et monde des Ames ; monde de la création et monde de l'Impératif ; monde visible et monde invisible ; monde des ténèbres et monde de la lumière. Mais l'objet de toutes ces appellations n'est autre que ces deux mondes : le *Molk* et le *Malakūt.*

O Derviche ! Il est un troisième monde : le *Jabarūt* ou monde des Intelligences chérubiniques. Ce monde ne s'apparente pas aux deux autres parce qu'il n'a pas d'existence extérieure. Le *Molk,* le *Malakūt* et le *Jabarūt* sont les trois univers ; tous trois sont les mondes de Dieu ; tous trois sont les uns avec les autres, les uns dans les autres, indissociables les uns des autres. Le monde chérubinique est l'essence du monde sensible et du monde intelligible. Ces derniers sont les faces du premier. Le monde chérubinique est le livre condensé ; le monde sensible et le monde intelligible sont le livre déployé. Le monde chérubinique est le germe ; le monde sensible et le monde intelligible sont l'arbre. Le minéral, le végétal et l'animal sont les fruits de cet arbre.

O Derviche ! La réalité de ces paroles est que le monde des Intelligences chérubiniques est l'origine du monde sensible et du monde intelligible ; que ces derniers se manifestent et viennent à l'être à partir du premier. Toute chose qui dans le *Jabarūt* est occultée et condensée, devient dans le *Molk* et le *Malakūt* manifeste et déployée — elle passe du monde concentré au monde développé ; du plan de l'essence au plan des attributs. Un exemple te rendra ces paroles claires.

Sache que le microcosme est la copie, l'image du macrocosme ; que tout ce qui est dans le macrocosme est aussi dans le microcosme. Partant, tout ce qui est affirmé à propos du macrocosme doit être représenté dans le microcosme pour que cette assertion soit vraie.

Ces prémisses étant posées, sache maintenant que la semence de l'homme est à l'image du monde des Intelligences chérubiniques ; que le corps et l'esprit de l'homme sont respectivement à l'image du monde sensible et du monde intelligible. Ceci, parce que la goutte de semence est l'origine du corps et de l'esprit ; que ces derniers apparaissent et viennent à l'être à partir de la semence ; que tout ce qui, dans la semence, est occulté et condensé, devient dans le corps et l'esprit manifeste et développé — passe du monde concentré au monde actué ; du plan de l'essence au plan de la face.

O Derviche ! Il n'est pas de meilleure preuve des degrés du macrocosme que l'établissement de leur correspondance avec ceux du microcosme. Si ce qui est affirmé à propos des premiers correspond aux seconds, cette hiérarchie est vraie. Autrement elle ne l'est pas. Ces rapports entre le macrocosme et le microcosme étant posés, sache maintenant que si tu considères la goutte de semence comme l'essence du corps et de l'esprit et que tu appelles le corps et l'esprit les faces de la semence, c'est juste. Si tu considères la goutte de semence comme le livre condensé et appelles le corps et l'esprit le livre déployé, c'est juste aussi. Et si tu considères la goutte de semence comme le grain et appelles le corps et l'esprit l'arbre, c'est encore juste. Les paroles bonnes, les actes bons, le beau caractère et les connaissances sont les fruits de cet arbre. Si les fruits sont ceux-là mêmes, l'arbre est pur ; s'ils sont contraires, l'arbre est impur.

Ces prémisses étant posées, sache maintenant que tous les êtres forment un seul être ; que le monde sensible, le monde intelligible et le monde chérubinique sont les degrés de cet être. A présent, désigne cet être par le nom que tu voudras ! Si tu l'appelles « une personne », c'est juste. Si tu l'appelles « un arbre », c'est encore juste. Si tu l'appelles simplement « un être » et ne lui appliques aucun autre nom, c'est également juste.

Maintenant que tu sais que l'être est un, apprends encore que le monde des Intelligences chérubiniques est l'essence de cet être ; que le monde sensible et le monde intelligible sont les faces de cet être, ses degrés. Les attributs de l'être sont au plan de l'essence ; ses noms au plan de la face ; ses actes au plan de l'âme.

O Derviche ! Voilà d'une façon générale l'exposé du *Molk,* du *Malakūt* et du *Jabarūt.* J'en donnerai à présent un exposé détaillé afin que de cette façon également tu comprennes — cette question étant pour les philosophes, les théologiens et les maîtres, parmi les plus difficiles. Combien d'entre eux sur cette voie se sont égarés ! La connaissance de ce problème est, pour le pèlerin, capitale : elle est l'origine et le fondement de son entreprise. Si la base est solide et sûre, le reste l'est aussi. Si la base est chancelante, tout ce qui au-dessus est édifié, de même est chancelant. En outre, parce que toute chose qui est appartient à l'un de ces trois mondes : le *Jabarūt,* le *Malakūt* et le *Molk ;* qu'en dehors de ceux-ci, rien ne peut exister. C'est pourquoi, celui qui n'a pas saisi la réalité de ces trois mondes n'a rien compris en vérité.

Sache enfin que le tempérament, le grain et la goutte de semence ne sont pas l'essence des corps composés, mais la représentation de cette essence. La compréhension de ce point aussi est capitale.

O Derviche ! L'essence des corps composés est la quiddité. La quiddité est au-delà du sensible et de l'intelligible.

des trois mondes : le Molk *ou monde sensible ; le* Malakūt, *ou monde intelligible ; le* Jabarūt *ou monde des Intelligences chérubiniques — exposé développé*

Sache que le *Molk* est au plan du sensible ; le *Malakūt* à celui de l'intelligible ; le *Jabarūt* à celui de la Vérité. Le monde des Intelligences chérubiniques est le monde des quiddités. Les quiddités sensibles et intelligibles, les corps simples, les corps composés, les substances et les accidents sont tous, à l'origine, dans le *Jabarūt* — certains d'une façon singulière ; d'autres d'une façon universelle. La quiddité est au-dessus de l'être et du non-être, parce qu'elle est plus générale, qu'elle peut participer à l'un et à l'autre.

O Derviche ! Les quiddités ne sont pas créées ; elles n'ont pas de commencement.

> *Notre Seigneur est celui qui a donné*
> *à chaque chose sa forme*
> *et qui l'a ensuite dirigée.*
>
> Qorān XX/50

Puisque la quiddité est plus générale que l'être et le non-être, elle est donc plus générale que toute chose et peut aussi participer à toute chose. Un exemple te rendra ces paroles claires.

Sache que le corps est commun mais que la substance est plus commune que le corps ; que la substance est commune mais que l'être est plus commun que la substance ; que l'être est commun mais que la chose est plus commune que l'être parce qu'elle peut participer à l'être et au non-être. Puisque la chose est plus générale que l'être et le non-être, elle est plus générale que tout et peut participer à tout. La chose, la quiddité et l'essence sont toutes trois au même plan. Au-dessus, il n'y a rien.

O Derviche ! Le *Molk* désigne le monde des choses sensibles ; le *Malakūt,* celui des intelligibles ; le *Jabarūt,* celui des quiddités. Certains appellent les quiddités « Eccéités éternelles » ; d'autres « Réalités éternelles ». Quant à moi je les appellerai simplement les « Choses éternelles » parce que ces choses sont immuables — jamais de leur propre état elles ne changent ni ne changeront. Le Prophète, *sur lui le salut !* voulut connaître et voir la réité de ces choses — « *O Dieu, montre-nous les choses telles qu'elles sont* », disait-il — afin d'en percevoir la Vérité, d'en connaître ce qui change et ce qui est constant. C'est à ces choses que vint l'exhortation « *Ne suis-je point votre Seigneur ?* »

O Derviche ! Il y a l'Adam chérubinique, l'Adam céleste, l'Adam sensible et l'Adam terrestre. L'Adam chérubinique est le premier des êtres. Il est le *Jabarūt,* parce que tous les êtres deviennent manifestes à partir du monde des Intelligences chérubiniques. L'Adam céleste est le premier être du *Malakūt.* Il est l'Intelligence première, parce que le monde intelligible tout entier devient manifeste à partir de l'Intelligence première. L'Adam sensible est le premier être du *Molk.* Il est la Sphère première, parce que le monde sensible tout entier devient manifeste à partir de la Sphère première. L'Adam terrestre est l'épiphanie des connaissances et de l'ensemble des lumières. Il est l'Homme Parfait — *anthrôpos téleios* — parce que toutes les connaissances deviennent manifestes à partir de l'Homme Parfait.

O Derviche ! L'Adam terrestre est l'Occident des lumières parce que toutes les lumières se lèvent à l'Orient du
Jabarūt et se couchent en l'homme terrestre. Lorsque la
lumière surgira de l'homme terrestre, le Jour de la résurrection sera venu et le soleil se lèvera à l'Occident.

Mais revenons à notre propos. Ayant appris que le
Jabarūt, le monde des Intelligences chérubiniques, est
l'essence du monde, sache maintenant que le *Jabarūt* voulut un miroir afin de contempler sa beauté, pour témoigner de ses attributs. Il s'épiphanisa et passa du monde
concentré au monde déployé. De cette épiphanie, deux
substances vinrent à l'être — l'une de lumière, l'autre de
ténèbre. La ténèbre va de pair avec la lumière parce qu'elle
est la gardienne et l'enveloppe de la lumière, la niche et la
nourriture de la lumière. Ces deux substances sont l'Intelligence première et la Sphère première. Ce furent ces deux
substances qui, à l'origine, abordèrent de l'océan du *Jaba-*
rūt sur le rivage de l'être. Pour cette raison, l'Intelligence
première est appelée la substance première du *Malakūt,*
le monde des Ames ; et la Sphère première, la substance
première du *Molk,* le monde des phénomènes. Pour cette
raison aussi, l'Intelligence première est appelée le Trône
du *Malakūt ;* et la Sphère première, le Trône du *Molk.*
Ces deux substances effectuèrent une descente. Elles tra-
versèrent plusieurs niveaux jusqu'à ce que, partant de l'Intelligence première, apparaissent les intelligences, les âmes
et les natures ; et de la Sphère première, les sphères, les
étoiles et les éléments ; que les sensibles et les intelligibles
deviennent manifestes. Les corps simples furent alors achevés. Il n'en est pas d'autres que ceux-ci.

Ces prémisses étant posées, sache maintenant que les
intelligences, les âmes et les natures constituent le *Ma-*
lakūt ; que les sphères, les étoiles et les éléments consti-

140

tuent le *Molk*. Que les intelligences, les âmes et les natures sont appelées les « Pères » ; que les sphères, les étoiles et les éléments sont appelés les « Mères ».

O Derviche ! Sache encore que le *Malakūt* est un océan de lumière et le *Molk*, un océan de ténèbre. Cet océan de lumière est l'eau de la Vie — il est au cœur des ténèbres. A son tour, l'océan de lumière est, par rapport à l'océan de la connaissance et de la sagesse, un océan de ténèbre De même, la connaissance et la sagesse sont l'eau de la Vie. Elles sont au cœur des ténèbres. Quatre niveaux les séparent de l'eau de la Vie. Il faudrait la force d'Alexandre pour s'enfoncer dans les ténèbres, les traverser et atteindre l'eau de la Vie.

O Derviche ! Combien de fois as-tu entendu dire que l'eau de la Vie est cachée dans les ténèbres ; et voici que tu ignores ce qu'est cette eau, ce que sont ces ténèbres. Certains pèlerins affirment avoir atteint l'océan de lumière. Ils disent : « Nous l'avons vu. C'est une lumière sans borne et sans limite ; un océan sans fond et sans rive. »

La vie, la connaissance, la puissance, la volonté des êtres procèdent de cette lumière. La vue, l'ouïe, le langage, la préhension, le mouvement des êtres procèdent de cette lumière. La nature, les propriétés, le comportement des êtres procèdent de cette lumière — que dis-je, tout est cette lumière même ! L'océan de ténèbre est le gardien et l'enveloppe de cette lumière ; la niche et l'aliment de cette lumière, la manifestation des attributs de cette lumière.

Mais revenons à notre propos. L'océan de lumière est appelé « les Pères » et l'océan de ténèbre « les Mères ». Ces « Pères » et ces « Mères » se tiennent enlacés :

Il a fait confluer les deux océans
pour qu'ils se rencontrent ;

141

mais ils ne dépassent pas une barrière
située entre eux.

Qorān LV/19.20

Leur union est féconde :

Les perles et le corail proviennent de ces deux
océans

Qorān LV/22

De cette union, pareillement, naissent le minéral, le végétal et l'animal. Ce sont là les corps composés — il n'en est pas d'autres. Les corps composés ne viennent de nulle part et ne vont nulle part. Les corps simples deviennent composés, puis les corps composés redeviennent simples. *Toute chose fait retour à son origine.*

de l'ascension

Sache que les corps simples effectuent la descente et les corps composés, l'ascension ; que celle-ci correspond à celle-là. Le nombre des niveaux que traversent les corps simples en leur descente étant incertain, celui des corps composés en leur ascension l'est donc aussi. En effet, personne n'a su ou ne sait le nombre exact des sphères. On dit que les corps simples descendent de quatorze degrés ; en ce cas, les corps composés font ascension de quatorze degrés pour que le cycle soit clos.

O Derviche ! Plus les corps simples sont éloignés du lieu d'origine, plus ils sont vils. Plus les corps composés sont éloignés du lieu d'origine, plus ils sont nobles. Parce que les quiddités sont au premier niveau, elles forment un tout : le *Jabarūt*. Parce que les corps simples sont au

142

second niveau ils sont de deux sortes : le *Molk* et le *Malakūt*. Parce que les corps composés sont au troisième niveau, ils sont de trois sortes : le minéral, le végétal et l'animal.

O Derviche ! Tels sont les degrés des êtres. Le *Jabarūt*, donc, passa du monde concentré au monde déployé ; du plan de l'essence à celui de la face. Il contempla sa propre beauté, fut témoin de ses attributs, de ses noms et de ses actes.

O Derviche ! J'ai, en ce traité, déployé beaucoup de science. J'y ai déposé et clarifié maintes idées. *Apprends en y méditant.* Mais voici : les derviches m'avaient demandé de composer un traité sur le *Molk*, le *Malakūt* et le *Jabarūt*. De cette tâche je n'ai pu ici m'acquitter. Plût à Dieu que dans le traité suivant je la mène à bien.

exhortation

O Derviche ! Apprends que si les sages en ce monde veulent une chose, ce n'est que celle qui leur procure la sérénité et l'union ; qui les garde de la séparation et de la nostalgie. Puisque les sages sont en quête de la sérénité et de l'union, c'est donc que sérénité et union sont de grandes aubaines, d'immenses bienfaits.

O Derviche ! Toi aussi sois en quête de la sérénité et de l'union. Garde-toi de tout ce qui cause la séparation et la nostalgie ; de cela ne sois pas aux liens ! Sache avec certitude que la sérénité et l'union ne sont pas dans la possession des biens et la position, lesquelles sont causes de discorde et d'affliction, mais dans la paix, la santé et l'indépendance ainsi que dans le commerce d'un Sage.

Gloire à Dieu le Seigneur des deux mondes.

DOUZIÈME TRAITÉ

Du *Molk,* du *Malakūt,* du *Jabarūt*
(second livret)

O Derviche ! Puisse, dans ce traité, notre investigation sur les trois mondes être menée à terme selon l'attente des derviches !

du Jabarūt, *ou monde des Intelligences chérubiniques ; des attributs de la quiddité*

Sache que le *Molk* est le monde visible ; le *Malakūt,* le monde invisible ; le *Jabarūt,* le monde invisible de l'invisible. Autrement dit, le *Molk* est le monde sensible ; le *Malakūt,* le monde intelligible ; le *Jabarūt,* le monde de l'identité. Ce troisième monde est une vaste contrée emplie de créatures qui toutes sont l'origine et le grain des êtres. Ces créatures sont immuables — jamais de leur propre état elles ne changent ni ne changeront.

O Derviche ! Le pain azyme est un pain sans levain. Le monde sensible et le monde intelligible ont un levain parce qu'ils procèdent du *Jabarūt,* le monde des Pures Intelligences. Mais le *Jabarūt,* tel le pain azyme, est sans levain parce qu'il est l'origine de tout — au-dessus, il n'y a rien ; sa vastité et sa grandeur dépassent l'entendement. C'est un monde sans frontière et sans limite ; un océan sans fond et sans rive. Le monde sensible, en dépit de son immensité, est, à côté du monde intelligible, comme une goutte à côté de l'océan ; de même, le monde intelligible à côté du monde chérubinique. Le *Jabarūt,* en sa vastité, est empli de créatures innombrables. Celles-ci ignorent qu'il y a, hors leur terre et leur ciel, une terre et un ciel autres ; que sur cette terre il y eut Adam et Iblis ; que quelqu'un put se rebeller contre Dieu Très Haut.

O Derviche ! Ces créatures ont chacune une tâche propre — chacune ne peut s'adonner qu'à cette tâche. La quiddité du loup ne sera jamais celle de l'agneau ; jamais le loup ne deviendra agneau et inversement.

O Derviche ! La quiddité du loup a des attributs ; celle de l'agneau, d'autres. Les attributs des quiddités jamais ne s'altèrent, jamais ne se modifient : ils viennent et s'en retournent sans altération aucune. Mais les attributs de l'âme et du corps deviennent autres : ils peuvent être modifiés. L'appel des prophètes et l'enseignement des Amis de Dieu ne tendent qu'à cette fin. Un exemple te rendra ces paroles claires. Sache que la méchanceté, la férocité et l'agressivité sont propres à la quiddité du loup. Jamais ces attributs ne se modifient ni ne changent. Tant qu'il y aura un loup, il en sera ainsi. De même, l'innocence, la soumission et la douceur sont propres à la quiddité de l'agneau. Jamais ces attributs ne se modifient ni ne changent. Tant qu'il y aura un agneau il en sera ainsi. Mais le loup et l'agneau ont d'autres attributs lesquels sont modifiables. Parmi ces attributs propres à la quiddité du loup et de l'agneau, certains se rapportent à l'âme, d'autres au corps. Par exemple, le loup est sauvage ; il fuit l'homme. L'agneau n'est pas sauvage ; il ne fuit pas l'homme. Cette qualité de l'un et de l'autre relève de l'âme de chacun. Or l'âme de tout être et de toute chose est apte à l'accoutumance. Par là, elle peut engendrer une seconde nature. *Le bien est une habitude ; le mal aussi. L'âme à l'un et à l'autre s'accoutume.* C'est ainsi que le loup peut s'apprivoiser et l'agneau devenir sauvage. Quant aux attributs qui se rapportent au corps, il est évident qu'ils peuvent être modifiés.

O Derviche ! Ce qui vient d'être dit au sujet du loup et de l'agneau, apprends qu'il en est de même pour tous les êtres vivants.

de l'être et du non-être. De l'amour

Sache que les quiddités des corps simples émanent du monde des Intelligences chérubiniques — le *Jabarūt* ; elles viennent à l'être, ne font pas retour au *Jabarūt* et ne s'anéantissent pas. Que les quiddités des corps composés émanent également du *Jabarūt* ; elles viennent à l'être, font retour au *Jabarūt* et s'anéantissent.

> *De la terre, nous vous avons créés ;*
> *en elle nous vous ramènerons*
> *et d'elle nous vous ferons sortir une fois encore.*
> Qorān XX/55

O Derviche ! Dans notre précédent traité il a été dit que la quiddité est au-dessus de l'être et du non-être ; qu'elle est plus générale que l'un et l'autre. Donc, la quiddité peut être ou ne pas être. De même le contingent.

146

O Derviche ! Tu ne peux, au-delà de l'être, rien perce-voir ; ton entendement ne dépasse pas cette limite. Or, il y a le monde de l'être et aussi celui du non-être. Dans l'un et l'autre monde il est de nombreuses créatures. L'es-sence de tout ce qui est dans le monde de l'être procède du monde du non-être. La face de tout ce qui s'anéantit dans le monde du non-être procède du monde de l'être.

O Derviche ! Du monde de l'être au monde du non-être le chemin est court ; entre eux la différence est mince. Tous deux sont tissés ensemble ; sont inséparables l'un de l'autre. Le non-être est le monde virtuel et l'être, le monde actué. Le non-être est le livre condensé et l'être, le livre déployé. Le non-être est la tablette vierge et l'être, la tablette peinte. Lorsque de la tablette peinte on efface les images, la tablette est dans le monde du non-être. Lors-que sur la tablette vierge on trace les images, la tablette est dans le monde de l'être. Telle est toute la différence entre ces deux mondes. Chaque jour, combien de caravanes arrivent du monde du non-être à celui de l'être et, un temps, s'y arrêtent ! Chaque jour, combien de caravanes vont du monde de l'être à celui du non-être et, un temps, s'y arrêtent ! La réalité de ces paroles est que ce qui est perçu par l'intelligence ne peut être que de trois sortes : le nécessaire, le contingent, l'impossible. Le nécessaire est un être qui jamais ne s'anéantit : il ne peut pas ne pas être. L'impossible est un non-être qui jamais ne vient à l'être : il ne peut pas être. Le contingent est une chose qui peut être ou ne pas être. Il est tantôt dans le monde de l'être ; tantôt dans le monde du non-être.

O Derviche ! Dieu, dans le monde du non-être, pos-sède de nombreux trésors, ainsi : les biens, la position, la sécurité, la santé, le pain quotidien, la connaissance, la création, le contentement, la joie, la liberté, l'union et autres de la sorte. Les causes premières — les instruments — sont les clefs de ces trésors. Certaines nous échappent. Ainsi, les mouvements des sphères, les conjonctions des planètes, les événements heureux ne dépendent de personne. Mais revenons à notre propos.

O Derviche ! Les sens n'ont pas accès au *Jabarūt,* le monde des Intelligences chérubiniques et l'intellect, en lui, s'égare. Les sens conduisent au *Molk,* le monde sensible et l'intellect, au *Malakūt,* le monde intelligible. Mais c'est l'amour qui porte au *Jabarūt* parce que ce monde est celui de l'amour. Les créatures du *Jabarūt* sont toutes éprises d'elles-mêmes. Toutes veulent un miroir afin de contempler leur propre beauté, pour témoigner de leurs attributs. Les corps simples et les corps composés du monde sont les miroirs mêmes du *Jabarūt.*

O Derviche ! A tous les degrés, l'être est à ras bord bondé d'amour. Chaque degré qui se présente est le miroir de celui qui précède et celui-ci est épris de soi ainsi que du miroir. Quand le pèlerin arrive au rang de l'amour, qu'il se brûle à son feu et devient limpide et pur de tout tracé, un rapport s'établit entre lui et les êtres du *Jabarūt* lesquels sont à l'extrême limpides et purs. Et quand le miroir du cœur du pèlerin est en rapport avec les êtres du *Jabarūt,* par ce rapport même, le pèlerin est informé du *Jabarūt,* en sorte que, de toute chose qui du *Jabarūt* se dirige vers ce bas-monde, il est informé avant même que cette chose n'atteigne ce monde. Ce que d'aucuns voient en rêve, lui le voit à l'état de veille.

O Derviche ! Cette vision n'est pas le fait de l'œil de chair ; elle est celui de l'œil secret. Quand le pèlerin arrive au rang de l'amour, le miroir de son cœur est si limpide et pur qu'il devient la coupe, le miroir-qui-reflète-l'univers. Alors, toute chose qui de l'océan du *Jabarūt* se dirige vers le rivage de l'être, avant même qu'elle n'y aborde, l'image de cette chose apparaît sur le cœur du pèlerin.

O Derviche ! Combien de fois as-tu entendu que dans l'océan qui enveloppe le monde est placé le miroir-qui-reflète-l'univers. Et voici que tu ignores ce qu'est ce miroir et quel est cet océan ! Outre les pèlerins, il est une foule d'êtres dont les cœurs sont limpides et purs de tout tracé. Sur le cœur de ceux-là aussi ces images se reflètent. Certains disent même qu'elles se reflètent sur le cœur des animaux. Ainsi, de la manne ou du fléau, avant même qu'ils n'atteignent ce monde, certains animaux sont avertis. Ces animaux informent les hommes. Seuls quelques hommes comprennent.

O Derviche ! Il est des pèlerins dont le miroir du cœur est inapte à refléter les êtres du *Jabarūt,* tant ces derniers sont à l'extrême purs, transparents et limpides. Mais le miroir du cœur de certains de ces pèlerins-là est apte à refléter l'image de certaines intelligences et âmes célestes. Les images du *Jabarūt* se reflètent d'abord sur les intelligences et les âmes célestes, lesquelles sont en harmonie avec les êtres du *Jabarūt,* puis, sur le cœur du pèlerin. En outre, la clef des trésors du *Jabarūt* est révélée aux intelligences et aux âmes célestes. Une fois la clef révélée, le trésor qui lui correspond s'ouvre. Donc, pour toute image qui apparaît dans les intelligences et les âmes célestes, le reflet de cette image apparaît aussi dans le cœur des pèlerins qui sont en harmonie avec chacune d'elles. Beaucoup d'individus perçoivent ce sens à l'état de rêve ; peu, à l'état de veille.

O Derviche ! Cette manifestation de l'image ne dépend ni de l'incrédulité ni de la foi ; ni de la connaissance, ni de l'ignorance. Elle est liée au cœur pur et limpide. Ce sens devient apparent chez l'Homme Parfait comme chez l'homme imparfait ; chez l'homme bon comme chez l'homme mauvais. S'il apparaît en l'homme bienveillant, la bonté de celui-ci est accrue. Nombreux alors ceux qui par l'entremise de cet homme acquièrent profit ! S'il apparaît en l'homme malveillant, l'iniquité de celui-ci est accrue. Nombreux alors ceux qui par l'entremise de cet homme subissent dommage !

O Derviche ! J'ai beau essayer de me contenir et d'être à la mesure de l'entendement des compagnons, voici, malgré moi, que je me suis laissé emporté : j'ai parlé au-dessus de leur rang. Le Qorān est un océan sans fond. *Dieu Très Haut fit descendre le Qorān ; Il y plaça dix niveaux de sens.* Le grammairien, le lexicologue, le juriste, l'historiographe, l'exégète sont tous au premier niveau du sens ; du second, ils n'ont même pas soupçon. Cet être est immense ; il est empli de sens. Le *Molk*, le *Malakūt* et le *Jabarūt* sont chacun un océan ; dans chaque océan, il est des myriades de perles ; dans chaque perle, des myriades de sens. Mohammad, l'Envoyé de Dieu, *sur lui le salut !* était immergé dans ces trois océans. Plus il plongeait profondément, plus il était informé sur les états des océans et les sagesses des perles. Son rang était d'autant haussé et le Qorān, à la mesure de ce rang, était insufflé.

Je voulais, en ce traité, achever l'exposé des trois mondes : le *Molk,* le *Malakūt* et le *Jabarūt.* Je n'ai pu y parvenir. Puissé-je dans le traité suivant m'acquitter de cette tâche !

Gloire à Dieu le Seigneur des deux mondes.

TREIZIÈME TRAITÉ

Du *Molk*, du *Malakūt*, du *Jabarūt*
(troisième livret)

O Derviche ! Puisse, dans ce traité, notre investigation être menée à terme.

de l'Unicité

Sache que le *Molk* est le monde de l'antagonisme ; le *Malakūt*, le monde de la hiérarchie ; le *Jabarūt*, le monde de l'unicité. Dans le *Jabarūt* il n'y a ni antagonisme ni hiérarchie, parce que le *Jabarūt* est le monde de l'unicité — il a tout et il n'a rien.

L'essence est ainsi : elle a tout et elle n'a rien. Le *Jabarūt* est pur, limpide, dégagé de tout tracé. Il n'a ni nom, ni signe, ni forme, ni visage. Dans le *Malakūt*, le monde des Ames, la hiérarchie apparaît ; les noms et les signes deviennent manifestes — noms des intelligences, des âmes et des natures — ainsi que les rangs des chérubins et des esprits. Dans le *Molk*, le monde des phénomènes, les contraires apparaissent ; le feu, l'eau, la terre, le passé, le présent, le futur, hier, aujourd'hui, demain — deviennent manifestes.

O Derviche ! Dans le *Jabarūt,* le miel et la coloquinte ont même saveur ; l'antidote et le poison sont broyés au même creuset ; le faucon et la colombe vivent côte à côte ; le loup et l'agneau vont de pair ; le jour et la nuit, la lumière et la ténèbre ont même couleur ; la pré-éternité et l'éternité sans fin, la veille et le lendemain sont à la même enseigne ; Iblis ne se dresse pas contre Adam ; Nemrod et Abraham sont en paix ; Pharaon et Moïse réconciliés.

O Derviche ! Il y a l'un qui est avant le multiple et l'un qui est après le multiple. C'est cette unicité dernière qui importe. Le pèlerin qui accède à cette unicité-là devient « unifique » ; il est délivré du polythéisme. Les philosophes sont avertis de l'unicité première, mais à l'unicité seconde ils n'ont ni accès ni part.

O Derviche ! Si le multiple n'était pas, l'Unification ne serait pas. *Tawhīd* signifie « faire un ». Ce qui est un ne peut être unifié ; seul le multiple peut être rendu un. Cette unification du multiple s'effectue par deux voies : la théorie et la pratique. Partant, l'unification est de deux sortes : théorique et pratique.

O Derviche ! Celui qui accède à l'unification suprême, alors même qu'il voit Nemrod dressé contre Abraham et Pharaon contre Moïse, il les sait un et les voit un. Ceci est l'unicité ultime. Quand l'unification est à l'extrême, le rang de l'unicité apparaît. Mais revenons à notre propos.

de la Nuit du destin ; du Jour de la résurrection

Sache donc que le monde sensible et le monde intelligible sont les manifestations des attributs du monde chérubinique. Tout ce qui, dans le *Jabarūt,* est caché et concentré, devient dans le *Molk* et le *Malakūt* manifeste et déployé.

O Derviche ! Le monde des Ames est le reflet du monde des Pures Intelligences ; et le monde des phénomènes le reflet du monde des Ames. Ainsi disait Ja'far le Véridique [9], *sur lui le salut !* :

« *Dieu Très Haut créa le* Molk *à l'image de Son* Malakūt ; *Il établit Son* Malakūt *à l'image de Son* Jabarūt, *en sorte que Son* Molk *symbolise avec Son* Malakūt *et Son* Malakūt *avec Son* Jabarūt. »

Si l'on dit que le *Malakūt* — le monde des Ames — est le miroir du *Jabarūt* — le monde des Intelligences chérubiniques — et le *Molk* — le monde des phénomènes — le miroir du monde des Ames, c'est également juste, parce que le *Malakūt* voit dans le *Molk* sa propre beauté et témoigne de ses noms ; de même, le *Jabarūt* dans le *Malakūt*. Donc, tout ce qui dans le monde des Intelligences est caché et concentré devient dans le monde sensible manifeste et développé. Pour cette raison, on appelle le *Jabarūt* la Nuit du destin, la Nuit du rassemblement ; et le *Molk,* le Jour de la résurrection, le Jour du rassemblement, le Jour du jugement, le Jour du réveil. Les quiddités de tous les êtres sont d'emblée contenues dans le *Jabarūt,* certaines en tant que singulières, d'autres en tant qu'universelles ; le destin de toutes est inscrit dans le *Jabarūt.*

Toute chose est mesurée par Lui.

Qorān XIII/8

Tout ce qui dans le *Jabarūt* était déterminé, y était occulté et concentré, devient dans le *Molk* manifeste et développé, passe du monde virtuel au monde actué.

Voici venu le Jour de la résurrection
mais vous n'en saviez rien.

Qorān XXX/56

O Derviche ! Il est trois Jours de la résurrection : la résurrection mineure, la résurrection majeure et la plus grande résurrection. Il est quatre Jours du jugement.

exhortation

Sache qu'au tréfonds de tout homme perce l'idée de régner, le désir de commander ou l'envie de dominer ; assurément, l'une de ces trois passions y est déposée. Le sage, par l'ascétisme et l'effort persévérant, les chasse de son esprit. La dernière chose qu'il parvient à écarter est l'ambition. De ce fléau, le reste des hommes est prisonnier : ils se consument au feu infernal de l'envie. La preuve de ces paroles est la confiance de l'homme en soi. Celle-ci est telle que l'homme s'imagine n'avoir au monde ni égal, ni semblable. Jamais il ne se tient ni ne se voit comme égal aux autres ; toujours, il se croit supérieur. C'est pourquoi, au risque de brûler au feu de l'envie, il convoite, s'en estimant digne, le rang au-dessus du sien. Les hommes de cette sorte, à longueur de temps, en tout lieu et assemblée, font leur propre éloge et se plaisent à

154

entendre d'aucuns les célébrer. Et si l'éloge s'adresse à autres qu'eux-mêmes, ils prennent aussitôt ombrage.

O Derviche ! En celui dont l'intelligence et la connaissance sont moindres, ce penchant prévaut. Pour celui dont l'intelligence et la connaissance sont parfaites, cette pensée n'effleure même pas son esprit. Et si elle l'effleure, il prend aussitôt refuge en Dieu, afin que le Très Haut le garde de ce tourment.

O Derviche ! Sache qu'un même individu ne peut tout savoir, ne peut tout accomplir. C'est pourquoi rien ni personne en ce monde n'est inutile. Chacun est à l'œuvre à sa place ; chacun, selon sa mesure, comprend. L'ordre du monde est assuré par tous ; tous constituent les phases de cet être. Donc toi, à quelque rang que tu sois, tu appartiens à l'une des multiples phases de l'être. Les sages, une fois instruits de ce secret, choisissent pour rang celui où la séparation et la nostalgie sont moindres ; où l'union et la sérénité sont plus grandes.

O Derviche ! La souveraineté et la domination, le métier et la pratique ont toujours été et toujours seront. Aujourd'hui, le monde apparaît sous une forme ; demain, il apparaîtra sous une autre. Dispose avec bonheur du temps présent ; passe-le dans l'union et la sérénité. Autant que tu le peux ne cause de tort à rien ni à personne — le péché n'est autre que de porter injure. Autant que tu le peux, répands la quiétude — la dévotion n'est autre que de faire le bien. Sache avec certitude que chacun, quoi qu'il fasse, c'est à soi-même qu'il le fait. Le monde a de nombreuses particularités ; l'une de celles-ci est que la rétribution y est nécessaire.

Gloire à Dieu le Seigneur des deux mondes.

QUATORZIÈME TRAITÉ

De la Tablette ; du Calame ; de l'Encrier

Un groupe de derviches, *que Dieu augmente leur nombre,* demanda à ma chétive personne de rédiger un traité sur la Tablette, le Calame et l'Encrier. Je répondis à sa requête et priai Dieu Très Haut de m'accorder aide et assistance afin qu'Il me garde de la faute et de l'erreur, car *Il est puissant et prêt à exaucer.*

de l'Encrier

Sache que le *Jabarūt* — le monde des Intelligences chérubiniques — est un seul monde. Toutefois ce monde unique est mentionné par des épithètes, des qualificatifs et des noms différents. Notre but ici n'est pas l'exposé des noms de cet univers.

O Derviche ! Les quiddités des sensibles et des intelligibles, des corps simples et des corps composés, des substances et des accidents, sont toutes dans le *Jabarūt ;* mais toutes y sont cachées et concentrées — non séparées les unes des autres. Pour cette raison, on appelle le *Jabarūt* l'« Encrier ». De même qu'il est un encrier au macrocosme, il en est un au microcosme. Cet encrier-ci est la goutte de semence. Tout ce qui vient à l'être dans le microcosme est dans la semence ; mais tout y est caché et concentré — non divisé. Pour cette raison, on appelle la semence « l'encrier du microcosme ».

O Derviche ! Ayant appris ce que sont l'encrier du macrocosme et celui du microcosme, sache maintenant que ces deux encriers sont en eux-mêmes à la fois l'écrivain, la plume et la tablette ; que l'écrivain en chacun des deux n'a appris de personne l'art de la calligraphie — l'écriture est inhérente à son essence même.

Ces prémisses étant posées, apprends qu'à l'encrier du macrocosme vint cette exhortation : « Fends-toi ! » Le temps d'un regard, l'encrier se fendit en deux branches.

> *Notre Ordre est une seule parole,*
> *il est prompt comme un clin d'œil.*
>
> Qorān LIV/50

L'une des branches devint l'Intelligence première, laquelle est le Calame de Dieu ; l'autre, la Sphère première, laquelle est le Trône de Dieu.

O Derviche ! L'encrier était l'Océan universel ; il contenait à la fois le subtil et le dense, le sensible et l'intelligible. Lorsqu'il se fendit, l'Intelligence première — le Calame de Dieu — fut assignée au subtil et à l'intelligible ; et la Sphère première — le Trône de Dieu — au dense et au sensible. Le Trône divin est la tablette du macrocosme.

du Calame et de la Tablette du macrocosme

Sache que personne, sauf Dieu Très Haut, ne connaît la magnificence et la grandeur de l'Intelligence première, le Calame de Dieu ; de la Sphère première, le Trône de Dieu.

O Derviche ! Les prophètes ont placé l'Intelligence première au rang suprême. Ils l'ont célébrée et désignée sous plusieurs noms. Ils n'ont rien considéré de plus docte ni de plus proche qu'elle. L'homme, s'il est aimé, s'il est le plus noble des êtres, c'est par le truchement de l'intelligence. Par elle, il connaît le bien, le mal et le châtiment.

Les philosophes aussi ont placé l'Intelligence au rang suprême et l'ont célébrée. Selon eux, une seule substance émana de l'essence du Créateur, *loué et exalté soit-Il !* l'Intelligence première. Tous les autres êtres, d'entre les sensibles et les intelligibles, procèdent de l'Intelligence première.

O Derviche ! Les prophètes font une distinction. Ils disent que les intelligibles procèdent de l'Intelligence première et les sensibles, de la Sphère première. L'Intelligence première et la Sphère première, toutes deux, se manifestèrent et vinrent à l'être, à partir du *Jabarūt,* le monde des Intelligences chérubiniques. De l'océan du *Jabarūt,* ces deux substances égales abordèrent au rivage de l'être. Pour cette raison, ils nomment l'Intelligence première, « la substance première du monde intelligible » et la Sphère première, « la substance première du monde sensible ».

Bref, l'Encrier se fendit en deux branches. L'une, l'Intelligence première, était un océan de lumière dont personne, sauf Dieu, ne pouvait mesure l'immensité. Il n'y avait que cet océan — les intelligences et les âmes n'étaient pas encore apparues. L'autres, la Sphère première, était un océan de ténèbre dont personne, sauf Dieu, ne pouvait mesurer l'immensité. Il n'y avait que cet océan — les sphères et les étoiles n'étaient pas encore apparues.

Ces prémisses étant posées, sache maintenant que certains disent qu'à l'Intelligence première — le Calame de Dieu — vint cette exhortation : « Sur la Sphère première — la Tablette de Dieu — écris ! » Le Calame répondit : « Seigneur, qu'écrirai-je ? » — « Ecris tout ce qui fut, est, sera jusqu'à la Résurrection ! », lui fut-il répondu. Le Calame écrivit tout ceci et la plume devint sèche.

Quant à moi, je dirai humblement qu'à l'Intelligence première — le Calame de Dieu — vint cette exhortation : « Sur toi-même et sur la Sphère première, écris ! » En un clin d'œil le Calame s'exécuta :

> *Tel est en vérité, son Ordre :*
> *quand il veut une chose,*
> *il lui dit : « Sois ! »*
> *et elle est.*

Qorān XXXVI/82

Aussitôt, les intelligences, les âmes et les natures surgirent de l'Intelligence première ; les sphères, les étoiles et les éléments, de la Sphère première. Tous se mirent en rang et se séparèrent les uns des autres.

> *Les incrédules n'ont-ils pas vu*
> *que les cieux et la terre formaient une masse*
>   *compacte ?*
> *Nous les avons ensuite séparés*
> *et nous avons créé, à partir de l'eau,*
> *toute chose vivante.*
> *Ne croient-ils pas ?*

Qorān XXI/30

159

Autrement dit, l'Intelligence première n'écrivit que ce qui apparut. Et ce qui apparut, possédait par soi et en soi tout ce qu'il apportait. Les corps simples du monde — les « Pères » et les « Mères » — furent achevés ; le rôle du Calame fut terminé.

de l'Homme Parfait

Sache que dans le macrocosme il est trois cieux et trois terres : un ciel et une terre propres au *Jabarūt*, le monde des Intelligences chérubiniques ; un ciel et une terre propres au *Malakūt*, le monde des Ames ; un ciel et une terre propres au *Molk*, le monde des phénomènes.

> *Comme une révélation de celui qui a créé*
> *la terre et les cieux élevés.*
>
> Qorān XX/4

Soit la terre et les cieux premiers.

> *Le Miséricordieux se tient en majesté sur le Trône.*
> Qorān XX/5

Soit la terre et les cieux seconds.

> *A lui appartient :*
> *ce qui est dans les cieux,*
> *ce qui est sur la terre,*
> *ce qui est entre eux deux.*
>
> Qorān XX/6

160

Soit la terre et les cieux troisièmes.

> *Et ce qui est sous la terre.*
>
> Qorān XX/6

Cette « terre » signifie la nature, laquelle se subdivise en corps composés.

Dans les corps composés aussi, il est trois cieux et trois terres, d'où le chiffre six :

> *C'est Lui qui a créé les cieux et la terre en six jours.*
>
> Qorān LVII/4

Ces « jours » signifient les étapes ; — en six étapes.

> *Il s'est ensuite assis en majesté sur le Trône.*
>
> Qorān LVII/4

« Ensuite » signifie « au-delà ». Ayant franchi ces six étapes, Il se reposa en majesté sur le Trône.

L'objet de ce périple est l'Homme Parfait qui, dans la descente, traverse trois cieux et trois terres ; dans la montée, derechef, trois cieux et trois terres et alors, s'assied en majesté sur le Trône. Autrement dit, l'Homme Parfait procède de l'Intelligence première et à celle-ci fait retour. Le cycle est clos. L'Intelligence première est assise en majesté sur le Trône. L'Homme Parfait aussi est assis en majesté sur le Trône. L'exégèse de ce verset se fait à l'aide de cet autre verset :

> *Du ciel, Il dirige toute chose sur la terre*
> *puis tout remontera vers Lui en un jour*

dont la durée sera de mille ans
d'après votre manière de compter.

Qorān XXXII/5

O Derviche ! Mille années constituent la plus petite unité de temps ; cinquante mille années, la plus grande. Il n'en est pas d'inférieure à celle-là; il n'en est pas de supérieure à celle-ci.

Par le figuier et l'olivier !
Par le Mont Sinaï !
Par cette cité où règne la sécurité !

Qorān XCV/2.3

Le *figuier* signifie « l'Encrier », lequel est l'Océan universel — il englobe la lumière et les ténèbres. *L'olivier* signifie l'Intelligence première laquelle est le Calame de Dieu. Le *Mont Sinaï* signifie la sphère première laquelle est le Trône de Dieu. *La cité où règne la sécurité* signifie l'Homme Parfait lequel est le substrat, la quintessence des êtres — il assemble toutes les connaissances ; toutes les lumières en lui sont assemblées. Il est appelé la « *cité* » parce que l'Homme Parfait est le pays universel, qu'il est paré de toutes les qualités louables et de toutes les vertus agréées ; et aussi la « *sécurité* » parce que l'Homme Parfait ne craint pas d'être dévié, de rester en chemin. Il est arrivé à cette cité où :

Quiconque pénètre est en sécurité.

Qorān III/97

162

de l'Encrier, du Calame et de la Tablette du microcosme

Il a été dit une fois dans ce traité que la goutte de semence est l'encrier du microcosme. Sache maintenant que cette semence, après avoir séjourné un temps dans la matrice, entend cette exhortation : « Fends-toi ! » La semence se fend en deux branches ; l'une devient la nature, laquelle est le calame du microcosme ; l'autre le caillot de sang, lequel est la tablette du microcosme. L'origine des membres de l'homme est ce caillot :

Il a créé l'homme d'un caillot de sang.
Qorān XCVI/2

O Derviche ! La semence est l'océan universel parce qu'elle contient à la fois le subtil et le dense, le sensible et l'intelligible. Lorsqu'elle se fend en deux branches — la nature et le caillot de sang — la nature est assignée au subtil et à l'intelligible ; le caillot, au dense et au sensible.

Ces prémisses étant posées, sache maintenant que certains disent qu'à cette nature — le calame du microcosme — vient cette exhortation : « Sur ce caillot de sang — la tablette du microcosme — écris ! » Le calame de répondre : « Qu'écrirai-je ? » — « Ecris tout ce qui, dans le microcosme, fut, est, sera jusqu'au jour du trépas ! » Le calame aussitôt inscrit tout cela sur le front du nouveau-né et la plume devient sèche.

Quant à moi, je dirai humblement qu'à la nature — le calame du microcosme — vient cette exhortation : « Sur toi-même et sur ce caillot, écris ! » Et la nature d'écrire jusqu'à ce que tous les membres de l'homme, intérieurs et extérieurs, apparaissent ; par degré se manifestent et atteignent leur accomplissement ; que le corps et l'esprit humain soient achevés. Autrement dit, la nature n'écrit que ce qui apparaît. Et ce qui apparaît possède en soi et par soi tout ce qu'il apporte.

O Derviche ! L'encrier du macrocosme est l'origine de la descente ; l'encrier du microcosme, l'origine de la montée. C'est pourquoi dans le macrocosme il y a, d'abord, l'Intelligence et, à la fin, la nature. Dans le microcosme il y a, d'abord, la nature et, à la fin, l'Intelligence.

O Derviche ! Le macrocosme est un seul monde. Lorsqu'il fut achevé, la plume du macrocosme devint sèche. Mais le microcosme est fait de mondes innombrables. Pour chaque monde qui s'achève, le calame de ce monde devient sec. Donc, le calame absolu du microcosme jamais ne séchera. Il sera toujours à écrire parce que ces paroles, jamais, n'auront de fin.

> *Dis :*
> *« Si la mer était une encre*
> *pour écrire les paroles de mon Seigneur ;*
> *la mer serait assurément tarie*
> *avant que ne tarissent les paroles de mon Seigneur,*
> *même si nous apportions encore*
> *une quantité d'encre égale à la première. »*
> Qorān XVIII/109

exhortation

O Derviche ! Sache de science certaine qu'il n'est pas de bonheur ici-bas. Ne cherche pas le bonheur, tu ne le trouverais pas. Le monde est inconstant. Pour qui ignore ce que sera l'instant d'après, où est l'asile sûr ? Et puisqu'il

164

n'est pas de sécurité, où est le bonheur si ce n'est dans
l'illusion ?

> « Des myriades d'images, par le temps, sont tra-
> cées ;
> Pas une ne se reflète dans le miroir de notre
> imagination. »

O Derviche ! Il nous faut consentir. Puissent les jours
passer sereins !

Gloire à Dieu le Seigneur des deux mondes.

QUINZIÈME TRAITÉ

De la Table Préservée ; de la Prédétermination ; du Libre Arbitre ; du Décret ; de l'Arrêt ; du Destin

Un groupe de derviches, *que Dieu augmente leur nombre,* demanda à ma chétive personne de rédiger un traité sur la Table Préservée, la Prédétermination et le Libre Arbitre ainsi que sur les décrets du Destin. Je répondis à sa requête et priai Dieu Très Haut de m'accorder aide et assistance afin qu'Il me garde de la faute et de l'erreur, car *Il est puissant et prêt à exaucer.*

de la Table Préservée

Sache qu'il est une Table Préservée universelle et une Table Préservée particulière. La Table Préservée universelle est celle sur laquelle est écrit tout ce qui en ce monde fut, est, sera. La Table Préservée particulière est celle sur laquelle certaines choses seulement sont écrites.

Ces prémisses étant posées, sache maintenant qu'il est quatre Tables Préservées. La première est le *Jabarūt,* le

166

monde des Intelligences chérubiniques. Celui-ci est la Table Préservée universelle parce que les quiddités de tous les êtres sont d'emblée dans le *Jabarūt* et, à partir de lui, se manifestent. La seconde est l'Intelligence première. Celle-ci est la Table Préservée particulière parce que le *Malakūt* — le monde intelligible — tout entier apparaît dans l'Intelligence première et, à partir d'elle, se manifeste. La troisième est la Sphère première, la Sphère des sphères. Celle-ci est la Table Préservée particulière parce que le *Molk* — le monde sensible — tout entier est dans la Sphère première et, à partir d'elle, se manifeste. La quatrième est la semence adamique. Celle-ci est la Table Préservée du microcosme parce que toute chose qui vient à l'être dans le microcosme est en puissance dans la semence. La première table est le Rouleau déployé ; la seconde, la Demeure habitée ; la troisième, la Voûte élevée ; la quatrième, l'Océan agité.

Je crains que tu n'aies pas entièrement saisi. Je m'exprimerai plus clairement. Sache que les corps simples — les « Pères » et les « Mères » — sont la Table Préservée, le Livre divin. Toute chose qui dans les corps composés — lesquels sont les « Fils » — fut, est, sera, est écrite sur cette Table Préservée, ce Livre divin. Il n'est :

> *Rien de vert ou de desséché*
> *qui ne soit mentionné dans le Livre explicite.*
> Qorān VI/59

O Derviche ! Si les « Fils » sont aussi le Livre divin, ils sont le livre manifesté alors que les « Pères » et les « Mères » sont le livre manifestant. Tout ce qui est inscrit dans ce livre-ci apparaît dans ce livre-là.

des Sphères et des Etoiles

Sache que les sphères et les étoiles sont la Table Préservée, le Livre divin. Tout ce qui fut, est, sera, est inscrit sur cette Table, dans ce Livre ; et la plume devint sèche. Tout ce qui est écrit se manifeste ici-bas ; de tout ce qui est écrit, personne n'est averti. L'astrologue tend l'oreille, en saisit quelques bribes qu'il transmet aux hommes ; mais bientôt la fulguration de la Loi le frappe et le confond.

O Derviche ! Quoique l'astrologie soit une science noble et que l'astrologue, s'il ne fait pas d'erreur dans ses calculs, ne se trompe ni de lieu ni de temps, dise juste — le Prophète, *sur lui le salut !* répugnait à leurs sentences. Il redoutait que par elles l'esprit des ignorants ne soit troublé.

Pour en revenir à notre propos, sache maintenant que deux questions se posent. La première : Puisque tout est écrit dans le Livre divin, que la plume est devenue sèche et que tout ce qui est écrit dans le Livre se manifeste ici-bas — nous sommes contraints à la peine et à la quiétude, à la félicité et au tourment, au bien et au mal. Si donc il en est ainsi, à quoi bon notre application et notre effort, notre souci et notre vigilance ? Pourquoi l'appel des prophètes et l'enseignement des Amis de Dieu ? Pourquoi le conseil des hommes éclairés et l'attention des sages ?

La seconde : Puisque tout est écrit dans le Livre divin et que tout ce qui est écrit dans le Livre se manifeste ici-bas, pourquoi certaines choses sont-elles en ce monde malséantes et désordonnées — ainsi l'oppression, la tyrannie, le sang injustement versé — quand tout devrait y être bienséant et mesuré, rien, dans le Livre divin, n'étant écrit à la légère ?

Réponse : Certes, les sphères et les étoiles sont la Table

Préservée, le Livre divin ; tout ce qui ici-bas, fut, est, sera, est écrit dans le Livre divin et la plume est devenue sèche. Mais sache que les décrets qui sont inscrits dans les sphères et les étoiles sont des décrets généraux, non des décrets spécifiques ; que les effets que font apparaître en ce bas-monde les mouvements des sphères et des étoiles se manifestent d'une manière générale, non d'une manière spécifique. Pour cette raison, nous avons le choix. Récolter ce que nous voulons et rejeter ce que nous ne voulons pas dépend de notre application et de notre effort. Au contraire, si les décrets étaient spécifiquement mentionnés dans les sphères et les étoiles et si les effets que font apparaître en ce monde les mouvements de celles-ci devenaient manifestes d'une manière spécifique, il ne serait pour nous de choix en rien. C'est alors que notre application et notre effort seraient futiles ; que l'appel des prophètes, l'enseignement des Amis de Dieu, l'instruction des théologiens seraient vains ; que le conseil des hommes éclairés et l'attention des sages seraient inutiles.

du mouvement des Sphères et des Etoiles

Sache que certains poètes accusent les sphères et les étoiles de favoriser l'ignorant et de délaisser le sage. Cette plainte est déplacée et ceux-là ne savent pas ce qu'ils disent. Si les sphères et les étoiles avaient ce pouvoir, il y aurait certes lieu, pour ceux qui sont défavorisés, de se plaindre. Mais il n'est pas de choix aux sphères et aux étoiles. Lorsque le soleil paraît, il brille de la même manière pour tous — il ne choisit pas de briller pour certains et de ne pas briller pour d'autres ; et s'il réchauffe les uns et brûle les autres, ce n'est pas le fait de sa volonté. Par contre, il est pour nous un choix. Nous pouvons, à notre gré, nous exposer au soleil ou nous en protéger. Rejeter du monde la chaleur du soleil nous est impossible ; mais nous défendre de cette chaleur nous est possible. Sache qu'il en est de même du mouvement de tous les astres : leur affaire sans cesse est de répandre la peine et le bien-être, la félicité et la détresse — ceci d'une manière générale et non spécifique en sorte que chacun reçoive au hasard son lot. L'un reçoit la fortune et la position ; l'autre, par celles-ci, est déserté. Si au moment où la félicité est répandue dans le monde, la semence tombe dans la matrice — la félicité accompagne cette semence. Et si c'est l'adversité — c'est l'adversité qui accompagne cette semence.

d'une autre question

Une troisième question se pose : Si l'intervention des sphères et des étoiles en ce bas-monde s'effectue d'une manière générale et non d'une manière spécifique, il faut qu'en toute affaire nous ayons le choix. Or, il n'en est pas ainsi. Nous savons bien qu'en certaines choses nous choisissons ; qu'en d'autres, nous sommes contraints.

Réponse : Il a été dit au début de ce traité qu'il est quatre Tables préservées : le Rouleau déployé ; la Demeure habitée ; la Voûte élevée ; l'Océan agité. Tout ce qui était dans le Rouleau déployé et la Demeure habitée, tout cela à présent est dans la Voûte élevée parce que celle-ci est l'épiphanie de tout cela, l'instrument, l'outil de tout cela — un outil si magnifique et rempli de sagesse qu'à chaque instant il fait apparaître une image. Partant, il nous est en vérité deux Tables préservées : la Voûte élevée et l'Océan agité. La Voûte élevée est l'ensemble des sphères et des étoiles ; l'Océan agité, la semence adamique.

Nous avons dit que tout ce qui est écrit dans les sphères et les étoiles se manifeste en ce bas-monde ; qu'en cela nous avons le choix : le récolter ou le rejeter dépend de notre application et de notre effort. Nous ajouterons que tout ce qui est écrit dans la semence adamique se manifeste en l'homme ; qu'en cela l'homme n'a pas de choix : il ne peut d'aucune façon le rejeter de soi parce que tout ce qui est écrit dans les sphères et les étoiles est écrit d'une manière générale ; que tout ce qui est écrit dans la semence adamique est écrit d'une manière spécifique.

du Décret ; de l'Arrêt ; du Destin

Sache, par ce qui vient d'être dit, que la science divine est le Décret divin ; que tout ce qui est écrit dans les sphères et les étoiles est la Volonté, l'Arrêt divin ; que les effets des sphères et des étoiles en ce bas-monde sont les manifestations de la Puissance divine. Un exemple te rendra ces paroles claires.

Quiconque veut construire un moulin, réfléchit d'abord à ce qu'il lui faut. Il s'avise qu'une meule, une roue et de l'eau lui sont nécessaires. Il se procure ces matériaux et les assemble. Alors, par la rotation de la meule, la farine surgit. Donc, il est trois étapes : la réflexion sur les moyens ; c'est le décret. L'assemblage des matériaux ; c'est l'arrêt. La rotation de la meule et l'apparition de la farine ; c'est le destin. De la même manière, la science de Dieu sur les sphères, les étoiles, les éléments et les natures, est le Décret divin. L'apparition des sphères, des étoiles, des éléments et des natures est la Volonté, l'Arrêt divin. Leur mise en rotation et leurs effets en ce bas-monde sont les manifestations de la Puissance divine.

Ayant appris le sens du Décret, de l'Arrêt et du Destin, sache maintenant que le rejet du Décret et de l'Arrêt sont impossibles ; mais que celui du Destin est possible. Le rejet du destin du monde est impossible, mais le rejet du destin de soi est possible. De ce rejet de soi qui est possible, le rejet de l'universel est impossible mais celui du particulier est possible. Selon certains, ce rejet du particulier s'effectue par l'intelligence ; selon d'autres, par la prière et l'aumône. Assurément, rejeter de soi le destin est possible. Chacun l'effectue comme il peut.

O Derviche ! Le destin peut aussi être repoussé par le destin même, tel le fer par le fer. Par exemple : le froid est écrit dans les sphères et les étoiles ; c'est la Volonté divine. Et lorsque le froid devient manifeste en ce bas-monde, c'est le fait de la Puissance divine, le Destin. De même pour le chaud. Donc le froid peut être repoussé par le chaud et inversement ; et de la même manière, la ruse par la ruse, l'armée par l'armée, etc.

Je voulais, dans ce traité, exposer en détail ce qu'est la Table Préservée spécifique, laquelle est la Table Préservée du microcosme ; ce que sont la Prédétermination et le Libre Arbitre. Je n'ai pu y parvenir. Puissé-je, dans le traité suivant, m'acquitter de cette tâche !

Gloire à Dieu le Seigneur des deux mondes.

SEIZIÈME TRAITÉ

De la Table Préservée du microcosme

Un groupe de derviches, *que Dieu augmente leur nombre,* demanda à ma chétive personne de rédiger un traité sur la Table Préservée du microcosme. Je répondis à sa requête et priai Dieu Très Haut de m'accorder aide et assistance afin qu'Il me garde de la faute et de l'erreur, car *Il est puissant et prêt à exaucer.*

que l'homme en certaines choses est contraint

Sache, *béni sois-tu dans les deux mondes,* que la Table Préservée du microcosme est la semence : toute chose qui se manifeste en l'homme est écrite dans la semence. Ainsi la félicité et l'adversité, la piété, l'honnêteté et la perfidie, la perspicacité et la stupidité, l'avarice et la générosité, l'énergie spirituelle et la vilenie, la richesse et la pauvreté sont inhérentes à la semence de l'homme. D'aucune manière, l'homme ne peut de soi les rejeter ; il est à celles-ci astreint. Donc, le fortuné, dès le ventre de sa mère, est accompagné par la fortune et l'infortuné par l'infortune. Apprends qu'il en est de même de chaque état. Toute affaire ici-bas est liée au monde supérieur : toute chose qui est écrite dans le monde supérieur se manifeste dans le monde inférieur. Partant, tout ce qui apparaît dans la semence procède de ce qui est écrit dans le monde supérieur ; mais cette chose, dans le monde supérieur, est écrite d'une manière générale, alors que dans la semence elle est écrite d'une manière spécifique. D'où la possibilité de se soustraire à celle-ci ; et l'impossibilité de se soustraire à celle-là.

Ces prémisses étant posées, sache maintenant que celui qui en ce bas-monde est fortuné ne l'est pas parce qu'il est aimé et accompagné de la félicité ; il l'est parce que son lot est ainsi. De même, celui qui est infortuné ne l'est pas parce qu'il est haï et accompagné de l'adversité ; il l'est parce que son lot est ainsi. Autrement dit, les mouvements des sphères et des étoiles influent sur le monde. L'un de leurs effets est qu'il est un temps pour chaque chose. Il est un temps où voyager sera propice ; un autre où voyager sera néfaste. Un temps où l'enfant conçu sera heureux ; un autre où il sera malheureux. Un temps où l'enfant conçu sera riche ; un autre où il sera pauvre ; et ainsi de suite. A chaque temps correspond une particularité.

Ayant appris ce qu'est la Table Préservée du microcosme, sache qu'à ce propos une question se pose : Si la félicité, l'adversité, l'opulence ou la pauvreté sont données dès la semence, pourquoi le sort de certains est-il changeant ? D'aucuns, en effet, au début de la vie jouissent de la fortune et de la position qui, à la fin, de l'une et de l'autre sont privés ; et inversement.

Réponse : Ces vicissitudes sont les effets des quatre temps.

des quatre temps

Il a été dit que par l'effet de la rotation des sphères et des étoiles et de leurs conjonctions, il est à chaque temps une propriété — chaque temps convient à une chose. Ces prémisses une fois posées, sache que le temps où la semence tombe dans la matrice, celui où se dessine le visage de l'enfant, celui où l'enfant s'anime, celui où l'enfant sort du ventre de sa mère — chacun de ces quatre temps a de grands effets sur le sort de l'enfant. S'il arrive que ces quatre temps président à la science et à la sagesse de l'enfant ; que de plus, cet enfant s'adonne avec effort et application à l'étude et que de nombreux événements bénéfiques se produisent — l'enfant deviendra en science et en sagesse unique, que dis-je ! il sera un maître, le guide de nombreux adeptes, de tout un peuple. S'il arrive que les quatre temps président à la fortune et à la position de l'enfant ; que de plus, l'enfant s'adonne avec effort et application à l'acquisition des biens et de la position et que de nombreux événements bénéfiques se produisent — l'enfant deviendra unique en richesse et en position, que dis-je ! il sera roi, un roi avec une armée nombreuse et un trésor abondant. Et si les temps sont à l'inverse de ce qui vient d'être dit, il en sera à l'inverse. Autrement dit, si les quatre temps président au malheur et à l'indigence, l'enfant, quelles que soient la fortune et la position dont il hérite, sera entièrement dépourvu au bout de quelques jours. Il aura beau s'efforcer, il ne pourra assurer son pain quotidien : si la ration du matin lui est procurée, celle du soir lui fera défaut et inversement. Si les quatre temps président au bon caractère, l'enfant sera à l'extrême modeste, clément, généreux, juste, pieux et bienfaisant ; il sera droit, sincère et bon. Si les quatre temps président au caractère mauvais, l'enfant sera à l'extrême sot, avare, cruel, impie et malfaisant ; il sera fourbe et mauvais. De même pour la dévotion, le renoncement, l'avidité, la cupidité, la piété, la vertu, la corruption, l'impiété, etc.

O Derviche ! Il arrive rarement que les quatre temps président au même destin ; qu'en un lieu et un temps donné pareil événement se produise. Le plus souvent, les quatre temps ne s'accordent pas et les phases de la vie varient. Si les deux premiers temps président à la félicité de l'enfant et les deux derniers à son infortune, l'enfant sera, au début de la vie, comblé et, à la fin, dépourvu. Et inversement. Si les quatre temps sont tous différents, les phases de la vie de l'enfant différeront ; du début à la fin, l'enfant traversera des hauts et des bas.

Tel est l'exposé de la Table Préservée du microcosme.

que l'homme est libre dans l'accomplissement de ses actes

Il a été dit au début de ce traité que la semence adamique est la Table Préservée de l'homme : tout ce qui se manifeste en l'homme est écrit dans la semence ; par tout ce qui est écrit dans la semence, l'homme est contraint. Par conséquent, les questions posées dans le précédent traité se posent également dans celui-ci. Si l'homme est contraint, pourquoi son effort et son application ; l'appel des prophètes et l'enseignement des Amis de Dieu ; le conseil des hommes éclairés et l'attention des sages ?

Nous répondrons dans ce traité comme dans le précédent : Nous avons le choix quant à ce qui est écrit dans la semence adamique d'une manière générale ; nous sommes contraints quant à ce qui est écrit dans la semence adamique d'une manière spécifique.

Sache maintenant que le corps et l'esprit de l'homme, son aptitude et ses actes sont écrits dans la semence adamique. L'homme, dans l'être de son corps et de son esprit ainsi que dans l'être de son aptitude, est contraint ; mais il est libre dans l'accomplissement de ses actes parce que le corps, l'esprit et l'aptitude de l'homme sont écrits dans la semence d'une manière spécifique alors que les actes y sont écrits d'une manière générale. Autrement dit, le corps, l'esprit et l'aptitude de l'homme, qualitativement et quantitativement, sont écrits dans la semence : ils sont prédéterminés. Mais les actes de l'homme, qualitativement et quantitativement, ne sont pas écrits dans la semence : ils ne sont pas prédéterminés.

O Derviche ! Sache avec certitude que l'homme est déterminé dans son aptitude et libre dans ses actes. Tout ce que l'homme veut dire, il le dit. Tout ce qu'il veut faire, il le fait. Tout ce qu'il veut manger il le mange. Donc, l'appel des prophètes, l'enseignement des Amis de Dieu, le conseil des hommes éclairés et le soin des sages sont à propos ; de même, l'effort et l'assiduité de l'homme, son abstinence et sa tempérance.

O Derviche ! Le dire, le faire, le manger sont au même plan. Si l'homme est déterminé, ces trois actes le sont aussi ; s'il n'est pas déterminé, aucun de ces actes ne l'est — le choix est entre les mains de l'homme. Selon sa volonté, l'homme dit la vérité ou ment ; il parle beaucoup ou peu ; il fait acte de dévotion ou de rébellion ; il est assidu ou négligent ; il mange ce qui est licite ou ce qui ne l'est pas ; il mange beaucoup ou peu. Autrement dit, l'homme est contraint à la parole et à l'acte d'une manière absolue — non à la parole et à l'acte contraires à son aptitude.

O Derviche ! Imiter le père et la mère constitue un voile épais. Quiconque reste derrière ce rideau ne connaît et ne voit aucune chose telle qu'elle est. Le *hadīth*[10] : « *Le Seigneur se déchargea de la création, de la subsistance et de la mort* » doit être compris en ce sens. Le pain de chaque jour et la mort sont prédestinés — mais en tant que pain et mort absolus, non relatifs. Si le pain quotidien et la mort n'étaient pas inscrits, n'étaient pas prédestinés, ils ne seraient pas dans le monde. De même la parole, l'acte, la connaissance, le naturel, la dévotion, la faute, etc. Mais revenons à notre propos.

de l'aptitude et de l'effort

Nous avons dit que l'homme est déterminé en ses aptitudes et libre en ses actes et ses paroles. Mais à ce sujet, une question se pose : Puisqu'il est écrit dans la semence adamique que le nouveau-né sera fortuné ou infortuné, savant ou ignorant, riche ou pauvre, comblé par les biens ou dépourvu — il s'ensuit nécessairement que celui-ci, sans peine ni effort, récolte ceci ou cela. Or, il n'en est rien. Donc, puisque l'enfant est astreint à l'effort et à l'application pour que cette chose qui est écrite en sa semence se manifeste, quelle différence y a-t-il entre lui et les autres enfants dans la semence desquels cette aptitude n'est pas écrite ?

Réponse : Apprends que le savoir, la richesse, la position ou le pain quotidien ne sont pas écrits dans la semence adamique : il n'y est pas stipulé quels savoirs l'enfant acquerra et comment ; combien de richesses il amassera et comment ; et ainsi en toutes choses. C'est l'aptitude qui est écrite dans la semence adamique — aptitude à l'acquisition de la science et de la sagesse ; des biens et de la position ; et ceux-ci dépendent de l'effort et de l'application. La différence entre cet enfant et les autres est que pour celui-ci l'acquisition de la science et de la sagesse ou celle des richesses et de la position sera aisée. Avec un peu d'effort et d'assiduité, il atteindra au but, puisque tel est son lot. Il sera en quête de ce pour quoi il a été créé.

O Derviche ! Il est certain que l'homme arrive au but par son aptitude, son effort et son application. Dans son aptitude, il est déterminé ; dans son effort et son application, il est libre. Donc, celui qui affirme que nous sommes contraints en tout se trompe ; de même celui qui affirme que tout est en notre pouvoir. Celui qui dit que nous sommes à la fois contraints et libres — celui-là est dans le vrai.

O Derviche ! La voie juste passe entre la contrainte et le pouvoir. Je sais que tu n'as pas entièrement compris ; je m'exprimerai plus clairement. Sache que l'homme parvient au but par deux choses : la première est l'intelligence ; la seconde est l'acte. L'homme est contraint dans l'être de l'intelligence ; il est libre dans l'accomplissement de l'acte. Donc, « contrainte » et « liberté » sont les deux ailes de l'homme. Si ces deux ailes ne le portaient, ou même si l'une venait à faillir, jamais l'homme n'arriverait au but. Il est deux sortes d'intelligences : l'intelligence innée — celle-ci est l'aptitude ; l'intelligence développée — celle-là est l'intelligence parfaite. Il est deux sortes d'actes : l'acte du cœur et l'acte du corps.

La quiddité de l'homme comprend la capacité et l'aptitude ; celles-ci sont universelles. L'homme, d'une manière générale, est apte à maintes choses. Quand la quiddité parvient à la semence, l'aptitude universelle, par l'intermédiaire des quatre temps, devient singulière. Et lorsque l'enfant, du ventre de sa mère, vient au monde, l'aptitude singulière, par l'intermédiaire du père, de la mère et du milieu environnant, se précise encore.

exhortation

O Derviche ! Les sages, parce qu'ils savent que la plupart de leurs entreprises sont fixées avant même leur venue au monde, consentent et se soumettent. Ils se contentent de ce qui leur a été donné par Dieu Très Haut. Ils n'exigent pas d'eux-mêmes ni des autres ce qui ne leur a pas été donné. En quiconque ils décèlent l'aptitude pour une chose, à cette chose ils l'encouragent, afin que leur bien à eux et la vie de celui-là ne soient pas dilapidés ; que l'effort de tous soit récompensé.

O Derviche ! Sache de science certaine que la paix et la sérénité sont dans le renoncement. Plus celui-ci est grand, plus celles-là sont accrues.

Gloire à Dieu le Seigneur des deux mondes.

DIX-SEPTIÈME TRAITÉ

De la Création première

Un groupe de derviches, *que Dieu augmente leur nombre,* demanda à ma chétive personne de rédiger un traité sur les créations premières ; d'exposer si l'objet de ces créations est une seule substance ou bien si l'objet de chacune est une substance différente. Selon une tradition il est dit : « *La première chose que Dieu créa fut l'Intelligence* » ; selon une autre : « *La première chose que Dieu créa fut le Calame* » ; selon une troisième : « *La première chose que Dieu créa fut le Trône* » ; et ainsi selon d'autres traditions encore. Par ailleurs, d'exposer ce que sont l'Ange et Satan. Je répondis à sa requête et priai Dieu Très Haut de m'accorder aide et assistance afin qu'Il me garde de la faute et de l'erreur, car *Il est puissant et prêt à exaucer.*

de l'Intelligence, le Calame de Dieu

Sache que la première chose que Dieu créa dans le *Malakūt,* le monde intelligible, fut l'Intelligence première, laquelle est le Calame de Dieu. Que la première chose que Dieu créa dans le *Molk,* le monde sensible, fut la Sphère première, laquelle est le Trône de Dieu. L'Intelligence première, le Calame de Dieu, est un Océan de lumière. La Sphère première, le Trône de Dieu, est un Océan de ténèbres. Au Calame vint cette exhortation : « Sur ce Trône écris ! » — « Seigneur, qu'écrirai-je ? » dit le Calame. — « Ecris tout ce qui fut, est, sera jusqu'à la Résurrection ! » lui fut-il répondu. Et le Calame écrivit.

Dieu Très Haut créa le monde dans les ténèbres puis Il déversa sur lui Sa lumière.

O Derviche ! Apprends ce que fut l'averse de lumière et comment elle se répandit. Le mot *nūr,* lumière, est composé de trois lettres : *n* pour *nabī,* prophète ; *ū (w)* pour *walī,* Ami de Dieu ; *r* pour *roschd,* croissance. L'averse de lumière est ce qui procure la croissance ; elle est l'envoi du *nabī* et du *walī,* le prophète et l'Ami de Dieu. Celui à qui est donné la croissance et l'intelligence, et à qui est envoyé un *nabī,* recueille la lumière de la connaissance ; celui qui rencontre le *walī,* l'Ami de Dieu, recueille cette lumière particulière :

> *dont l'huile est près d'éclairer*
> *sans que le feu la touche.*
> *Lumière sur lumière !*
> *Dieu guide, vers Sa lumière, qui Il veut.*
> *Dieu propose aux hommes des paraboles.*
> *Dieu connaît toute chose.*
>
> Qorān XXIV/35

Mais voici que nous faisons digression.

O Derviche ! Dieu Très Haut créa dans le macrocosme

un Calame ; celui-ci est l'Intelligence première. De même, Il créa dans le microcosme un Calame ; celui-ci est l'intelligence de l'homme.

Ces prémisses étant posées, sache maintenant que l'intelligence de l'homme possède extérieurement deux calames : l'un est la langue ; l'autre la main. La langue est l'outil de la manifestation de la connaissance ; la main, l'outil de la réalisation de l'acte. Quoique la langue et la main soient calames et toujours soient à écrire, le Calame vrai est l'intelligence parce que celle-ci est l'épiphanie de la connaissance et du pouvoir de l'homme. La langue et la main humaines sont les formes de l'intelligence humaine. La science et le pouvoir de l'intelligence de l'homme ne deviennent manifestes dans le monde visible que par l'intermédiaire de ces deux calames. La langue communique la parole de l'intelligence à ceux qui sont présents ; le livre, à ceux qui sont absents. Le savoir inné et les acquis de l'intellect se manifestent par la langue ; le savoir théorique et les arts, par la main.

O Derviche ! L'intelligence a été créée parce qu'elle est parlante ; la langue aussi est parlante. L'intelligence enseigne ; la langue aussi enseigne. L'intelligence est l'envoyé de Dieu et la langue, l'envoyé de l'intelligence. Les êtres du *Jabarūt*, le monde des Intelligences chérubiniques, ont une forme ; ceux du *Malakūt*, le monde des Ames, et ceux du *Molk*, le monde des phénomènes, en ont une aussi. Mais la forme de toute chose correspond à l'état de cette chose. Ainsi les êtres du *Molk* ont une forme sensible ; ceux du *Malakūt* une forme intelligible ; et ceux du *Jabarūt* la forme vraie. Dieu Très Haut créa le *Molk* à l'image du *Malakūt* — Il en fit l'épiphanie des attribut du *Malakūt*. Il créa le *Malakūt* à l'image du *Jabarūt* — Il en fit l'épiphanie des attributs du *Jabarūt*. De là vient que les êtres

183

du *Jabarūt* sont épris du *Malakūt* et ceux du *Malakūt*, du *Molk* : les êtres du *Jabarūt* voient dans le *Malakūt* leur propre beauté, y contemplent leurs propres attributs ; de même ceux du *Malakūt* dans le *Molk*. Pour cette raison il a été dit que l'être est entièrement rempli par l'amour ; que de soi il est épris. Tous les êtres sont en mouvement, mus par un ardent désir ; tous sont en quête d'eux-mêmes.

O Derviche ! Ayant appris ce qu'il en est dans le microcosme, sache qu'il en est de même dans le macrocosme. L'Intelligence première, en ce bas-monde aussi, possède deux calames : l'un est le prophète ; l'autre le roi. Le prophète est la manifestation de la connaissance ; le roi, la manifestation de la puissance. Quoique le prophète et le roi soient les manifestations de la connaissance et de la puissance et que celles-ci toujours procèdent de ceux-là — le calame vrai est l'Intelligence première. Le prophète et le roi sont les formes de l'Intelligence première, parce que la manifestation de la connaissance et de la puissance divines est l'Intelligence première ; parce que la connaissance et la puissance de l'Intelligence première ne se manifestent en ce monde que par l'intermédiaire de ces deux calames. Il arrive parfois qu'un même homme soit à la fois la manifestation de la connaissance et de la puissance ; qu'il soit en même temps prophète et roi.

O Derviche ! L'homme, ce *nabī*, est la forme de l'Intelligence première. En lui, l'Intelligence première contemple sa propre beauté, témoigne de ses propres noms et attributs. Dieu Très Haut créa l'homme à l'image de l'Intelligence première.

O Derviche ! L'intelligence de l'homme possède dans le monde visible quatre calames ; de même l'Intelligence première. Exposer ces huit calames serait long. Je place le fil conducteur entre les mains des hommes perspicaces afin que ceux-ci, par leur réflexion, les découvrent d'eux-mêmes. Et si quelqu'un affirme qu'il en est plus de huit, il aura également raison parce que le *Molk,* le monde sensible, est l'outil, l'instrument du *Malakūt,* le monde intelligible ; parce que chaque monade du *Molk* est l'instrument de la manifestation des attributs du *Malakūt.*

> *Noun.*
> *Par le calame et par ce qu'ils écrivent !*
> Qorān LXVIII/1

Noun, la lettre *n,* représente le *Jabarūt.* Ces mots : « *Par le calame* » représentent le *Malakūt* ; « *Et par ce qu'ils écrivent !* » représentent le *Molk,* lequel est la forme du calame.

O Derviche ! Si l'on dit que le *Jabarūt* est l'encrier, que le *Malakūt* est le calame et le *Molk,* la tablette — c'est juste. Si l'on dit que le *Jabarūt* est l'encrier, que le *Malakūt* est le calame et le *Molk,* la forme du calame — c'est également juste.

O Derviche ! Si le *Molk* est la forme du calame, son outil et son instrument, alors cette exhortation « Ecris ! » qui lui fut adressée, signifie : « Fais apparaître les rangs ! Fais du *Molk* l'épiphanie de tes attributs ! Manifeste tes instruments et tes outils ! ». Le calame s'exécuta. Ces mots « *La plume est sèche* » signifient que le calame fit apparaître ses propres rangs ainsi que ses propres instruments et outils. Les corps simples furent tous achevés. Les corps simples désormais n'accomplissent que ce que est en eux.

que l'intelligence est la théophanie des attributs et des
actes de Dieu

Sache qu'au début de ce traité il a été dit que la première chose que Dieu Très Haut créa dans le *Malakūt*,
le monde intelligible, fut une substance appelée Intelligence première ; que celle-ci est le Calame de Dieu. Que
la première chose que Dieu Très Haut créa dans le *Molk*,
le monde sensible, fut une substance appelée Sphère première ; que celle-ci est le Trône de Dieu. L'Intelligence
première se tient sur le Trône de Dieu ; elle est l'épiphanie
des attributs et des noms de Dieu — les attributs, les
noms et les actes de Dieu deviennent manifestes à partir
de l'Intelligence première.

O Derviche ! La vie, la connaissance, la volonté, la
puissance, l'ouïe, la vue, la parole sont les attributs de
l'Intelligence première ; créer, animer, instruire — ses
actes. Nul, sauf Dieu, ne connaît la magnificence et la
grandeur de l'Intelligence première. De nombreux maîtres
éminents arrivèrent à cette Intelligence première et ne
purent la dépasser, parce qu'ils virent les attributs et les
actes de l'Intelligence première, mais ne virent pas qu'il
est, au-delà de son ordre, un Ordre autre ; au-delà de son
impératif, un Impératif autre.

> *Tel est, en vérité, son Ordre :*
> *quand Il veut une chose,*
> *Il lui dit : « Sois ! »*
> *et elle est.*

Qorān XXXVI/82

Ils prirent l'Intelligence première pour Dieu et l'ado-
rèrent jusqu'à ce que, par la grâce divine, ils virent au-delà

de son ordre, cet Ordre autre ; au-delà de son impératif,
cet Impératif autre.

> *Notre Ordre est une seule parole,*
> *il est prompt comme un clin d'œil.*

Qorān LIV/50

Alors, il devint clair pour eux que l'Intelligence première est le *khalife,* le vicaire, de Dieu — et non Dieu
même ; qu'elle est la théophanie des attributs et des actes
de Dieu.

O Derviche ! Dans le Qorān et les *hadīths* [10], il est
souvent fait mention de l'Intelligence première.

des différents noms de l'Intelligence première

Sache que l'Intelligence première est mentionnée par
des épithètes, des qualificatifs et des noms différents.

O Derviche ! Si on désigne une même chose par cent
noms divers, la réalité de cette chose unique n'est pas
pour autant multipliée par cent. Ainsi, on peut dire d'un
même homme qu'il est forgeron, charpentier, boulanger et
tailleur — cet homme pouvant exercer à la fois tous ces
métiers. Pourtant, c'est toujours du même individu qu'il
s'agit.

Ces prémisses étant posées, sache maintenant que les
prophètes virent une substance qui était vivante et rendait
vivant. Ils la nommèrent « Esprit » parce que l'esprit est
à la fois vivant et vivifiant. Quand ils virent que cette
même substance était connaissante et rendait connaissant,
ils la nommèrent « Intelligence », parce que l'intelligence
est à la fois connaissante et dispensatrice de connaissance.

Quand ils virent que cette même substance était manifeste et rendait manifeste, ils la nommèrent « Lumière », parce que la lumière est à la fois manifestée et manifestant.

O Derviche ! Enumérer chacun de ses titres serait long. Quand de plus, ils virent que cette même substance traçait les connaissances sur les cœurs, ils la nommèrent « Calame ». Et quand ils virent qu'en cette même substance était écrit tout ce qui fut, est, sera, ils la nommèrent la « Table Préservée ». Si d'aucuns nomment encore cette même substance : la Demeure de Dieu, la Demeure pérenne, la Demeure habitée, la Demeure première, le Temple de Jérusalem, l'Adam, l'Envoyé de Dieu, l'Ange proche, l'Empyrée immense — ils ont également raison. Ce sont là des noms de l'Intelligence première.

de l'Ange et de Satan

Sache que, selon certains, l'Ange est « celui qui découvre » ; et Satan, « celui qui recouvre ». L'Ange et Satan sont la cause — le premier du dévoilement, le second du voile. L'Ange est la cause du bien ; Satan, celle du mal. L'Ange est la cause de la clémence ; Satan, celle du châtiment. Celui qui t'invite au bien et te détourne du mal est l'ange en toi. Celui qui t'invite au mal et te détourne du bien est le démon en toi.

O Derviche ! Je me trouvais en mon pays dans la ville de Nasaf. Une nuit, je vis en rêve le Prophète qui me disait : « Connais-tu le démon qui ne cesse de chanter : *Que Dieu nous garde !* et le Satan qui ne cesse de réciter : *Il n'y a de pouvoir et de force qu'en Dieu ?* — Non ! répondis-je. — Le premier est Untel et le second Untel. Garde-toi de l'un et de l'autre », dit-il. Je les connaissais tous deux et avec eux j'entretenais des relations ; je m'abstins aussitôt de les fréquenter.

des anges

Sache qu'à mon humble avis les artisans du monde supérieur et ceux de ce bas-monde sont tous des anges. Le savoir de chacun est défini ainsi que l'acte et le rang.

> *Il n'y a personne parmi nous*
> *qui n'ait une place désignée.*

Qorān XXXVII/164

Leur savoir n'augmente pas ; leur faire ne varie pas. Tous sont à leur travail. De celui-ci, ils ne sont instruits par personne — leur savoir et leur faire sont inhérents à leur essence. A cette tâche ils ne peuvent se soustraire :

> *Ils ne désobéissent pas à l'Ordre de Dieu,*
> *ils font ce qui leur est commandé.*

Qorān LXVI/6

O Derviche ! L'Intelligence première, à elle seule, forme un rang. Les anges du monde supérieur et du monde inférieur forment ensemble un autre rang : tous sont les degrés de l'Intelligence première ; de celle-ci, tous procèdent ; vers celle-ci, seuls les Parfaits font retour. L'Intelligence première est le paradis des Hommes Parfaits.

> *Le Jour où l'Esprit et les Anges*
> *se tiendront debout sur une rangée,*
> *ils ne parleront pas*

189

*— sauf celui à qui le Miséricordieux l'aura permis
et qui prononcera une parole juste —*

*Ce Jour-là est la Vérité.
Quiconque l'aura voulu
trouvera un refuge auprès de son Seigneur.*

Qorān LXXVIII/38

« *Ils ne parleront pas* » signifie qu'aucun être ne possède
le don de la parole sauf l'homme. « *Ce Jour-là est la
Vérité* », « Jour » signifie le rang — le rang humain de
la Vérité. Tant qu'à ce rang l'homme ne parvient pas, il
n'a pas la capacité de faire retour ; de connaître son lieu
d'origine et de retour ; de connaître son Seigneur. Ce n'est
qu'une fois parvenu à ce rang que :

*Quiconque l'aura voulu trouvera un refuge auprès de son
Seigneur.*

exhortation

Sache que les hommes viennent en ce monde sans l'avoir
voulu. Sur cent mille qui passent, un seul parvient à se
connaître véritablement ; à savoir d'où il vient, où il va ;
à connaître ce monde tel qu'il est. Celui-là, avec la certitude noétique et la certitude eïdétique, connaît et voit le
lieu de son origine et le lieu de son retour. Tous les autres
arrivent aveugles et partent aveugles :

*Quiconque était aveugle en ce monde,
sera aveugle dans la vie future,
et plus égaré encore.*

Qorān XVII/72

Celui qui se réveille du sommeil de l'insouciance, qui revient de l'ivresse de l'appétit charnel, qui accède au rang d'Homme — atteint la plénitude de l'Intelligence. Désormais il sait et voit le monde tel qu'il est. Assurément repu de ce monde, il le prend en aversion : il y est tel l'oiseau dans la cage ou le prisonnier dans la geôle. C'est pourquoi le moment venu de le quitter, il s'écrie [tel Ali poignardé] : « *Par le Seigneur de la Ka'ba, je suis libéré !* »

Gloire à Dieu le Seigneur des deux mondes.

DIX-HUITIÈME TRAITÉ

De la révélation ; de l'inspiration ; du rêve

Un groupe de derviches, *que Dieu augmente leur nombre,* demanda à ma chétive personne de rédiger un traité sur la révélation, l'inspiration et le rêve. Je répondis à sa requête et priai Dieu Très Haut de m'accorder aide et assistance afin qu'Il me garde de la faute et de l'erreur, car *Il est puissant et prêt à exaucer.*

de l'esprit humain

Sache, *béni sois-tu dans les deux mondes,* que chaque fois que l'homme se purifie intérieurement et rend pur et limpide le miroir de son cœur, il se rapproche des anges célestes, parce que les anges célestes sont tous purs et limpides, possèdent tous la connaissance et la pureté.

O Derviche ! L'esprit humain est de la nature des anges célestes ; c'est une substance pure et limpide. Mais voici : cette substance, au contact du corps, est souillée et ternie. Lorsque l'homme renonce aux jouissances et à l'appétit charnel, qu'il récolte la connaissance et la pureté, qu'il se purifie intérieurement et extérieurement, qu'il polit le miroir de son cœur — son esprit redevient pur et limpide. Alors une relation s'établit entre l'esprit de l'homme et les anges célestes : l'ange et l'homme sont tels deux miroirs polis, placés l'un en face de l'autre. Tout ce qui est en celui-là se reflète en celui-ci et inversement. Cette rencontre s'effectue pendant la veille et aussi pendant le sommeil ; pour beaucoup, dans ce dernier cas ; pour quelques-uns seulement, dans le premier. Pendant la veille, cette confrontation procure l'extase, l'inspiration et la mémoire angélique ; pendant le sommeil, le rêve véridique.

des anges célestes

Il a été dit que les anges célestes sont tous purs et limpides, possèdent tous la connaissance et la pureté. Sache encore que plus le ciel est élevé, plus les anges de ce ciel sont limpides et purs, plus leur connaissance et leur pureté sont grandes. Donc, plus l'homme par l'ascèse et l'effort devient pur et limpide, plus l'ange auquel il s'apparente est élevé. Il arrive que l'homme dépasse en connaissance et en pureté tous les anges et arrive à l'Intelligence première. Certains disent que l'homme ne peut aller au-delà de celle-ci ; que c'est de l'Intelligence première qu'il reçoit la grâce ; que l'Intelligence première est médiatrice entre Dieu et l'homme parce que l'Intelligence est l'Ange rapproché de Dieu ; qu'elle est à l'extrême digne et sage ; qu'il n'est rien de plus savant et de plus proche qu'elle.

D'autres disent que l'homme peut dépasser l'Intelligence première et, sans l'intermédiaire de l'Ange, s'entretenir avec Dieu. C'est pour l'homme le rang suprême. Le signe de ce dépassement est qu'alors rien — du monde sensible, du monde intelligible et du monde des Intelligences chérubiniques, ainsi que de l'Origine première — ne lui est plus caché. Désormais, il perçoit la réité et la sagesse de toute chose — sa nature, ses propriétés, sa réalité vraie. De même que d'aucuns voient en songe les esprits des prophètes, des Amis de Dieu et des anges, qu'ils s'adressent à eux, leur demandent secours et assistance — lui, à l'état de veille, les voit, leur parle et les invoque. Tel est le sens du « dévoilement », de la « révélation », de « l'inspiration ». Celui-là est appelé « l'Homme Parfait ». Quiconque parvient à ce rang est pour les habitants de ce bas-monde d'un grand secours ; autant que les intelligences et les esprits du monde supérieur, il est sur le monde inférieur efficace. Il secourt celui qui l'appelle ; sa force d'âme influe sur les affaires de ce monde et de l'autre. Et si, après son trépas, sa sépulture devient un lieu de pèlerinage, il secourt encore celui qui vient le visiter. Le pèlerin, en pareille circonstance, se tient à distance respectueuse de la tombe, le visage tourné vers celle-ci. Puis, libre de toute distraction, il polit le miroir de son cœur jusqu'à ce que son esprit, par l'intermédiaire de cette tombe, rencontre l'esprit du visité. Si le visiteur demande la science et la connaissance mystique, à l'instant même où il adresse sa requête, la réponse, s'il a la capacité de la comprendre, apparaît en son cœur. Et s'il demande secours et assistance, sa prière, une fois le pèlerinage accompli, est entendue et son affaire arrangée. Si l'esprit du visité jouit de la Proximité divine il intercède directement auprès de Dieu. Si l'esprit du visité jouit, non de la Proximité divine, mais de celle des Proches de Dieu, il intercède auprès de ceux-ci afin que Dieu l'entende.

du cœur de l'Homme Parfait

Sache que le fléau ou la manne qui, du monde invisible de l'invisible se dirige vers le monde visible — avant même d'atteindre ce monde — apparaît sur le cœur de l'Homme Parfait et de cet état l'avertit. Ce que d'aucuns voient en songe, lui le voit à l'état de veille. Ce que les Chérubins et les Purs Esprits perçoivent, lui aussi le perçoit.

O Derviche ! Combien de fois as-tu entendu que dans l'océan infini qui englobe le monde est placé le miroir-qui-révèle-l'univers, miroir dans lequel se reflète, avant même qu'elle parvienne à l'homme, toute chose en cet océan charriée ? Et voici que tu ignores ce qu'est ce miroir, quel est cet océan. Sache donc que cet océan est le monde invisible de l'invisible ; et ce miroir, le cœur de l'Homme Parfait.

Outre celle des pèlerins, il est une autre famille dont le cœur, à l'origine, est limpide et pur de tout tracé. Les choses se reflètent aussi sur le cœur des membres de cette famille. Ceux-ci informent sur l'avenir ; sur les secrets de l'homme et ses états. Sur le cœur de certains animaux aussi ces choses se reflètent, quand ce cœur est limpide et pur de tout tracé. Ces animaux avertissent les hommes. Parmi ceux-ci, quelques-uns seulement comprennent.

de ce que disent les docteurs de la Loi

Sache que pour les docteurs de la Loi, les anges célestes, parfois, prennent une forme et apparaissent à certains hommes disant : « Nous sommes des anges envoyés par Dieu pour accomplir une mission », ainsi qu'il est rapporté dans le Qorān à propos de Marie et d'Abraham. Souvent pareilles mentions sont faites dans le Qorān et les *hadīths*. D'autres fois, les anges célestes n'apparaissent pas aux hommes mais leur parlent et leur assignent une tâche. C'est la voix secrète.

Ces prémisses étant posées, sache maintenant que lorsque l'Ange céleste insuffle un message au cœur de l'homme, si cet influx s'effectue pendant l'éveil, il est appelé « inspiration » ; s'il s'effectue pendant le sommeil, il est appelé « songe véridique ». Lorsque l'Ange prend une forme, apparaît aux prophètes et leur transmet la parole de Dieu, ce message est appelé « révélation ».

de ce que disent les philosophes

Sache que, selon les philosophes, ces formes ne se manifestent qu'à celui en lequel prévaut la faculté imaginative. Ce n'est pas le fait de tous les hommes, mais de certains seulement. L'homme possède trois facultés : celle de comprendre, celle d'agir, celle d'imaginer. Chez les uns, ces trois facultés sont fortes ; chez d'autres, faibles ; chez d'autres encore, inégales. Celui qui est doué d'une imagination forte voit de nombreuses formes. Le créateur de ces formes est l'intérieur du visionnaire même. De même que dans le sommeil celui-ci fait surgir des formes, il peut aussi en faire surgir pendant la veille. Ce phénomène est propre à tous les hommes pendant le sommeil ; à quelques-uns seulement pendant la veille. Ainsi, il arrive parfois, pendant le sommeil, qu'un homme soit assoiffé. Une forme apparaît, une coupe d'eau à la main ; elle lui tend la coupe afin qu'il se désaltère. A boire cette eau, un plaisir intense envahit l'homme, cependant que sa soif est apaisée. Et lorsqu'il se réveille, une saveur de ce plaisir subsiste encore. Pourtant, il n'est aucun doute que cette forme et cette eau sont entièrement imaginaires ; que le créateur de cette forme et de cette eau est l'intérieur du rêveur même. Pendant l'éveil aussi, il arrive qu'un homme, en plein désert, soit saisi par la soif ; que cette soif devienne brûlante et que d'eau, il n'y en ait point. Une forme apparaît une coupe à la main et la lui tend. De même pour la faim. Donc, l'imagination et la « fantaisie » — l'illusion — créent des formes intérieures et extérieures. Par l'illusion, l'homme est assoiffé ; par elle, il est désaltéré ; par elle encore, il peut tomber malade et succomber. Cette faculté estimative a de grands effets sur l'homme.

O Derviche ! La « fantaisie » s'oppose à l'intelligence et, dans la plupart des cas, prévaut sur elle. Mais revenons à notre propos. Selon les philosophes, ces formes ne sont pas des anges, parce que les anges célestes sont toujours à leur rang, occupés à la tâche qui leur est assignée. Mais les anges célestes sont tous purs et limpides, possèdent tous la pureté et la sagesse. Donc, quiconque par son ascèse et son assiduité se rend pur et limpide, récolte la connaissance et la sagesse — un rapport s'établit entre lui et l'ange céleste. Homme et ange sont alors, ainsi qu'il a été dit, tels deux miroirs limpides placés face à face. Cette rencontre pendant la veille procure « l'inspiration » ; pendant le sommeil, le rêve véridique. Tel est le sens de « voir Khezr et Elie [4] » ; de « voir les messagers de l'invisible ». Tel est le sens des formes que les pèlerins voient dans l'intimité de leur retraite mystique tel « le Maître de l'invisible » [Elie] et autres formes qui n'ont rien d'humain — des formes lumineuses à l'égal des rayons du soleil, de la lune et des étoiles.

de la connaissance de l'invisible

Si l'on demande : Puisque les anges ne connaissent pas l'invisible, comment sauraient-ils ce que sera demain ou l'an prochain ?

Réponse : Sache que les anges sont dans le monde invisible — qu'ils sont eux-mêmes le monde invisible. Dans ce monde-là, il n'est ni « hier », ni « aujourd'hui », ni « demain » ; ni « année dernière », ni « année présente », ni « année prochaine ». Cent mille années passées et cent mille années à venir sont indifféremment présentes, parce que le monde de l'invisible n'est pas le monde des contraires — l'antagonisme n'est que le fait du monde visible.

O Derviche ! Le temps et la dimension temporelle n'existent que pour nous — enfants des sphères et des étoiles, habitants du monde visible. Dans le monde invisible, il n'est ni temps, ni dimension temporelle. Tout ce qui fut, est, sera — est présent. Donc, les anges ne connaissent pas l'invisible ; tout leur est présent.

Ces prémisses étant posées, sache maintenant que les anges connaissent tout ce qui est destiné à venir du monde de l'invisible vers le monde visible. C'est le reflet de cette connaissance des anges qui apparaît sur le miroir de nos cœurs et nous informe. Il se peut que cette information nous parvienne au bout d'un jour, d'un an, de deux, de cent ou de mille ans.

O Derviche ! Ces paroles nécessiteraient plus ample développement ; le donner en détail serait long. Je place le fil conducteur entre les mains des hommes perspicaces qui, par leur réflexion, feront surgir le reste.

du sommeil et de la veille ; du rêve

Sache qu'il est à l'homme un état appelé « veille » et un autre appelé « sommeil ». L'un et l'autre états signifient que l'esprit de l'homme, par la voie des sens, va au dehors pour s'adonner à des tâches extérieures et, celles-ci accomplies, rentre pour s'adonner à des tâches intérieures. Lorsque l'esprit sort et que les sens se mettent à l'œuvre, cet état est appelé « veille ». Lorsqu'il rentre et que les sens se déchargent de leurs fonctions, cet état est appelé « sommeil ». Il est maintes causes à l'esprit pour aller à l'intérieur. Mais notre objet est ici l'exposé du rêve.

Ayant appris ce que sont le sommeil et la veille, sache maintenant que le rêve est causé soit par les sens internes, soit par les anges célestes. Le rêve provoqué par les sens internes est issu de l'imagination et de la mémoire. L'imagination est la trésorière du sensorium ; la mémoire, la trésorière de la « fantaisie ». Toutes deux thésaurisent. Les choses matérielles et spirituelles sont enregistrées par elles, puis placées dans le trésor, jusqu'à ce qu'il leur soit demandé de les présenter.

O Derviche ! « Apprendre » et « retenir » signifient que les trésorières s'emparent des choses, les thésaurisent et les gardent. « Se rappeler une chose » signifie que les trésorières, lorsqu'il le leur est demandé, présentent cette chose. Si elles la présentent aussitôt, on dit que la mémoire est rapide. Si elles la présentent avec retard, on dit que la mémoire est lente. Et si elles ne peuvent la présenter, on dit qu'il y a oubli. La cause de la mémoire lente et de l'oubli est un désordre survenu chez les trésorières.

Mais revenons à notre objet. Il arrive aussi que, sans qu'il le leur soit demandé, les trésorières, d'elles-mêmes, présentent une chose. Si cet événement se produit pendant la veille, on dit : « Telle chose m'a traversé l'esprit. Un tel m'est venu en mémoire. »

O Derviche ! Les états passés — beaux visages une fois aperçus, mets savoureux une fois goûtés, assemblée d'amis une fois tenue — qui reviennent à l'esprit appartiennent tous à cette catégorie. Ils ne sont que vaines pensées, que rêveries insensées. Les soufis disent que rejeter les souvenirs est une des règles de leur doctrine. Les théologiens disent que rejeter les mauvaises pensées est une obligation ; qu'il faut rejeter jusqu'à leur récurrence même. Ceci, pour l'état de veille. Et si les trésorières présentent les choses pendant le sommeil, le dormeur les voit en rêve. Ces rêves n'ont pas de valeur ; il n'en est pas d'interprétation possible. Autant que ceux qu'on fait à l'état de veille, ils sont insensés et vains.

Mais il est une autre sorte de rêve : celui qui relève des sens intérieurs. Ce rêve a une valeur ; il peut être interprété.

O Derviche ! Si dans le corps humain, l'une des quatre humeurs prévaut, la bile par exemple, l'imagination conçoit des formes jaunes et les présente en rêve ; ainsi une fleur jaune, une figue jaune, un vêtement jaune, un foyer incandescent qui lance des flammes. Il convient de faire aussitôt évacuer la bile ; autrement, des troubles biliaires apparaîtront. Selon la quantité de bile dans le corps, le rêveur voit la fleur, la figue, le vêtement ou le foyer incandescent. S'il voit la fleur jaune, il ne sera pas malade, la bile étant faible. Avec un peu d'attention, la bile s'apaisera. S'il voit qu'il mange la figue jaune et ne repousse pas aussitôt la bile, il tombera malade et la fièvre apparaîtra. S'il mange une figue, il aura une fièvre en proportion ; s'il en mange deux, la fièvre montera d'un degré ; et ainsi, d'autant de degrés que de figues absorbées. S'il

voit qu'il enfile le vêtement jaune et ne repousse pas aussitôt la bile, la jaunisse se déclarera. Et s'il voit le foyer
incandescent qui lance des flammes, son foie sera des plus
échauffé. Il est à craindre que d'échauffement le malade
ne se consume — dans la plupart des cas, pareil malade ne
survit pas. Ayant appris ce qu'il en est pour la bile, sache
qu'il en est de même pour les autres humeurs. Si le sang
prévaut, l'imagination conçoit des formes rouges et les présente en rêve. Si la lymphe prévaut, l'imagination conçoit
des formes blanches — des flots écumeux — et les présente en rêve. Si la mélancolie prévaut, l'imagination
conçoit des formes noires — des antres obscurs — et les
présente en rêve. Ces deux types de rêves relèvent des sens
internes. Au premier, il n'est ni valeur ni interprétation ;
au second, il est un sens, ainsi qu'une interprétation possible.

Quant aux rêves provoqués par les anges célestes, nous
dirons à nouveau que, par le sommeil, les sens extérieurs
étant au repos, les sens intérieurs rassemblés et le miroir
du cœur limpide, une relation s'établit entre le cœur de
l'homme et les anges célestes. Cœur et ange sont alors
comme deux miroirs polis face à face : ce qui est connu
de l'ange se reflète sur le cœur du rêveur. Ce rêve a une
valeur ; il peut être interprété. C'est le rêve véridique. Il
est l'une des quarante-six parts de la prophétie.

Gloire à Dieu le Seigneur des deux mondes.

DIX-NEUVIÈME TRAITÉ

De ce que disent les Témoins de l'Unicité

Sache, *béni sois-tu dans les deux mondes,* qu'en les dix-huit traités précédents ont été rapportées les paroles des théologiens, des philosophes et des maîtres. Dans les deux traités suivants seront rapportées celles des gens de l'Unicité.

O Derviche ! Le contenu de ces deux traités ne ressemble pas à celui des autres ; il en est à l'extrême éloigné. Tout ce qui, par ces doctes familles a été affirmé et appelé la vérité même, est, par celle-ci, appelé vaine imagination et ses adeptes sont « les gens du leurre ».

O Derviche ! L'impartialité voudrait qu'aucun groupe ne blâmât l'autre ; que plutôt ils se justifient réciproquement, car l'Etre est rempli de magnificence et de sagesse ; nul ne peut le percevoir tel qu'Il est.

O Derviche ! Dans la genèse d'une mouche — encore que celle-ci se produise en un instant — il est déployé tant de sagesse que si un Sage, des années durant, réfléchissait à la raison d'être de la mouche, il ne pourrait, malgré toute l'étendue de son savoir, entièrement y parvenir. Considère l'œuvre de cet atelier où le moindre fétu de paille, le moindre copeau, est ainsi ! A chacun selon son rang est donné une parcelle de cet Etre.

Chaque fraction s'est réjouie de ce qu'elle détenait.
Qorān XXIII/53

de l'apparence et du sens caché de l'Etre

Sache, *béni sois-tu dans les deux mondes,* que l'être est un ; que cet être unique possède une apparence et une réalité. Cette réalité est la lumière ; cette lumière, l'âme du monde. D'elle, le monde est empli. C'est une lumière illimitée, infinie ; un océan sans fond et sans rive. La vie, la connaissance, la volonté, la puissance des étants procèdent de cette lumière. La vue, l'ouïe, la parole, la préhension, le devenir des étants procèdent de cette lumière. La nature, la particularité, l'acte des étants procèdent de cette lumière — que dis-je ! sont cette lumière même. L'apparence de l'être est l'épiphanie de cette lumière — son miroir, la manifestation de ses attributs.

O Derviche ! La lumière voulut contempler sa propre beauté, témoigner de ses attributs, de ses noms et de ses actes. A cette fin, elle se manifesta. Elle revêtit l'attribut de l'acte, passa du caché à l'apparent, de l'invisible au visible, de l'un au multiple.

O Derviche ! L'homme beau qui veut contempler sa propre beauté cherche d'abord une mine de fer. De cette mine, il extrait la terre ferrugineuse qu'il place dans un creuset et fait entrer en fusion. La crasse une fois séparée, le fer devient pur et limpide. Il chauffe ce fer purifié et le martèle jusqu'à ce qu'il devienne lisse comme un miroir.

Puis, il polit et égalise le miroir et alors contemple sa propre beauté.

O Derviche ! Quoique toutes les monades qui existent soient les miroirs de cette lumière — seul l'homme est la coupe, le miroir-qui-reflète-l'univers. L'homme est le sceau de la création. Autrement dit, avec l'homme, le monde fut achevé et le miroir poli ; les attributs, les noms et les actes de la lumière devinrent tous manifestes ; la lumière vit sa beauté et sa gloire dans la perfection de l'homme — elle y contempla ses attributs, ses noms et ses actes.

O Derviche ! Il suffit qu'un seul homme de par le monde atteigne la perfection pour que la lumière contemple sa propre beauté, témoigne de ses noms, de ses attributs et de ses actes. Si tous les hommes atteignaient la perfection, les attributs, les noms et les actes de la lumière ne seraient pas tous manifestés et l'ordre du monde ne serait pas. Il faut que les hommes soient, chacun à un rang, la manifestation d'un attribut ; qu'à chacun soit une aptitude.

O Derviche !

> « *Après que Je l'aurai harmonieusement formé*
> *et que J'aurai insufflé en lui de mon Esprit :*
> *tombez prosternés devant lui.* »
>
> Qorān XV/29

« Etre harmonieusement formé » signifie avoir l'aptitude — celle à recevoir la lumière. « L'Esprit insufflé » signifie la Lumière reçue. « Se prosterner devant quelqu'un » signifie se ranger au service de, être conquis par, se soumettre à celui-ci.

O Derviche ! Tous les êtres participent à l'homme. Tous les composants du monde, à leur office, progressèrent et s'élevèrent jusqu'à ce que, à la fin, l'homme apparut. Il s'avère évident que l'ascension des étants est de ce côté ; que la perfection est là où est l'homme. La perfection est dans le fruit ; le fruit de l'arbre de la création est l'homme. Puisqu'il en est ainsi, l'homme est la *Ka'ba*[u] des êtres — tous vers lui sont tournés ; l'objet d'adoration des anges — tous à son service sont rangés.

> *Il a mis à votre service*
> *ce qui se trouve dans les cieux et sur la terre.*
> Qorān XLV/13

O Derviche ! « Se prosterner » n'est pas seulement poser le front contre terre. « Se prosterner devant quelqu'un » signifie se ranger au service de celui-ci. Tous les étants se prosternent devant les hommes parce que, parmi ceux-ci, est l'Homme Parfait. Donc, tous les hommes sont tributaires de l'Homme Parfait.

O Derviche ! Quand nous disons de l'homme qu'il est la coupe, le miroir-qui-reflète-l'univers, la manifestation des attributs de la lumière — nous entendons l'Homme Parfait. Il n'est rien de plus grand et de plus savant que l'Homme Parfait, parce que celui-ci est le substrat et la quintessence des êtres ; parce que la hiérarchie aboutit à lui ; parce que les Anges, les Chérubins, les Purs esprits, le Trône, l'Empyrée, les Cieux, les Etoiles sont tous ses serviteurs, tournent autour de lui en d'incessantes circumambulations, œuvrent pour lui.

O Derviche ! Seul l'homme, parmi tous les étants, possède cette noblesse et cette grandeur. L'homme a tout ce que possèdent les autres êtres et aussi cette chose qu'ils n'ont pas — l'intelligence. L'intelligence est propre à l'homme. La supériorité de l'homme sur les autres étants est dans l'intelligence ; la supériorité les uns sur les autres de ceux qui sont doués d'intelligence est dans la connaissance et l'éthique.

O Derviche ! Seul l'homme, parmi tous les étants, reçut ce trésor. Par l'intelligence il accéda à la perfection.

du rang de l'essence ; du rang de la face

Ayant appris que l'être est un, sache maintenant que l'être est à la fois pré-éternel — *ab aeterno* — et advenu ; premier et dernier ; apparent et caché ; créateur et créé ; pourvoyeur et pourvu ; adorateur et adoré ; serviteur et servi ; contemplateur et contemplé ; louangeur et loué ; connaissant et connu ; disciple et maître ; puissant et objet de puissance ; aimant et aimé ; envoyeur et envoyé ; imaginaire et réel — et ainsi en tous ses attributs.

O Derviche ! Si tu dépasses le monde du multiple, parviens à l'océan de l'unicité et plonges dans cet océan, tu vois qu'amant, aimé et amour sont un ; tu comprends que connaissant, connu et connaissance sont un — que tous ces noms sont au plan de la face. Lorsque tu vas au-delà de la face et parviens à l'essence, plus aucun de ces noms ne subsiste. L'essence est simple parce que tous les attributs, les noms et les actes qui sont dans le monde sont tous les attributs, les noms et les actes de l'être. Mais les attributs sont au plan de l'essence, les noms au plan de la face, les actes au plan de l'âme. Chaque monade qui existe possède ces trois plans : l'essence, la face et l'âme ; ces deux formes, l'universelle et la singulière. La forme générale est la forme de l'essence ; la forme particulière, la forme de la face. Le rang de l'essence est la Nuit du destin, la Nuit du rassemblement. Le rang de la face est le Jour de la résurrection, le Jour du rassemblement.

de la manifestation des attributs

O Derviche ! A ce propos une question se pose. Puisqu'il n'est qu'une seule lumière, laquelle est l'âme du monde, que de cette lumière, le monde d'un bout à l'autre est empli, pourquoi, dans le monde, y a-t-il le multiple et pourquoi, entre ses habitants, tant de différence ?

Réponse : La lumière a de nombreux attributs ; partant, les manifestations des attributs aussi sont nombreuses. D'où l'apparition du multiple. Si le multiple n'était pas, l'unification ne serait pas.

Une autre question se pose. Puisque chaque monade qui existe est la manifestation d'un attribut, que l'homme est la manifestation de l'attribut de la connaissance, pourquoi y a-t-il une différence entre les hommes ? Pourquoi les hommes ne manifestent-ils pas tous également la connaissance ?

Réponse : Sache que dans le monde chaque étant ne possède une chose qu'en fonction de son aptitude. De même, l'homme n'acquiert une chose qu'en fonction de son aptitude. L'épiphanie de la lumière diffère selon l'aptitude. A chaque chose est une aptitude particulière. Si toutes avaient la même, les attributs de la lumière ne seraient pas tous manifestés. Mais les hommes, dont l'aptitude est de manifester la connaissance, diffèrent dans cette aptitude même parce qu'il est maintes sortes de connaissances ; qu'à chacune correspond une aptitude particulière. Certains ont l'aptitude à une sorte de connaissance ; d'autres à deux, dix ou cent. L'aptitude des uns est défectueuse ; celle d'autres est moyenne ; celle d'autres encore est parfaite. D'où la grande différence qui existe entre les hommes.

O Derviche ! Combien d'individus ont forme d'homme, mais n'ont pas l'esprit de l'homme. Ceux-là sont au nombre des animaux. En eux se manifestent les qualités et les actes de la bête.

O Derviche ! L'homme se distingue par quatre choses : les paroles bonnes, les actes bons, le beau caractère et les connaissances. L'Homme Parfait est celui qui porte ces choses à la perfection.

O Derviche ! Certains désignent l'aptitude sous le nom de « vertu naturelle ». Pour ceux-là, chaque homme possède une qualité particulière. Ainsi l'un fera des vers, un autre saura réciter, un troisième pensera juste ; et d'autres ne pourront rien de tout cela. L'un acquerra la connaissance, l'autre la richesse et le troisième ne pourra acquérir ni l'une ni l'autre. Il n'est pas de doute que tout cela dépend de l'aptitude ; chacun à l'aptitude pour une chose : il porte cette aptitude en lui. L'aptitude ne s'acquiert pas ; elle est liée aux quatre temps. Toutefois, l'aptitude est développée par l'instruction et l'éducation ; elle est rendue caduque lorsque de celles-ci elle est privée. Par exemple, l'un aura l'aptitude à faire maints rêves véridiques ; un autre, à l'état de veille, à ce que son intérieur reçoive rapidement l'image des choses, en sorte que quiconque s'approchant de lui avec une chose en tête, l'image de cette chose se reflète aussitôt en lui. L'un et l'autre peuvent, par l'ascèse et l'effort, accroître leur aptitude au point que toute chose venant du monde invisible au monde visible, avant même que cette chose ne parvienne à ce monde, son reflet apparaît en eux, les informant de cet état. Ce reflet, s'il se manifeste pendant le sommeil est appelé « rêve véridique » ; pendant la veille, « inspiration ».

O Derviche ! Quoique chaque monade qui existe soit l'épiphanie d'un attribut de cette lumière, il est deux manifestations particulièrement éclatantes : l'homme majeur et l'homme mineur. L'homme majeur est la manifestation de la puissance ; l'homme mineur, celle de la connaissance. Autrement dit, les Sphères, les Etoiles, les Eléments sont les manifestations de la puissance et l'Homme Parfait est celle de la connaissance. De là vient que les habitants de ce monde ne peuvent être que selon les décrets de la Voûte céleste.

O Derviche ! La Voûte céleste est la Table Préservée, le Livre divin. Tout ce qui est écrit dans le Livre divin est la volonté de Dieu : ne se manifeste ici-bas que ce qui est écrit dans le Livre.

de l'analogie

O Derviche ! Ayant appris qu'il n'est qu'une seule lumière, laquelle est l'âme du monde, sache maintenant que la distinction des choses entre elles est par la forme et par la qualité. Cette lumière unique a de nombreux attributs ; partant, de nombreuses manifestations, pour que tous ses attributs deviennent apparents. La lumière s'épiphanise et apparaît sous plusieurs milliers de formes, chaque forme étant la manifestation d'un attribut. Cette forme, toujours, accompagne ces attributs et inversement. Parmi les formes, il n'en est pas de plus parfaite que celle de l'homme. Aussi, cette forme est-elle qualifiée par un attribut particulier, le plus parfait des attributs : le langage. Donc, l'homme se distingue de tous les animaux par cette forme, le corps humain, et cette qualité, le langage. Il se distingue de ses semblables par la connaissance, l'éthique et l'accès à la perfection.

Par ailleurs, puisque tu sais que toutes les monades sont

les manifestations des attributs de la lumière, donc, si l'on dit : « C'est nous qui étions, c'est nous qui sommes, c'est nous qui serons », on aura raison. Et si l'on dit : « Ce n'est pas nous qui étions, ce n'est pas nous qui sommes, ce n'est pas nous qui serons » — on aura également raison.

Par ailleurs encore, puisque tu sais que cette lumière unique n'a ni commencement ni fin, que toutes les monades sont les manifestations des attributs de cette lumière, donc, chaque forme qui vient à ce monde est qualifiée par un attribut, caractérisée par un nom. Et lorsque cette forme quitte ce monde, une autre la remplace, qualifiée par le même attribut, appelée par le même nom. Ceci est le fait de l'analogie (tanāsob) — non de la métempsychose (tanāsohk). Si mille fois tu tires l'eau de la mer et la rejettes, c'est à chaque fois la même eau que tu tires, quant à l'analogie et non cette eau, quant à la réalité.

O Derviche ! Le point de vue exposé dans ce traité n'est pas celui des partisans de l'incarnation ni de ceux de l'union, parce que incarnation et union ne peuvent s'opérer qu'entre deux êtres. Or dans ce traité il est dit et affirmé qu'il n'est qu'un être — que l'être est un. Incarnation et union se trouvent donc réfutées.

exhortation

O Derviche ! Efforce-toi d'être juste en paroles et en actes ; d'être bon de caractère ; de procurer la quiétude, afin d'être, par toi-même, en paix et que les autres, par toi, également le soient. Là où est la paix est le Paradis ; là où elle n'est pas, l'Enfer.

Gloire à Dieu le Seigneur des deux mondes.

VINGTIÈME TRAITÉ

Du monde, selon les Témoins de l'Unicité

Un groupe de derviches, *que Dieu augmente leur nombre,* demanda à ma chétive personne d'exposer ce qu'est, pour les Témoins de l'Unicité, le monde — ce que sont pour eux le monde supérieur et le monde inférieur ; le septième Ciel et le premier. Je répondis à sa requête et priai Dieu Très Haut de m'accorder aide et assistance afin qu'Il me garde de la faute et de l'erreur, car *Il est puissant et prêt à exaucer.*

que l'intelligence et la connaissance sont propres à l'homme

Sache, *béni sois-tu dans les deux mondes,* qu'Abū Tarāb Nasafī, un des vrais témoins de l'Unicité, dit que l'intelligence et la connaissance ne se trouvent qu'en l'homme. Par cette affirmation, Abū Tarāb entend réfuter les théologiens et les philosophes qui soutiennent que les sphères et les étoiles possèdent — outre la volonté et la puissance — l'intelligence et la connaissance. Pour les théolo-

211

giens et les philosophes en effet chaque sphère a une intelligence. Il est neuf sphères ; donc neuf intelligences sont toujours à acquérir connaissances et lumières et leurs mouvements sont au gré de leur volonté. Les théologiens disent que les anges aussi ont la connaissance mais que leur connaissance n'augmente pas. Le savoir de chacun est inné. Abū Tarāb refuse et réfute ces deux affirmations. Pour lui, les sphères, les étoiles et les anges n'ont ni intelligence ni connaissance — celles-ci étant propres à l'homme. Sphères, étoiles et anges sont toujours à l'œuvre, chacun à leur office, selon une tâche assignée à laquelle ils ne peuvent se soustraire. Leur faire procède d'eux indépendamment de leur savoir et de leur vouloir — ils sont à celui-ci astreints. Les sphères, les étoiles et les anges sont l'épiphanie de l'acte et l'homme, l'épiphanie de la connaissance.

O Derviche ! Les animaux possèdent les sens. Ils appréhendent le spécifique et se meuvent selon leur volonté. L'homme possède l'intelligence et la connaissance. Le reste de la création ne dispose ni de l'intelligence, ni de la connaissance, ni des sens, ni de la volonté.

Par ailleurs, Abū Tarāb dit que les sphères, les étoiles, les éléments, les règnes ont été et seront tels qu'ils sont : rien, du point de vue de l'être, n'a de commencement ; rien, du point de vue du non-être, n'a de fin. Autrement dit, les choses viennent et s'en vont ; elles quittent la forme qu'elles ont et en prennent une autre. Certaines ne sont pas l'objet du devenir ; elles sont immuables. Par ces propos, Abū Tarāb entend que l'être ne peut devenir nonêtre et inversement. Le non-être est toujours non-être et l'être, toujours être. Le venir à l'être et le devenir non-être des choses signifient que les corps simples deviennent composés, puis que les corps composés redeviennent sim-

212

ples ; que les choses passent du monde virtuel au monde actuel, puis du monde actuel font retour au monde virtuel. Par l'effet du mélange, la constitution apparaît. Dans la constitution, par l'effet de l'équilibre, l'esprit devient manifeste. C'est ainsi que les corps composés sont aptes au développement.

de la constitution et de l'équilibre

Sache que lorsque les éléments et les natures, comme telle est leur loi, se mélangent les uns aux autres, il en résulte des homoeméries qui donnent la constitution.

Ayant appris cela, sache encore que l'équilibre est le résultat de ce qui est également réparti. Ainsi, la constitution dont les éléments et les natures sont également réparties — dont les composants sont égaux — est une constitution équilibrée, un caractère égal. Il faut un tempérament équilibré pour recevoir la forme humaine ; il faut un caractère égal pour recevoir l'esprit humain. Le tempérament où les éléments et les humeurs sont inégalement répartis est un tempérament déséquilibré, un caractère inégal. L'équilibre n'est autre que l'aptitude à recevoir l'esprit. Tel est le sens de l'aptitude. Le tempérament non équilibré ne peut être que de trois sortes : proche de l'équilibre ; loin de l'équilibre ; à égale distance entre proche et loin. Ce qui est éloigné de l'équilibre constitue la nature du minéral et donne naissance à l'esprit minéral. Ce qui est intermédiaire constitue la nature du végétal et donne naissance à l'esprit végétal. Ce qui est proche de l'équilibre constitue la nature de l'animal et donne naissance à l'esprit vital. L'homme est une espèce parmi celles du règne animal. Donc, le tempérament le plus proche de l'équilibre

constitue le tempérament de l'homme — il donne naissance à l'esprit humain. Ce tempérament est dit « équilibré » parce qu'il est très proche de l'équilibre. Le
tempérament de l'homme n'est équilibré que relativement.

Ces prémisses une fois posées, sache maintenant que le
tempérament absolument équilibré n'existe pas, parce qu'à
un tel tempérament il n'est ni lieu ni aliment. S'il existait
— s'il pouvait être situé et entretenu — ce tempérament
serait stable et disposerait de deux aptitudes : celle à la
constance et celle au devenir. Or, les corps simples ont
l'aptitude à la constance mais n'ont pas celle au devenir ;
et les corps composés ont l'aptitude au devenir mais n'ont
pas celle à la constance. Dans les corps composés, les
contraires sont assemblés. Les causes susceptibles de dévier
le tempérament sont nombreuses. A tout instant, pour une
cause quelconque, il se peut que l'un des contraires domine
ou soit dominé ; que le composé se désagrège. Si alors un
événement propice survient et que le tempérament fasse
retour à son état d'origine, il dure encore quelques jours.
Si aucun événement propice ne survient et que le tempérament ne fasse pas retour à son état d'origine, la décompo-
sition se manifeste et le dépérissement apparaît : chaque
élément fait retour à son origine propre — le mélange
se désagrège. Si l'on dit alors que cette chose est éphémère, c'est juste. Les corps composés se sont désagrégés en
corps simples.

O Derviche ! Quiconque jouit d'une constitution saine
et bonne et n'est frappé par aucun fléau peut vivre jusqu'à cent vingt ans. Alors survient ce qu'il est convenu
d'appeler « la mort naturelle ». Si quelque malheur se
produit venant détruire cette constitution, c'est « la mort
par accident ». Les corps simples sont dans les sphères et
les étoiles. Ils ne sont pas sujets aux désordres. Aussi, ne

changent-ils pas d'état, n'abandonnent-ils pas leur forme.
Pour cette raison, les sphères et les étoiles sont appelées le
monde de la pérennité et de la constance ; les éléments,
les natures, le minéral, le végétal et l'animal — le monde
de la génération et de la corruption.

O Derviche ! « Plus cet arbre s'élève, plus il s'affine,
plus il devient noble et gracile, et de ce fait, vulnérable. »
Par ces paroles, Abū Tarāb veut dire que l'ensemble des
étants forme un seul arbre. La sphère première, ou Sphère
des sphères, englobe tous les étants ; elle est simple et
pure de tout tracé ; elle est le sol de cet arbre. La deuxième
sphère, ou sphère des Fixes, est la racine de cet arbre. Les
sept Cieux, lesquels sont chacun une planète, sont le tronc
de cet arbre. Saturne, qui de nous est plus éloigné, est
plus abaissé ; il est au premier Ciel. La Lune, qui de
nous est plus proche, est plus élevée ; elle est au septième
Ciel. Autrement dit, tout ce qui est plus proche de nous
est plus haut ; tout ce qui est plus éloigné de nous est plus
bas. Les quatre éléments et les quatre natures sont les
branches de cet arbre. Le minéral, le végétal et l'animal
en sont les feuilles, les fleurs et les fruits. Donc, du sol
au fruit, l'arbre, en s'élevant, devient d'autant plus svelte,
plus noble, plus élancé. Ayant appris les niveaux de l'arbre,
sache maintenant que le fruit est au sommet de l'arbre —
il est le substrat et la quintessence de l'arbre, ce qu'il y a
de plus noble et de plus subtil en l'arbre. Donc, tout ce
qui en l'arbre est plus proche du fruit est d'autant plus
élevé, plus noble et plus subtil.

O Derviche ! Pour Abū Tarāb, les sphères et les étoiles
constituent le monde inférieur ; les éléments, les natures,
le minéral, le végétal et l'animal — le monde supérieur.
Il faut qu'il en soit ainsi parce que nous sommes le substrat
et la quintessence des êtres. Notre place est au-dessus de

tout. Ce qui est plus proche de nous est d'autant plus élevé, plus noble et plus subtil. Pour cette raison, il est dit que les sphères et les étoiles sont la Table Préservée, le Livre divin ; que tout est écrit dans le Livre ; que la Plume est devenue sèche. Tout ce qui est écrit dans le Livre se manifeste en ce monde. Il n'est aucun doute qu'il n'en soit ainsi parce que tout ce qui est dans la racine et le tronc de l'arbre se manifeste assurément dans les branches. Il est impossible qu'il en soit autrement.

que l'être est sa propre origine

Sache qu'Abū Tarāb dit que la racine de cet arbre est à soi l'origine ; de même le tronc, la branche, la feuille, la fleur, le fruit ; celui qui mange le fruit, le jardinier, la terre, l'eau, l'air, le soleil ; la santé, la vie, la mort ; le monde sensible, le monde intelligible, le monde des Intelligences chérubiniques — tout est à soi l'origine. Cet arbre a tout — tout est cet arbre.

Voilà ce que disent les Témoins de l'Unicité sur le monde et ses habitants.

épilogue de ces vingt traités

O Derviche ! Vingt traités s'achèvent. Dans ceux-ci, maintes paroles ont été dites. Ne crois pas celles-ci émises par moi seul, connues de moi seul. Aucune parole, aucun savoir, aucun acte ne vient de toi, parce qu'aucune parole n'est restée non dite — toutes ont été dites et le seront ; aucune science n'est restée ignorée — toutes ont été connues et le seront ; aucun acte n'est resté non accompli — tous ont été accomplis et le seront. Tout ce qui est

— a été et sera. Tout ce qui n'est pas — n'a pas été et ne sera pas.

O Derviche ! Après avoir bien considéré je vois trois choses à l'origine du différend entre les hommes. Depuis combien de milliers d'années ce différend existe-t-il ? Pendant combien de milliers d'années existera-t-il encore ? La première est que pour certains, le monde a un commencement et une fin ; ceux-là sont les théologiens. La seconde est que, pour d'autres, le monde a un commencement mais n'a pas de fin ; ceux-là sont les philosophes. La troisième est que, pour d'autres encore, le monde n'a ni commencement ni fin. Le monde est tel qu'il est ; il a toujours été ainsi et le sera à jamais ; ceux-là sont les gens de l'Unicité.

En outre, je sais avec certitude que ce différend entre théologiens et philosophes ne cessera jamais. Cette connaissance n'est pas rendue claire et évidente par la lecture, la controverse et l'éristique — elle appartient aux gens du dévoilement ; elle est donnée à ceux de l'expérience intime. Celui qui n'a jamais vu de pain de sucre, comment connaîtrait-il en vérité, quelle que soit la description qu'on lui en donne, la forme du sucre ? Et celui qui n'a jamais mangé de sucre, comment connaîtrait-il en vérité, quelle que soit la description qu'on lui en donne, le goût du sucre ?

O Derviche ! Seuls les gens du dévoilement — les visionnaires — accèdent à la réalité vraie des choses : ils voient et connaissent les choses telles qu'elles sont. Tous les autres sont pris dans le sommeil : ils voient en songe et se leurrent.

O Derviche ! Si tu ne peux, de nombreuses années durant, t'adonner à l'ascétisme et à l'effort, du moins, du début de ta vie à la fin, sois constant dans le commerce des sages afin d'atteindre le rang du dévoilement ; afin de compter parmi les gens de l'expérience intime ; afin de connaître et de voir la réalité vraie des choses. Accepte de moi cette exhortation et mets-la en pratique, afin d'être délivré.

exhortation

Les sages ont comparé ce monde à l'océan et ses phases aux vagues de l'océan. Cette comparaison sied. A chaque instant une forme apparaît, un contour est tracé — à aucun il n'est de durée. Certains aussi ont comparé les phases du monde aux choses aperçues en rêve. Cette comparaison de même sied. Des choses apparaissent. L'homme, par elles, est séduit : à ces choses il attache son cœur. Mais sitôt aperçues, ces choses s'éclipsent et le voici brûlant au feu de la séparation.

O Derviche ! Assurément, il en est ainsi que les sages ont dit — il en a été et il en sera toujours ainsi. Pourtant, les hommes, aussi longtemps qu'il y en aura, seront attachés à ce monde et par lui séduits. De ce fait, précipités en d'innombrables tourments, ils brûlent d'un feu immatériel. Certains se consument au feu de la jalousie ; d'autres se lamentent au feu de la nécessité et crient, ignorant qu'ils sont dans le sommeil, que ce qu'ils voient n'est qu'un songe. *Les hommes dorment ; c'est lorsqu'ils meurent qu'ils se réveillent.*

O Derviche ! Retiens cet avertissement : la cause de tous les maux est l'attachement à ce monde.

O Derviche ! Ces paroles s'adressent à moi autant qu'à toi. Ce monde est inconstant. Pourtant, que nous soyons abusés ou non par lui, de ce monde nous avons besoin. Il nous faut frayer parmi les hommes vils et manger au même plat que les ignorants. Mais voici : tout peut être enduré hors ces deux choses. Plût à Dieu que je ne fusse pas né !

O Derviche ! Puisque nous sommes, nous devons avec adresse tirer notre épingle du jeu et traverser la vie sains et saufs. Outre les pièges et les séductions dont ce monde est rempli, il l'est pareillement d'ours et de porcs, de loups et de panthères, de serpents et de scorpions avec lesquels, jour et nuit, il nous faut frayer et nous entretenir — que dis-je ! qu'il nous faut jour et nuit subir et servir. La réalité m'empêche de m'écrier : « Plût à Dieu que je ne fusse pas né ! » A quoi bon ces cris et ces plaintes ? Pourquoi de cela parler davantage ? Puisque nous sommes, il nous faut consentir et nous soumettre.

O Derviche ! Tu reconnaîtras à quatre signes celui qui, ayant dépassé le rang de la bête, aura atteint celui d'homme et, à ce stade, s'étant paré de la connaissance et de la vertu, aura connu le monde tel qu'il est, aura respiré un arôme de Dieu. Ces quatre signes sont : le renoncement, la retraite mystique, la frugalité et l'effacement. Sache avec certitude que celui qui possède ces quatre choses — ou les désire ardemment — et s'attache à les parfaire, est sage et libre.

O Derviche ! Il est quatre choses requises pour le pèlerin en quête de perfection, sans lesquelles le pèlerinage ne saurait être accompli. Ce sont : peu manger, peu parler, peu dormir et le dialogue avec un Sage. Pour que la perfection soit absolue, quatre autres encore sont requises : les actes bons, les paroles bonnes, le bon caractère et les connaissances.

O Derviche ! Une fois la perfection atteinte, certains s'adonnent à l'accomplissement d'autrui. Certains encore deviennent libres et détachés. Ces derniers sont rois.

Mais, revenons à notre propos. L'Homme Parfait libre

est au sommet de la création. D'emblée, il embrasse de son regard tous les étants. Il les voit chacun à sa place, les situe chacun à son rang. Il n'est en guerre contre rien ni personne. Il est en paix avec tout — de tout détaché et libre. Il excuse tout ; mais il fuit la discorde et cherche l'harmonie. Celui qui est sage et libre se distingue par ces quatre choses qui ont été dites. Celui qui de celles-ci est dépourvu et ne les recherche pas — celui donc qui refuse l'obscurité et cherche la réputation, qui refuse le contentement et cherche l'abondance, qui refuse le renoncement et la solitude et cherche la fortune, la position et le commerce des gens adonnés au monde — celui-là ne se connaît pas soi-même et ne connaît pas ses compagnons. Celui-là ne voit pas ce monde tel qu'il est, ne recueille pas le moindre arôme de Dieu. Il est dans les ténèbres, la proie de redoutables tourments, sans lumière aucune, parce que tel est le corollaire de l'abondance et de la réputation. Ses actions sont comparables :

> *... à des ténèbres sur une mer profonde :*
> *une vague la recouvre,*
> *sur laquelle monte une autre vague ;*
> *des nuages sont au-dessus.*
> *Ce sont des ténèbres amoncelées les unes sur les*
>   *autres.*
> *Si quelqu'un étend sa main, il peut à peine la voir.*
> *Celui à qui Dieu ne donne pas de lumière,*
> *n'a pas de lumière.*

Qorân XXIV/40

O Derviche ! Celui qui possède une parcelle de lumière ne se fie pas aux vanités de ce monde inconstant — il ne s'adonne pas à son édification. Car :

VINGTIÈME TRAITÉ

*Les actions des incrédules sont semblables
à un mirage dans une plaine.
Celui qui est altéré croit voir de l'eau ;
mais quand il y arrive, il ne trouve rien ;
il y trouve Dieu qui lui paiera son compte.
— Dieu est prompt dans ses comptes ! —*
Qorān XXIV/39

Gloire à Dieu le Seigneur des deux mondes.

VINGT ET UNIÈME TRAITÉ

De l'essence, de l'âme, de la face ;
de l'attribut, du nom, de l'acte

Un groupe de derviches, *que Dieu augmente leur nombre,* demanda à ma chétive personne de rédiger un traité sur l'essence, l'âme et la face ; sur l'attribut, le nom et l'acte. Je répondis à sa requête et priai Dieu Très Haut de m'accorder aide et assistance afin qu'Il me garde de la faute et de l'erreur, car *Il est puissant et prêt à exaucer.*

de l'essence et de la face

Sache, *béni sois-tu dans les deux mondes,* que chaque corps composé, chaque corps simple figuré, chaque être réel a une essence, une face et une âme ; des attributs, des noms et des actes. Nous commencerons par les corps composés.

O Derviche ! Chaque être engendré a une essence, une âme et une face ; des attributs, des noms et des actes ;

une forme générique et une forme spécifique — soit huit aspects en tout.

O Derviche ! La forme générique de toute chose est propre à l'essence de cette chose ; sa forme spécifique, à la face. Les attributs de toute chose sont propres à l'essence de cette chose ; ses noms, à la face ; ses actes, à l'âme. Prenons — pour rendre par un exemple ces paroles claires — la tige de blé. Celle-ci a une essence, une face et une âme ; des noms, des attributs et des actes ; une forme générique et une forme spécifique.

O Derviche ! La constitution, le germe, l'œuf et la semence sont les quatre niveaux de l'essence. Ils constituent l'essence du créé. Chacun est un monde intermédiaire entre le simple et le composé. Les corps simples doivent traverser ces limbes afin d'accéder au monde de la composition. Ces quatre choses représentent chacune la substance première des créatures. Chacune est appelée par un nom différent : « le Livre divin », « la Table Préservée », « le *Jabarūt* » ou monde des Intelligences chérubiniques, et « l'Encrier ». Ces noms désignent le monde condensé. L'essence relève du monde condensé — que dis-je ! est le monde condensé même. La face relève du monde déployé — que dis-je ! est le monde déployé même. L'essence et la face sont aussi appelées « le Livre divin » ; mais l'essence est le livre condensé et la face, le livre déployé. Tout ce qui est écrit dans le livre condensé apparaît dans le livre déployé ; rien de ce qui n'est pas écrit dans le livre condensé n'apparaît dans le livre déployé. Tout ce qui est écrit dans le livre condensé est la volonté divine ; tout ce qui apparaît dans le livre déployé est la puissance divine. Partant, la volonté — l'arrêt divin — est au plan de l'essence ; le destin — la puissance divine — au plan de la face.

Bref, pour en revenir à notre objet, apprends que ces

223

quatre choses sont « les quatre Encriers ». Chaque encrier
est en soi et par soi, l'écrivain, le rouleau et le calame. La
nature est le calame du créé. Cette plume est toujours à
écrire. Les multiples mots qu'elle trace et tracera sont tous
issus des quatre Encriers. La plume écrit elle-même, d'elle-
même, sur elle-même. Chaque encrier possède avec soi et
par soi tout ce qui lui est nécessaire pour atteindre sa propre perfection. En outre, sache que cette plume, quoiqu'elle
ne sèche jamais et soit sans cesse à écrire, ne plonge pas
deux fois dans le même encrier, ne trace pas deux fois
le même mot : ces paroles ne tariront jamais. *

O Derviche ! Le monde créé représente les « Pères » et
les « Mères ». Les épiphanies des « Pères » et des « Mères » sont innombrables ; pourtant elles ne se répètent
jamais. Si tu appelles les corps simples les « Pères » et les
« Mères », alors les corps composés sont les « Fils ». Si
tu appelles les corps simples les « Ecrivains », alors les
corps composés sont les « Mots ». Mais revenons à notre
objet.

de l'essence, de la face et de l'âme

Sache que le grain de blé, quand il est semé en terre, est
l'essence du blé. Lorsque le blé passe du monde condensé
au monde développé et atteint son apogée, cet apogée
est la face du blé. La somme de ces deux étapes constitue
l'âme du blé. Donc, il est au blé trois niveaux : l'essence,
la face et l'âme. Sache maintenant que la forme générique
est la forme de l'essence parce que tout ce qui apparaît
dans le blé — en fait de tige, rameau, feuille, fleur, fruit

* Qorān XVIII/109, cf. 164.

— tout cela est réuni dans l'essence du blé, y est caché et condensé. La forme spécifique est la forme apparente, parce que tout ce qui est contenu dans l'essence du blé — y est caché et condensé — à présent, au plan de la face, devient manifeste, spécifique et distinct. Donc, le destin de toute chose, ainsi que sa mesure, est fixé au plan de l'essence — mais tout y est condensé et non développé ; caché et non apparent. Au plan de la face, tout cela passe du condensé au développé ; du caché au manifeste. Pour cette raison, on appelle le plan de l'essence la Nuit du destin, la Nuit du rassemblement ; et le plan de la face, le Jour de la résurrection, le Jour du rassemblement, le Jour du jugement, le Jour du réveil.

Ayant appris ce que sont la forme générique et la forme spécifique, sache maintenant que les attributs du blé sont au plan de l'essence ; ses noms, au plan de la face ; ses actes, au plan de l'âme parce que l'attribut est la capacité ; le nom est le signe ; l'acte est la particularité.

O Derviche ! Le grain de blé a la puissance, par soi-même, de croître, de faire surgir de soi la tige, le rameau, la feuille, la fleur et le grain. Ce sont là les attributs du blé ; ils sont au plan de l'essence. La tige, le rameau, la feuille, la fleur, le fruit, en passant du condensé au déve-loppé, se séparent les uns des autres. Chacun reçoit un signe particulier qui le distingue. Ces signes sont les noms ; ils sont au plan de la face. Le résultat de la somme de ces deux stades constitue les actes. Ceux-ci sont au plan de l'âme, parce que la racine, la tige, la branche, la feuille, la fleur et le fruit représentent chacun un acte ; que tous ces actes sont au plan de l'âme.

du nom et de l'attribut

Sache que le nom est de deux sortes : le nom vrai et le nom figuré. Le nom vrai de toute chose est le signe réel de cette chose : il lui est inhérent et la distingue des autres. Le nom figuré de toute chose est le signe conventionnel de cette chose : il ne lui est pas inhérent — il lui est appliqué ; il est le nom connu de cette chose. D'où la querelle entre les théologiens : le nom est-il identique au nommé, ou bien est-il différent ? Celui qui dit que le nom est le nommé même, entend le nom vrai. Celui qui dit que le nom est autre que le nommé, entend le nom figuré.

D'autre part, sache que l'attribut aussi est de deux sortes : l'attribut vrai et l'attribut figuré. L'attribut vrai de toute chose est la vertu naturelle de cette chose : il lui est inhérent. Il est la manifestation de l'essence. L'attribut figuré de toute chose est contingent à cette chose. Il lui est attribué pour une certaine cause mais ne lui est pas inhérent. Il n'est pas la manifestation de l'essence. Pour cette raison, les attributs figurés sont appelés « accidents ». Donc, celui qui dit que l'attribut est le qualifié même, entend l'attribut vrai. Celui qui dit que l'attribut est autre que le qualifié, entend l'attribut figuré.

de l'être simple

Sache que l'essence, la face et l'âme du composé sont une chose ; que l'essence, la face et l'âme du simple, une autre. Le simple à son tour est de deux sortes : le simple vrai et le simple figuré. Toutes deux diffèrent du composé. Il faut un regard aigu et pénétrant pour percevoir l'essence, la face et l'âme du simple. Ce qui a été dit précédemment

226

s'applique aux corps composés. Nous ajouterons un mot au sujet du simple figuré, puis nous exposerons ce que sont l'essence, la face et l'âme de l'Un vrai.

O Derviche ! L'eau est un simple figuré. Elle a une essence, une face et une âme. Du point de vue de l'être, l'eau est une chose ; du point de vue selon lequel elle est commune à tout le végétal, elle en est une autre ; du point de vue de la somme de ces deux plans, elle en est une autre encore. Sache maintenant que l'être de l'eau est l'essence de l'eau ; que ce qui la rend commune à tout le végétal est la face de l'eau ; que la somme de ces deux plans est l'âme de l'eau. Sache encore que les attributs de l'eau sont au plan de l'essence ; ses noms au plan de la face ; ses actes au plan de l'âme.

O Derviche ! L'eau a de nombreuses vertus. Elle fait surgir des plantes, des arbres, des fleurs et des fruits de toute espèce ; les fait passer du monde condensé au monde développé. Chacune possède un signe particulier qui la distingue des autres. Ces signes sont les noms — ils sont au plan de la face.

O Derviche ! L'eau a deux modes d'être : le condensé et le développé. Le mode condensé est l'essence. Les attributs de l'eau sont à ce niveau. Avec chaque plante, il est pour l'eau une rencontre, un cheminement et un visage particuliers. Ce visage est appelé la « Face » de l'eau. Cette face a une forme distincte. Donc, vers quelque plante que tu te tournes, c'est toujours vers cette face de l'eau que tu te tournes. Mais revenons à notre propos.

O Derviche ! L'Etre de Dieu n'a ni lieu ni direction. Il n'a ni dessus ni dessous, ni droite ni gauche, ni avant ni après. L'Etre de Dieu est une lumière illimitée, infinie ; un océan sans fond et sans rive. Il n'a ni commencement, ni fin, ni terme, ni extrémité, ni composants, ni composés.

Il ne souffre ni altération, ni changement ; ni annihilation ni non-être ; ni analyse ni division. Il est l'Un véridique ; en son essence, il n'y a rien de multiple.

Ces prémisses étant posées, sache maintenant que cette Lumière — l'Un vrai — a une essence, une face et une âme ; des attributs, des noms et des actes. Les attributs de cette Lumière sont au plan de l'essence ; ses noms, au plan de la face ; ses actes, au plan de l'âme.

Du point de vue de l'être, la Lumière est une chose ; du point de vue du fait qu'elle est commune à tous les êtres, elle en est une autre ; du point de vue de l'être et de l'universalité, elle en est une autre encore. L'être de cette Lumière est son essence ; l'universalité de cette Lumière pour tous les êtres, sa face ; la somme de ces deux plans, son âme.

O Derviche ! Il n'est pas un atome d'entre les atomes qui ne participe à la Lumière divine, qui ne soit enveloppé par elle, qui d'elle ne soit averti. Cette universalité et cet enveloppement constituent la face de la Lumière. Donc, quel que soit l'objet vers lequel tu te tournes, c'est toujours vers la face de la Lumière que tu te tournes :

Quel que soit le côté vers lequel vous vous tournez, la face de Dieu est là.

Qorān II/115

Toute chose périt, à l'exception de Sa Face.

Qorān XXVIII/88

O Derviche ! L'homme, quoi qu'il adore, adore Dieu. Quelle que soit la chose vers laquelle il se tourne — la face de Dieu est là. Cette chose est périssable ; la face de Dieu est éternelle.

Tout ce qui se trouve sur la terre disparaîtra.
La face de ton Seigneur subsiste,
pleine de majesté et de munificence.

Qorān LV/26

Le Prophète, *sur lui le salut !* disait aux polythéistes :
« Vous n'adorez qu'un seul Dieu ! » Et les polythéistes de
s'étonner :

que vienne à eux
un avertisseur pris parmi eux.

Qorān XXXVIII/4

O Derviche ! Dieu dit :

Je n'ai créé les Djinns et les hommes
que pour qu'ils m'adorent.

Qorān LI/56

La parole de Dieu n'est jamais contrariée.
O Derviche ! Celui qui parvient à la face de Dieu, voit
cette face et adore Dieu ; mais il est idolâtre.

La plupart d'entre eux ne croient en Dieu
qu'en lui associant d'autres divinités.

Qorān XII/106

Tout le jour il est en conflit avec les hommes ; il est
dans le reniement et le désaveu.
Celui qui dépasse la face de Dieu, parvient à l'essence
de Dieu et voit cette essence — adore pareillement Dieu ;
mais il est unifique. Celui-là est délivré du reniement et
du désaveu. Il est en paix avec toutes les créatures.

229

de la Niche aux lumières

De même que la Lumière, sache que la Niche de la Lumière a une essence, une face et une âme ; des attributs, des noms et des actes. De même que ceux de la Lumière, les attributs de la Niche sont au plan de l'essence ; ses noms, au plan de la face ; ses actes, au plan de l'âme.

Ces prémisses étant posées, sache maintenant que les noms et les actes de la Lumière ne se manifestent pas sans la Niche ; que les noms et les actes de la Niche ne se manifestent pas sans la Lumière. Toutes deux ensemble s'épiphanisent. Il faut qu'il en soit ainsi parce que la Lumière, en un sens, est gardienne de la Niche ; et la Niche, en un sens, gardienne de la Lumière. Donc, l'une sans l'autre, comment se manifesteraient-elles ? Essence, face et âme sont inséparables :

> *Où que vous soyez, Il est avec vous.*
>
> Qorān LVII/4

> *Ceux qui te prêtent un serment d'allégeance*
> *ne font que prêter serment à Dieu.*
>
> Qorān XLVIII/10

Noms et actes sont inséparables :

> *Ce n'est pas vous qui les avez tués ;*
> *mais Dieu les a tués.*
>
> Qorān VIII/17

de la Lumière

O Derviche ! Il faut atteindre cet Océan englobant, cette Lumière illimitée et voir cette Lumière. Il faut regarder sous cette Lumière afin d'être délivré de l'idolâtrie. Alors, incarnation et identification sont réfutées ; désaveu et reniement, levés. La paix avec toutes les créatures du monde s'établit. Lorsque tu parviens à cette Lumière et la vois, tu sais et vois avec certitude qu'elle est le support du monde et des étants ; qu'il n'est pas un atome d'entre les atomes qui ne participe à cette Lumière divine, qui ne soit englobé par elle, qui n'en soit averti, qui n'en soit l'expression. Toute la création, comparée à sa grandeur, est comme une goutte d'eau à côté de l'océan — que dis-je ! moins encore. Tous les étants ont une limite ; l'essence de la Lumière est illimitée. Ce qui est limité ne saurait d'aucune manière être comparé à ce qui est illimité. Tous les étants, d'emblée, sont les épiphanies de Ses attributs. Donc, quel que soit le côté vers lequel on se tourne, c'est toujours vers elle que l'on se tourne. Quelle que soit la chose que l'on adore, c'est toujours elle que l'on adore, quand bien même on l'ignore.

Mon vénéré Maître me rapportait ainsi : « J'accédai à cette Lumière et la vis. C'était une Lumière illimitée, infinie ; un Océan sans fond et sans rive. Sous cette Lumière, je restai ébloui. Le dormir, le boire, le manger, toute notion de perte et de profit me quittèrent. Je m'ouvris de cet état à mon Maître. Celui-ci m'ordonna d'aller sur le lieu de la moisson d'un quidam et d'en prélever une poignée de paille sans la permission de Dieu. Ainsi fis-je ; et je ne vis plus la lumière. — Ah Maître ! dis-je, cette lumière ne relève pas des sens. Elle ne saurait être vue par les yeux de chair ; elle ne le pourrait que par les yeux du secret. — Ami ! répondit le Maître, cette lumière peut être vue, et par les yeux de chair, et par les yeux du secret. — Maître ! Le signe de celui qui a atteint cet Océan de lumière est qu'il est immergé en lui. Désormais il ne se voit plus lui-même : il ne voit que l'Océan. — La contemplation ne dure pas, dit-il. — Maître ! La contemplation est une chose ; la vision une autre. — La contemplation ne dure pas, reprit-il, alors que la vision est éternelle. »

comment atteindre la Lumière

O Derviche ! Atteindre cette Lumière, voir cet Océan, est chose difficile à l'extrême ; c'est là le rang suprême. Pour y accéder, il faut s'astreindre à l'ascèse et au travail assidu, avec constance, des années durant. L'ascèse passagère de celui qui est préoccupé par les affaires du monde est vaine — elle n'ouvre aucune porte.

O Derviche ! Si tu as l'énergie spirituelle de cette entreprise et veux t'y adonner, renonce d'abord à toute autre. Brise les idoles ; n'aie plus qu'une seule direction, une seule *qibla* ; acquiers la concentration et le détachement. Alors, au commerce d'un Sage, de nombreuses années durant, montre-toi constant en ascétisme et en effort, afin, en premier lieu, de rendre pur et limpide le miroir de ton corps — que celui-ci devienne transparent et apte à recevoir la lumière. C'est là le début de l'épreuve. Ensuite, par le polissage du travail assidu, rends pur et brillant le miroir de ton cœur et la Lumière de Dieu viendra s'y refléter. C'est là le terme de l'épreuve. Une fois la Lumière de Dieu apparue, le pèlerin sait et voit avec certitude que Dieu est en tout.

« Il faut Ta lumière pour Te voir. »

Quand le pèlerin arrive à cette Lumière illimitée, infinie, à cet Océan sans fond, sans rive — cette Lumière même, par l'éloquence silencieuse, devient son guide.

que personne n'est informé sur l'essence de cette Lumière

Sache que celui qui parle de cette Lumière ne parle jamais que de Sa face ; car nul de Son essence n'est informé, ni ne peut l'être.

O Derviche ! De l'Etre absolu, simple et sans tracé, qui pourrait parler ? Qui, le décrire ? S'il est possible de parler de l'être relatif — de l'Etre absolu on peut seulement dire qu'il est une lumière ; qu'il n'a ni commencement ni fin ; ni limite ni extrémité ; ni égal ni semblable.

Pharaon demanda à Moïse, *sur lui le salut !* « Qu'est-ce que ton Dieu ? » Moïse savait que Pharaon l'interrogeait sur l'essence. Il savait que de Son essence il ne peut être donné information ; il parla de Sa face. Et Pharaon, en présence de la foule, le traita de fou, disant : « Je l'interroge sur l'essence ; il me répond sur la face. »

Pharaon dit :
« Qui donc est le Seigneur des mondes ? »

Moïse dit :
« C'est le Seigneur des cieux et de la terre
et de ce qui se trouve entre les deux.
— Si seulement vous le croyiez fermement ! — »

Pharaon dit à ceux qui l'entouraient :
« Avez-vous entendu ? »

Moïse dit :
« C'est votre Seigneur,
et le Seigneur de vos ancêtres les plus reculés. »

Pharaon dit :
« Votre prophète qui vous a été envoyé
est un possédé. »

Moïse dit :
« C'est le Seigneur de l'Orient et de l'Occident
et de ce qui se trouve entre les deux.
— Si seulement vous compreniez ! — »

Qorān XXVI/23.28

O Derviche ! Pharaon posait intentionnellement cette question afin, devant la foule, de confondre Moïse. Car, Pharaon savait que de l'essence de Dieu, il ne pouvait être parlé.

O Derviche ! Pharaon était averti. Il connaissait Dieu et savait Moïse un prophète. C'est pourquoi, il disait : *« Votre prophète qui vous a été envoyé »*, et ne reniait pas Moïse. Mais à Moïse il disait : « Je suis plus grand que toi parce que, toi, bien qu'ayant la connaissance, tu n'as pas la puissance. Moi, je possède l'une et l'autre et peux, mieux que toi, guider le peuple. »

« Je suis votre Seigneur, le Très Haut ! »

Qorān LXXIX/24

disait-il.

234

Ces mots *le Très Haut* prouvent que Salomon se prétendait plus grand que Moïse — non qu'il reniait Moïse.

exhortation

O Derviche ! Aime grands et petits afin d'être aimé par les uns et les autres. Sois humble envers l'ami et l'ennemi afin que l'ami devienne plus ami et que l'ennemi ne devienne pas plus ennemi — que dis-je ! qu'il devienne ami. La coutume de l'élite, au contraire de celle du vulgaire, veut que prévenances et attentions augmentent avec l'amitié et l'amour.

O Derviche ! La tolérance, la modestie, le respect, la sollicitude envers tous sont les vertus des prophètes et des Amis de Dieu.

O Derviche ! Accorde ton apparence à celle des autres ; ne te distingue pas en ta manière de vivre. Tel est « l'éthos » des Amis de Dieu ; tel est leur coupole. Tous se tiennent sous ce dais.

O Derviche ! S'il y a commerce entre toi et Dieu, c'est l'affaire du cœur. Personne, de celui-ci, n'est averti. Le progrès et l'ascension dépendent de l'intérieur. C'est par l'intérieur que tu te distingues des autres, non par l'extérieur. C'est par l'extérieur que les hypocrites trompent le monde : non par l'intérieur.

O Derviche ! Sache de science certaine que celui qui cherche la notoriété — qui se plaît à passer pour maître ou pieux dévot — n'a pas le moindre arôme de Dieu. Les prophètes et les docteurs de la Loi, qu'ils le veuillent ou non, sont contraints à la notoriété. Mais il n'en est pas de même pour les Amis de Dieu et les mystiques. De ceux-ci, la seule affaire est de donner à boire à celui qui a soif, de se tenir sous la coupole et de contempler. Donc, celui de cette famille qui fait ostentation de science et de dévotion n'est ni Ami ni gnostique mais cupide et ambitieux. Par cette voie, il se peut qu'il conquière le monde. Mais celui-là n'est pas même au plan de l'homme ordinaire car ce dernier, c'est par la contrainte du monde même qu'il récolte le monde. Lui est hypocrite — il est le pire des hommes.

Gloire à Dieu le Seigneur des deux mondes.

VINGT-DEUXIÈME TRAITÉ

Du Paradis et de l'Enfer

Un groupe de derviches, *que Dieu augmente leur nombre,* demanda à ma chétive personne de rédiger un traité sur le Paradis et l'Enfer. D'exposer ce qu'est la réalité du Paradis et celle de l'Enfer ; la réalité du bonheur et celle du malheur ; combien il est de paradis et d'enfers ; quel était le paradis d'Adam et d'Eve ; l'arbre à cause duquel, en s'y approchant, ceux-ci furent chassés du paradis. Je répondis à sa requête et priai Dieu Très Haut de m'accorder aide et assistance afin qu'Il me garde de la faute et de l'erreur, car *Il est puissant et prêt à exaucer.*

Jadis, il y eut Adam et Eve ; leur histoire est connue. Présentement, il est de fait en nous un Adam et une Eve. Demain, il y aura un paradis et un enfer ; leur histoire aussi est connue. Présentement, il est de fait en nous un paradis et un enfer. Nous éluciderons d'abord dans ce traité ce qui est en nous ; puis, dans un autre, ce qui est hors de nous. *Ma réussite ne dépend que de Dieu. A Lui je m'abandonne ; à Lui, je me remets.*

237

du paradis et de l'enfer présents ;
de l'Adam et de l'Eve présents

Sache, *béni sois-tu dans les deux mondes,* que la réalité du paradis est l'harmonie ; la réalité de l'enfer, la discordance. Que la réalité du bonheur est de trouver l'objet de la quête ; la réalité du malheur, de ne le point trouver. Quelle que soit la façon dont on l'exprime, tel est le sens du paradis et de l'enfer.

Sache encore que le paradis et l'enfer ont de nombreuses portes. Les belles dispositions, les paroles et les actes louables sont les portes du Paradis. Les dispositions mauvaises, les paroles et les actes blâmables, les portes de l'Enfer. La peine et le malheur en l'homme proviennent des dispositions mauvaises, des actes et des paroles blâmables ; la sérénité et le bonheur, des belles dispositions, des actes et des paroles louables.

des portes de l'Enfer ; des portes du Paradis

Selon certains, l'Enfer a sept portes et le Paradis huit. Il en est ainsi parce que les facultés de l'homme — les cinq sens, l'imagination, la « fantaisie » et l'intelligence — sont au nombre de huit. L'homme perçoit et comprend par les cinq portes des sens. Chaque fois que l'intelligence vient à manquer, que les sept autres facultés agissent sur l'ordre de la nature et non de l'intelligence, ces sept facultés deviennent les portes de l'Enfer. Et lorsque l'intelligence intervient, qu'elle commande aux sept autres facultés et que celles-ci agissent sur son ordre, toutes les huit deviennent les portes du Paradis. Les hommes doivent d'abord traverser l'Enfer avant d'arriver au Paradis. Certains restent en Enfer et ne peuvent en sortir. D'autres le traversent et arrivent au Paradis :

> *Il n'y a personne de vous qui n'y sera précipité :*
> *c'est un arrêt décidé par ton Seigneur.*
> *Nous sauverons ensuite ceux qui craignent Dieu*
> *et nous y laisserons les injustes agenouillés.*
>
> Qorān XIX/71.2

O Derviche ! La plupart des hommes restent en Enfer et ne peuvent en sortir :

> *Nous avons destiné à la Géhenne*
> *un grand nombre de djinns et d'hommes.*
> *Ils ont des cœurs*
> *avec lesquels ils ne comprennent rien ;*
> *ils ont des yeux*
> *avec lesquels ils ne voient pas ;*
> *ils ont des oreilles*
> *avec lesquelles ils n'entendent pas.*
> *Voilà ceux qui sont semblables aux bestiaux,*
> *ou plus égarés encore.*
> *Voilà ceux qui sont insouciants.*
>
> Qorān VII/179

O Derviche ! Voici ce qui a été dit avant nous sur le sens du Paradis et de l'Enfer.

des degrés de l'Enfer et du Paradis

Il est plusieurs enfers et plusieurs paradis. La voie du

pèlerin les traverse tous. L'enfer et le paradis des sots est d'une sorte ; l'enfer et le paradis de ceux doués d'intelligence, d'une autre ; l'enfer et le paradis des amants, d'une autre encore. L'enfer des ignorants est la discordance et le paradis, l'harmonie. L'enfer des sages est la nécessité et le paradis, le renoncement. L'enfer des amants est le voile et le paradis, le dévoilement.

O Derviche ! L'amour est un feu qui embrase le cœur du pèlerin ; qui, d'emblée, anéantit les causes extérieures et intérieures de ses désirs — toutes idoles de son ego, toutes écrans sur son parcours — en sorte que le pèlerin n'ait plus ni *qibla,* ni idoles ; qu'il devienne pur, limpide et simple. *Dieu est pur ; Il aime le pur.*

O Derviche ! L'amour est le bâton de Moïse et le monde, un magicien tout le jour adonné à la sorcellerie. Le monde sans cesse élabore des phantasmes et les hommes, par ces phantasmagories, sont abusés. L'amour ouvre la bouche : d'un seul coup, il engloutit le monde et tout ce qui s'y trouve — il rend le pèlerin pur, limpide et simple. Alors, le nom de « pur » *(sāfī)* sied au pèlerin. Une fois *sāfī,* il devient *soufi.*

O Derviche ! Il faut au pèlerin franchir maintes étapes avant d'atteindre le rang du soufisme — de recevoir le nom de Soufi. Il faut au soufi franchir maintes étapes avant d'atteindre le rang de la gnose — de recevoir le nom de Gnostique. Il faut au gnostique franchir maintes étapes avant d'atteindre le rang de l'Amitié divine — de recevoir le nom d'Ami. Le soufisme est un haut rang. Rares sont les pèlerins qui y parviennent. Ce rang est limitrophe de celui de l'Amitié divine.

O Derviche ! L'intelligence, tant qu'elle n'a pas atteint la station de l'amour, est le bâton du pèlerin. Elle le soutient et le sert dans les affaires du monde :

« *C'est mon bâton sur lequel je m'appuie*
et avec lequel j'abats du feuillage pour mes mou-
tons ; il me sert encore à d'autres usages »,
Qorān XX/18

dit Moïse.

Mais ce bâton, tant que l'amour ne vient pas l'animer, n'a pas d'âme. L'intelligence sans l'amour est chose morte.

O Derviche ! L'exhortation : « Rejette l'intelligence ! » qui vient au pèlerin signifie : « L'intelligence est tournée vers le monde ; il est à craindre qu'elle ne te tue. Détourne-la de toi afin qu'elle se tourne vers Nous. » Or, seul l'amour peut rejeter l'intelligence. Le pèlerin, au début de son entreprise, est dépourvu d'amour. Ce n'est que lorsqu'il atteint cette station qu'il est à même de rejeter l'intelligence. Ce faisant, il voit un serpent redoutable et craint pour ses jours.

O Derviche ! *Les choses sont connues par leurs contraires.* Tant que la Lumière divine ne s'est pas manifestée, les ténèbres du monde ne peuvent être mesurées. Celui qui convoite le monde, qui est prisonnier de ses plaisirs et de ses appétits, se meurt. Le verset :

Il le jeta,
et le voici, serpent qui rampait.

Dieu dit :
« *Saisis-le !*
Ne crains rien !
Nous allons le faire revenir à son premier état. »
Qorān XX/20.1

signifie : Puisque tu as vu l'intelligence sous la forme du serpent, saisis ce serpent et ne crains rien ; nous le ferons redevenir bâton. Jusqu'à présent, l'intelligence était adonnée aux affaires du monde. Maintenant, elle est tournée vers l'Aimé. Ce monde, jusqu'alors adonné à la sorcellerie, qui te retenait de la pérégrination vers Dieu et ne veillait qu'à son propre service — à présent est ton serviteur ; sur la voie vers Dieu, le voici ton auxiliaire et ton soutien.

> « *Nous croyons au Seigneur des mondes,* »
>
> Qorān VII/121

dirent les magiciens.

O Derviche ! Ce trésor qui fut proposé à tous les êtres et que tous refusèrent sauf l'homme, est l'amour. Si l'homme avait su l'amour, chose si périlleuse et redoutable, jamais il ne s'en serait chargé :

> *Mais il est injuste et ignorant.*
>
> Qorān XXXIII/72

d'Adam et d'Eve

Sache qu'il est sept enfers et huit paradis. A chaque paradis est un enfer correspondant, sauf au premier auquel il n'en est pas. Il y a d'abord les corps simples puis les corps composés. Les corps simples sont chacun tels qu'ils sont. Ils n'ont ni développement ni ascension ; ni perception ni connaissance ; ils ne sont affectés ni par la peine ni par le plaisir parce que tout ceci est propre au composé. Adam et Eve étaient au premier paradis. Comme dans ce paradis du virtuel l'être n'était pas, il n'y avait pas d'antagonisme et Satan n'était pas opposé. A l'exhortation : « Soit ! », Adam et Eve sortirent de ce paradis premier. Du ciel du non-être ils arrivèrent à la terre de l'être. Alors vint cette exhortation : « O Adam ! Dans ce deuxième paradis, celui des corps simples, installe-toi ! Cependant, de l'arbre du composé n'approche pas ! Sinon, de ce paradis, il te faudrait sortir. Et alors tu serais malheureux et nécessiteux.

> *« O Adam !*
> *Celui-ci est un ennemi pour toi et pour ton épouse.*
> *Qu'il ne vous fasse pas sortir tous deux du jardin,*
> *sinon tu serais malheureux.*
> *Tu n'y auras pas faim ;*
> *tu n'y seras pas nu ;*
> *tu n'y auras pas soif ;*
> *tu n'y souffriras pas de la chaleur du soleil. »*

> *Le démon le tenta.*
>
> Qorān XX/117.120

Adam et Eve approchèrent de l'arbre du composé. Vint cette exhortation :

> *« Descendez, tous deux ensemble, du jardin,*
> *ennemis les uns des autres. »*
>
> Qorān XX/123

Tous trois sortirent du second paradis et pénétrèrent dans le troisième. Du ciel du simple, ils atteignirent la terre du composé et devinrent nécessiteux. Ils éprouvèrent la faim, la soif et la nudité. Ce paradis est celui des ignorants et des enfants. Vint cette exhortation : « O Adam ! Dans ce troisième paradis, installe-toi. Tu y jouiras de nombreux bienfaits. Il ne sera pour toi ni interdit, ni compte, ni obligation. Tout ce que tu voudras, tout, de partout, goûtes-y ! Cependant, de l'arbre de l'Intelligence n'approche pas ! Sinon, de ce troisième paradis, il te faudrait sortir. Et alors tu serais injuste. »

> « O Adam !
> Habite avec ton épouse dans le jardin ;
> mangez de ses fruits comme vous le voudrez ;
> mais ne vous approchez pas de cet arbre,
> sinon vous seriez au nombre des injustes. »
>
> Le Démon les fit trébucher
> et il les chassa du lieu où ils se trouvaient.
>
> Qorān II/35.6

Ils approchèrent de l'arbre de l'Intelligence. Vint cette exhortation :

> « Descendez, et vous serez ennemis les uns des autres.
> Vous trouverez sur la terre,
> un lieu de séjour et de jouissance éphémère. »
>
> Qorān II/36

Tous les six quittèrent le troisième paradis et pénétrèrent dans le quatrième.

O Derviche ! Ils furent trois à sortir du deuxième paradis : Adam, Eve et Satan. Ils furent six à sortir du troisième : Adam, Eve, Satan, Iblis, le Paon, le Serpent. Adam représente l'esprit ; Eve, le corps ; Satan, la nature ; Iblis la « fantaisie » ; le Paon, le désir ; le Serpent, la colère. Lorsque Adam se fut approché de l'arbre de l'Intelligence, il sortit du troisième paradis et pénétra dans le quatrième. Tous les Anges se prosternèrent devant lui, sauf Iblis qui refusa. Autrement dit, toutes les facultés de l'esprit et du corps se soumirent à l'esprit sauf la « fantaisie ». Mais voici que je deviens prolixe.

de l'Arbre

Donc, il a été dit qu'il est huit paradis. Sache maintenant qu'à l'entrée de chacun est un arbre. Chaque arbre porte un nom d'après lequel est appelé ce paradis. Le nom du premier arbre est « Possible » ; celui du second : « Etre » ; celui du troisième : « Composition » ; celui du quatrième « Intelligence » ; celui du cinquième : « Création » ; celui du sixième : « Connaissance » ; celui du septième : « Lumière de Dieu » ; celui du huitième : « Face de Dieu ». Le pèlerin, tant qu'il n'accède pas à la Lumière divine, n'est pas honoré de la Face.

> « Il faut Ta lumière même pour Te voir ;
> Que pourrait celle des yeux de chair ! »

O Derviche ! Le beau caractère est un paradis, ô combien vaste et délicieux ; le caractère mauvais, un enfer à l'extrême étroit et redoutable. Le plaisir procuré par les belles dispositions, comparé à celui de la science et de la connaissance, est comme une goutte d'eau à côté de l'océan. Le plaisir de comprendre est un plaisir à l'extrême délicieux que ne sauraient égaler toutes les jouissances du corps. Connaître et voir la substance et la réité des choses, se connaître soi-même ainsi que son Créateur, est un plaisir intense. De même que le paradis qui est plus éloigné est plus délectable, la connaissance y étant plus grande d'autant, et que l'enfer qui est plus éloigné est plus redoutable — l'homme qui est plus élevé est plus grand en connaissance, en exigence et en désir. Plus l'homme est conscient, plus il doit se garder extérieurement et intérieurement de dire, faire ou penser une chose qui soit contraire à la bienséance et à la dignité. Plus il devient proche, plus il doit veiller à être partout et toujours présent — il ne doit pas, d'un souffle, s'écarter. Et si, le temps d'un regard, il s'absente et vient à prononcer une seule parole ou faire un seul geste où il ne soit totalement présent — il mérite un blâme sévère. *Ce qui est louable de la part des bons est blâmable de la part de Ses proches.* Ceci est la présence des soufis ; ceci est la station de la Crainte ; la station de l'Amour. Crainte et Amour vont de pair après la Connaissance. C'est pourquoi il a été dit : « *Les hommes sincères courent un grand risque.* » Le soufi qui n'accède pas à ce rang ne recueille pas le moindre arôme du soufisme. Pour celui-là, le soufisme n'est qu'une affaire de chapelet et de prosternation. O malheureux, resté loin en deçà ! Le rang de soufi est un haut rang. Celui qui n'a cure de soi, qu'a-t-il à faire de chapelet et de prosternation ?

O Derviche ! Plus l'homme s'élève, plus il est conscient et présent ; et plus son entreprise est difficile. C'est pourquoi il a d'abord été dit à Adam au deuxième paradis : « N'approche pas de l'arbre de la Composition. » Et au troisième : « N'approche pas de l'arbre de l'Intelligence. » Et au quatrième : « O Adam ! Puisque dans l'ascension te voici arrivé à l'arbre de l'Intelligence, et de ce fait, devenu responsable, assujetti à l'ordre et à l'interdit — mets-toi vaillamment à l'œuvre et sur la voie avance ; rester en chemin n'est pas l'affaire des hommes vrais ! Traverse ces enfers et ces paradis ; ne sois distrait par aucun bonheur, retenu par rien ; ne fuis pas l'adversité, ne reste pas en chemin ! Heur et malheur, ombre et soleil, ne sont que pour que tu grandisses et te montres aux anges car, à leur question, J'ai répondu : " Je sais une chose que vous ne savez pas. " Sois assidu, va sans t'arrêter jusqu'à parvenir à la Lumière divine. Une fois à cette Lumière, tu te connaîtras toi-même et Me connaîtras ; tu seras honoré par Ma face. Alors, au Paradis vrai, ta connaissance sera parfaite. M'ayant trouvé, tu récolteras les deux mondes. Tu sauras tout — rien, dans les trois univers : le *Molk*, le *Malakūt* et le *Jabarūt*, ne te sera plus caché. Le paradis est ce Paradis ; le plaisir, ce Plaisir. »

O Derviche ! L'affaire du pèlerin n'est autre que de connaître et voir Dieu ; de connaître et voir les attributs de Dieu. Autrement, il vient aveugle et part aveugle. Quand le pèlerin arrive à la Lumière divine, il est à ce rang où l'Envoyé de Dieu, *sur lui le salut !* disait : « *Prenez garde à l'intelligence de l'homme de Foi car il voit par la Lumière divine !* » Le pèlerin, jusque-là, voyageait à la lumière de l'intelligence ; désormais, il voyage à la Lumière de Dieu. Il avance ainsi jusqu'à ce que tous les voiles, lumineux et obscurs, se lèvent devant lui — qu'il voie Dieu et Le connaisse. Autrement dit, la Lumière divine atteint l'Océan et Le voit. Donc, par Sa lumière même, Sa lumière est vue et connue.

O Derviche ! Ceci est le huitième paradis. Il est, selon nous, le paradis ultime. Toutefois, pour certains, il existe un neuvième paradis ; dans ce dernier, est planté l'arbre de la Puissance. Le pèlerin, quand il arrive à la Lumière de Dieu, qu'il est honoré par Sa face, accède de la certitude noétique à la certitude eïdétique. Désormais, il voit de ses propres yeux, et non de science théorique, que l'être appartient à Dieu ; qu'il n'est pas un atome d'entre les atomes de l'univers dont la Lumière divine ne participe à l'essence ; dont elle ne soit l'enveloppe ; dont elle ne soit avertie. Le pèlerin se détache de son être propre et le dispense — il sort de la vanité et du leurre.

O Derviche ! Lorsque le pèlerin, ces voiles franchis, sait et voit avec certitude que tout ce qu'il voyait jusque-là n'était qu'apparence, n'était que la Niche de la Lumière, il parvient à l'essence de Dieu. Alors, Dieu Très Haut le fait participer à Son être même. Il le pare de Ses attributs en sorte que tout ce que dit le pèlerin est le « dire » de Dieu ; tout ce que fait le pèlerin est le « faire » de Dieu. Le pèlerin devient connaissant et puissant ; il possède la force et l'énergie spirituelle.

> *Ce n'est pas vous qui les avez tués ;*
> *Mais Dieu les a tués.*

> *Tu ne lançais pas toi-même les traits*
> *quand tu les lançais,*
> *mais Dieu les lançait.*
>
> Qorān VIII/17

Toutefois, à ce neuvième paradis évoqué par certains, mon faible entendement n'a point accès. De ce paradis, je n'ai rien vu en moi-même ni en mes proches. J'en ai seulement entendu parler.

du neuvième paradis évoqué par certains

Certains disent qu'il est des hommes dont Dieu exauce tous les désirs, entend toutes les requêtes. Il suffit à ceux-là de diriger leur énergie spirituelle sur une chose pour que cette chose soit. *Que d'hommes hirsutes, poussiéreux, vêtus de haillons qui, lorsqu'ils demandent une chose à Dieu*

l'obtiennent ! Ceux-là possèdent à la perfection la connaissance, la puissance et la force d'âme. Ils sont exaucés et
comblés parce que, avant même que la mort naturelle ne
les prenne, ils sont morts de la mort volontaire — ils ont
dépassé ce monde et sont déjà dans l'autre. Veulent-ils la
pluie ? des nuages aussitôt apparaissent et il se met à pleu-
voir. Veulent-ils que la pluie cesse ? les nuages aussitôt se
résorbent et disparaissent. Veulent-ils le mal d'un tel ?
celui-ci aussitôt tombe malade. Veulent-ils sa guérison ?
celui-ci aussitôt recouvre la santé. On dit aussi qu'en une
heure de temps, ils ont le pouvoir d'aller de l'Occident à
l'Orient et inversement ; de marcher sur l'eau, dans l'air et
le feu ; de se rendre à volonté visibles et invisibles. On dit
encore que leur subsistance leur est procurée chaque jour
sans intervention humaine.

On rapporte qu'un jour le prophète Moïse et Khezr[1],
sur eux le salut ! se trouvaient dans le désert. Ils eurent
faim. Aussitôt une gazelle vint, entre eux deux, se placer.
Le flanc de la gazelle qui était vers Khezr était cuit ; le
flanc vers Moïse, cru. Khezr se mit à manger cependant
que Moïse ne le pouvait. « Ramasse des brindilles, dit
Khezr, et allume un feu ; fais cuire la viande et mange !
— Comment se fait-il, demanda Moïse, que de ton côté
la chair soit cuite et du mien, crue ? — Je suis dans l'autre
monde, répondit Khezr ; toi, tu es dans ce monde. La nourriture de ce monde s'acquiert ; celle de l'autre est procurée
toute prête. Le pain de ce monde est gagné ; celui de l'autre est donné. Ce monde est le lieu du labeur ; l'autre,
celui de la rétribution. »

> *Chaque fois que Zacharie allait la voir dans le
> Temple,
> il trouvait auprès d'elle la nourriture nécessaire,*

et il lui demandait :
« O Marie ! D'où cela te vient-il ? »

Elle répondait :
« Cela vient de Dieu ;
Dieu donne, sans compter, sa subsistance à qui il
veut. »

Qorān III/37

Cette anecdote et d'autres de la sorte sont rapportées au sujet de ce neuvième paradis.

O Derviche ! Aujourd'hui où j'écris ceci, nous n'avons, ni moi ni mes compagnons, ce pouvoir. Néanmoins, il n'y a pas lieu de le réfuter. Puisse Dieu Très Haut nous l'accorder ; Il est omnipotent ! Ce que nous savons présentement est que, s'il est un pouvoir donné à l'homme, c'est celui d'accomplir ce qui est licite et de s'abstenir de ce qui est illicite, selon la Loi transmise par l'intermédiaire des prophètes et des Amis de Dieu. Ce que nous savons encore et auquel nous avons abouti est que la magnificence de l'homme est dans la connaissance de Dieu et les qualités louables. Celui dont la connaissance et le bon caractère sont plus grands — sa magnanimité ainsi que sa proximité de la Présence divine sont d'autant accrues.

O Derviche ! Sache que les hommes, rois et sujets, prophètes et disciples, savants et ignorants, sont tous indigents et misérables. Ils vivent dans le désappointement, à moins que, consentant à leur sort, ils n'atteignent la perfection. Prophètes, Amis, Rois, Princes, le plus souvent, désirent que beaucoup de choses qui ne sont pas soient, et inversement. Son Décret absolu veut que dans les trois univers, le *Molk,* le *Malakūt* et le *Jabarūt,* il en soit ainsi. En outre, désir et aversion chez l'homme ne correspondent pas nécessairement à ce qui est bon ou mauvais pour lui.

> *Il se peut que vous ayez de l'aversion pour une*
> *chose,*
> *et elle est un bien pour vous.*
> *Il se peut que vous aimiez une chose,*
> *et elle est un mal pour vous.*
>
> Qorān II/216

Gloire à Dieu le Seigneur des deux mondes.

TRAITÉS SUPPLÉMENTAIRES
qui apparaissent dans certains manuscrits
sous le titre de :

Le Livre des Etapes des Pèlerins

Traité sur la *walāyat*, l'Amitié divine ;
la *nobowwat,* la Mission prophétique ;
l'ange ; la révélation ; l'inspiration ;
le rêve véridique

Un groupe de derviches, *que Dieu augmente leur nombre,* demanda à ma chétive personne de rédiger un traité sur la *walāyat* et la *nobowwat* — l'Amitié divine et la Mission prophétique — sur l'ange, la révélation, l'inspiration et le rêve véridique. Je répondis à sa requête et priai Dieu Très Haut de m'accorder aide et assistance afin qu'Il me garde de la faute et de l'erreur, car *Il est puissant et prêt à exaucer.*

Prologue

Il a été dit dans le premier traité que l'esprit humain est envoyé du monde supérieur au monde inférieur en quête de perfection. Mais voici : la perfection, sans un outil, ne se peut récolter. Un outil appartenant à ce bas-monde est donné à l'esprit ; cet outil est le corps. Donc, l'homme s'avère composé d'un esprit et d'un corps.

Ayant appris ces prémisses, sache maintenant que

l'homme, parce qu'il a un corps, a besoin de s'adonner à ce monde et, parce qu'il a une âme, d'acquérir l'autre. Pour ces deux raisons, il faut à l'homme un avertisseur et un guide lesquels soient aussi l'un et l'autre du genre humain, pour que le profit soit possible et la perfection récoltée. Je sais que tu n'as pas bien compris ; je m'exprimerai plus clairement.

de la nécessité, pour l'homme, d'un prophète

Sache que l'homme n'a pas la capacité, sans Dieu, d'accéder à Dieu. Tous les hommes n'ont pas l'aptitude de recevoir de Dieu l'influx — d'être distingués par Sa révélation et Son inspiration. Donc, il faut à l'homme un intermédiaire qui soit aussi du genre humain. Dieu Très Haut, par Sa faveur et Sa munificence, rendit immaculés certains d'entre les hommes : Il leur révéla Son essence, Ses attributs et Ses actes ; Il les élut pour Amis ; les favorisa de Sa présence ; les distingua par Sa révélation et Son inspiration. Il les envoya aux autres hommes afin qu'ils les informent de Dieu, leur communiquent Ses ordres et Ses interdits, leur montrent la Voie droite et que les hommes s'attachent à respecter l'ordre et l'interdit, à recueillir la perfection. Comme preuves de leur mission prophétique, Il les fit accompagner de signes.

que la nobowwat, la Mission prophétique, a deux faces

Sache que le prophète a deux faces : l'une est tournée vers Dieu ; l'autre vers les serviteurs de Dieu. D'un côté, le nabi reçoit de Dieu l'influx ; de l'autre, il transmet l'influx aux serviteurs de Dieu. Ce côté qui est tourné vers Dieu, qui de Dieu reçoit l'influx, est appelé *walāyat*, Amitié divine. La *walāyat* est Proximité. Ce côté qui est tourné vers les serviteurs de Dieu, qui transmet à ceux-ci les paroles de Dieu, est appelé *nobowwat,* Mission prophétique. La *nobowwat* est Avertissement. Donc, l'Ami est celui qui est proche ; le prophète, celui qui avertit.

O Derviche ! *walāyat* et *nobowwat* sont les deux attributs du prophète ; l'Ami n'en possède qu'un. Un temps, en notre province, dans la ville de Nasaf, que dis-je ! dans toute la Transoxiane, s'éleva cette controverse : la *walāyat* est-elle supérieure à la *nobowwat,* ou inversement ? Certains se figurèrent que le débat portait sur la personne du Prophète ou de l'Ami. Lorsque j'arrivai au Khorassan, au service du Shaykh des shaykhs Sa'doddīn Hamū'ī, *sanctifié soit son esprit !* la controverse durait encore. Aujourd'hui que le Maître n'est plus, ses compagnons continuent d'en discuter. Mais revenons à notre objet.

Les proches de la Présence divine sont de deux sortes. Certains s'absorbent dans la contemplation et la vision face à face ; ce sont les *Awliya,* les Amis de Dieu. Les autres sont envoyés par Dieu aux hommes afin de leur transmettre les paroles divines ; ce sont les nabis, les prophètes.

des degrés parmi les Amis de Dieu

Sache que les Amis de Dieu sont au nombre de trois cent cinquante-six ; que ce nombre est constant. Lorsque l'un d'entre eux quitte ce monde, un autre vient le remplacer. Tous sont à la Cour divine, attachés à Son service. Leur quiétude est dans la remémoration de Dieu ; leur savoir, dans la contemplation de Dieu ; leur délectation, dans la Face de Dieu. Tous s'échelonnent, selon une hiérarchie, en six groupes, chacun respectivement de : trois cents Amis, de quarante, de sept, de cinq, de trois et d'un. Cet unique est le Pôle ; le monde est axé sur son être béni. Lorsque le Pôle quittera ce monde et qu'un autre ne viendra pas le remplacer, le monde s'effondrera.

O Derviche ! Lorsque le Pôle quitte ce monde, l'un du groupe des trois prend sa place, cependant que l'un du groupe des cinq prend celle de celui du groupe des trois et ainsi jusqu'au groupe des trois cents. Alors, un homme d'entre tous les hommes de la terre est élevé au rang des trois cents en sorte que le nombre de trois cent cinquante-six soit maintenu inchangé.

O Derviche ! A la fin des temps, plus aucun homme ne sera élevé au rang des trois cents. Ainsi ce groupe ira diminuant jusqu'au trois centième et dernier Ami. Ensuite, ce sera le tour des quarante ; puis celui des sept ; puis celui des cinq ; puis celui des trois. Alors, le Pôle restera seul. Puis le Pôle disparaîtra et le monde s'effondrera.

ce que sont les Amis de Dieu

Sache que ces trois cent cinquante-six élus sont savants et proches ; qu'ils possèdent la générosité, l'énergie spirituelle et la puissance ; qu'ils sont exaucés dans leurs requêtes. Leur force d'âme est efficace ainsi que leur prière : tout ce qu'ils demandent à Dieu — le Très Haut le leur accorde. Leur générosité et leur pouvoir sont tels que, la terre, l'eau, l'air et le feu, la plaine et la montagne ne font pas obstacle à leur regard. S'ils se trouvent à l'Orient, ils voient les peuples de l'Occident et entendent leurs paroles ;

et inversement. Et s'ils veulent aller de l'Orient à l'Occident, ils accomplissent le trajet en un instant. Pour eux, la mer, la montagne et la plaine sont égales ; l'eau et le feu indifférents. Telle est l'étendue de leur pouvoir. Cependant, d'entre tous, le Pôle est le plus savant et le plus proche ; son pouvoir et son énergie spirituelle sont plus grands. Celui qui est plus proche du Pôle est d'autant plus savant et plus proche.

O Derviche ! Celui dont le rang est plus élevé connaît le rang au-dessous du sien. Mais celui dont le rang est plus bas ignore le rang au-dessus du sien.

O Derviche ! Selon les termes mêmes d'un *hadîth*, les trois cents Amis sont dans le cœur d'Adam ; les quarante dans le cœur de Moïse ; les sept dans le cœur de Jésus ; les cinq dans le cœur de Gabriel ; les trois dans le cœur de Michaël ; l'unique dans le cœur de Séraphiel. Les trois cent cinquante-six sont répandus de par la terre entière afin que la bénédiction de leurs pas et de leurs regards s'étendent partout. Mais voici : les hommes ne les reconnaissent pas. « *Nos Amis sont cachés sous Nos tentes : personne ne les connaît sauf Nous.* » Ils ne se comportent pas de telle sorte qu'ils se fassent remarquer des hommes. Ils n'affichent ni la piété, ni la dévotion, ni la maîtrise. En apparence ils sont semblables aux autres ; c'est par l'intérieur qu'ils diffèrent.

O Derviche ! Le progrès, l'ascension et l'Amitié divine dépendent de l'intérieur — non de l'extérieur. Le cœur de l'Ami est orné par la connaissance, la piété, le goût intime et la présence. Autrement, l'Ami en apparence est semblable à quiconque.

O Derviche ! Les Amis de Dieu ne sont ni maîtres ni guides. Ils ne sont pas chargés de l'appel et de l'éducation des hommes parce qu'ils n'ont qu'une seule face, que celle-ci est tournée vers Dieu. L'appel et l'enseignement sont l'affaire des prophètes parce que ceux-ci ont deux faces. Et après eux, des *'ulama*, les savants ou les théologiens du dogme. « *Les 'ulama sont les héritiers des prophètes.* » Les *'ulama* expriment l'exotérique de la *Sharī'at*, la Loi religieuse. L'héritage des prophètes leur revient ; encore faut-il qu'ils soient pieux et intègres ; qu'ils suivent la voie des prophètes.

des Amis de Dieu selon le Shaykh Sa'doddīn

Le Shaykh Sa'doddīn Hamū'ī déclare qu'avant Mohammad, *sur lui le salut !* il n'y avait pas, dans les religions antérieures, d'Ami de Dieu ; le terme même de *walī* n'existait pas. Les proches de Dieu étaient tous appelés prophètes. Quoique dans chaque religion il n'y ait eu qu'un seul prophète-législateur, d'autres avaient pour rôle d'appeler les hommes à la religion de celui-ci, et tous étaient appelés prophètes. Ainsi dans la religion d'Adam, *sur lui le salut !* plusieurs prophètes appelèrent les hommes à cette religion ; de même dans la religion de Noé, celle d'Abraham, celle de Moïse et celle de Jésus. Quand vint Mohammad il dit : « Après moi, ceux qui me suivront et deviendront proches de Dieu, seront appelés " Amis ". Ce seront eux qui désormais inviteront les hommes à ma religion. » C'est ainsi que le titre de *walī*, Ami de Dieu, apparut dans la religion de Mohammad. Dieu Très Haut choisit douze membres de la famille de Mohammad et les rendit proches de Sa présence. Il les distingua par Sa *walāyat*, Son Amitié, et en fit les successeurs de Mohammad. Au sujet de ces douze, le Prophète dit : « *Les savants de ma*

communauté sont comme les prophètes du peuple d'Israël. »
Selon notre Shaykh, il n'y a que douze Amis dans la
communauté de Mohammad. Le dernier d'entre eux, le
douzième, est le Sceau des Amis ; il est le *Mahdī*, le Guide ;
le *Sāhib al-Zamān*, le Maître du Temps.

O Derviche ! Le Shaykh Sa'doddīn a rédigé des livres
au sujet du Maître du Temps et lui a prodigué maintes
louanges. Selon lui, le Maître du Temps possédera à la
perfection la science et la puissance. Il rangera sous son
ordre toute la surface de la terre : il y répandra la justice,
en ôtera l'impiété et la tyrannie. Tous les trésors de la
terre lui seront révélés.

O Derviche ! J'ai beau louer la grandeur du Maître du
Temps, je n'en dirai pas un millième. Comme je me trouvais au Khorassan au service du Shaykh Sa'doddīn, celui-ci
parlait avec tant d'emphase de la puissance et de la perfection du Maître du Temps que mon entendement s'égarait,
que mon intellect ne pouvait le suivre. Un jour je dis :
« Maître ! De celui qui n'est pas encore venu — parler de
la sorte est exagéré. Il se peut qu'il ne soit pas ainsi. » Le
Shaykh s'offusqua. Je me tus et désormais ne parlai plus
de la sorte.

O Derviche ! Tout ce que disait le Shaykh, il le disait
à partir de sa vision. Toutefois, par ces paroles, de nombreuses personnes furent et seront induites en erreur —
égarées. Je veux dire, qu'au cours de mon existence, j'ai
rencontré maints individus, au Khorassan, au Kerman et
en Pars, proclamer : « Le Maître du Temps annoncé, c'est
moi ! » Il n'en était rien ; et eux, dans cette douloureuse
méprise, se mouraient. Beaucoup d'autres viendront, clame-
ront cette prétention et, dans ce désir, mourront.

O Derviche ! Choisis la pauvreté volontaire ; il n'est pas
de rang plus élevé. Aucune famille n'est plus excellente

et chère à Dieu que celle des derviches — de ceux qui, savants et pieux, ont de leur propre volonté, renoncé sciemment au monde et choisi la pauvreté. Mais revenons à notre objet. Le Shaykh Sa'doddīn n'appellait pas ces trois cent cinquante-six élus « Amis », mais « Substituts ». C'est avec raison qu'il les désignait ainsi, puisqu'ils ne sont pas chargés de l'éducation des hommes.

des six religions

Sache qu'il est six religions : celles d'Adam, de Noé, d'Abraham, de Moïse, de Jésus et de Mohammad, *sur lui le salut !* Il n'est pas d'autres religions que celles-ci. Sur les six prophètes, cinq — Noé, Abraham, Moïse, Jésus et Mohammad — sont des prophètes-législateurs.

O Derviche ! Le prophète, le nabi, est celui qui reçoit la révélation et accomplit des miracles. L'envoyé est celui qui reçoit la révélation, accomplit des miracles et apporte un Livre. Le prophète-législateur est celui qui reçoit la révélation, accomplit des miracles, apporte un Livre, abolit la Loi religieuse précédente et en pose une autre. Le Sceau est celui qui reçoit la révélation, accomplit des miracles, apporte un Livre, abolit la Loi religieuse précédente et la remplace par une autre, et scelle le cycle de la prophétie.

O Derviche ! Les paroles des nabis sont bien connues ; beaucoup sont rapportées dans les livres. On dit qu'il y eut cent vingt-quatre mille nabis. Leur nombre exact est incertain. Qui pourrait le connaître ?

*de l'ange ; de la révélation ; de l'inspiration ;
du rêve véridique*

Sache que l'ange est un être de lumière ; et la bête un être de ténèbre ; que l'homme est composé de lumière et de ténèbre. L'ange et la bête ne possèdent qu'un seul monde ; l'homme possède les deux mondes. *Dieu Très Haut créa l'ange pourvu d'intelligence et dépourvu d'appétit charnel ; l'animal pourvu d'appétit charnel et dépourvu d'intelligence ; l'homme, pourvu et d'intelligence et d'appétit charnel. Lorsque l'intelligence en l'homme l'emporte sur l'appétit, l'homme est supérieur à l'ange ; lorsque l'appétit charnel l'emporte sur l'intelligence, l'homme est inférieur à la bête.*

Ayant appris le sens de l'ange, sache maintenant que les anges ont des niveaux. Certains sont dans le monde supérieur ; d'autres, dans le monde inférieur. Dans l'un et l'autre monde, il existe une hiérarchie. A chaque ange est un rang assigné. Le savoir et le faire de chacun est déterminé — sa science n'augmente ni ne diminue ; sa tâche ne varie pas. Aucun ne peut dépasser le rang qui lui est propre ; chacun à son travail est occupé.

> *Ils ne désobéissent pas à l'Ordre de Dieu,
> ils font ce qui leur est commandé.*
>
> Qorān LXVI/6

Les anges du monde supérieur sont, les uns, chérubiniques, les autres, purs esprits. Il arrive que chérubins et purs esprits, sur l'ordre de Dieu, descendent sur terre. Parfois, comme il est rapporté dans le Qorān au sujet de Marie et d'Abraham, ils prennent une forme et s'entretiennent avec certains hommes, leur disant : « Nous sommes des Anges

263

envoyés par Dieu pour accomplir une mission. » Parfois encore, les anges n'apparaissent pas aux hommes, mais d'une voix distincte leur parlent, leur assignant une tâche ou les informant d'un état. Cette voix est la « voix secrète ». Parfois enfin, les anges ne s'expriment pas à haute voix mais communiquent directement avec le cœur de l'homme.

Ces prémisses étant posées, sache maintenant que chaque fois qu'un ange céleste insuffle une parole au cœur de l'homme — cette communication, si elle est effectuée pendant l'état de veille, est appelée « inspiration » ; pendant le sommeil « rêve véridique ». Chaque fois que les anges célestes descendent sur terre, prennent une forme, apparaissent aux prophètes et leur transmettent la parole de Dieu, cette parole est appelée « révélation ». A certains prophètes, la révélation vient pendant le sommeil. Ce fut le cas de notre Prophète pendant les six premiers mois de sa mission. De là, il a été dit que le rêve véridique est l'une des quarante-six parts de la prophétie. Toutefois, le rêve de quiconque voit pendant le sommeil ce qu'il a vu ou entendu pendant la veille, est sans fondement ; à ce rêve, il n'est pas d'interprétation possible.

exhortation

O Derviche ! Tiens pour autant d'aubaines la vie, la santé, la jeunesse ; la quiétude, la sérénité ; les compagnons harmonieux, les amis affectueux. Chacune de ces aubaines est un bienfait inestimable. Pourtant, les hommes, à celles-ci, sont indifférents. L'aubaine est fugitive ; si tu ne la saisis pas, elle passe. Rien ne sert alors de la regretter. Ce jour qui t'appartient, tiens-le pour une aubaine. Tout ce que tu peux faire aujourd'hui, ne le remets pas à demain. Qui sait alors ce qu'il en sera !

> « Le temps fait surgir mille images ;
> Pas une ne se reflète sur le miroir de notre imagi-
> nation. »

O Derviche ! Ne sois pas au nombre de ceux qui, une fois l'aubaine perdue, en connaissent la valeur. Cueille-la pendant qu'il est temps. Ceci est la première étape ; elle est celle des théologiens. La seconde est celle des philosophes.

Gloire à Dieu le Seigneur des deux mondes.

Traité sur la pauvreté ; la piété ;
le confiant abandon ; l'amour de Dieu

Un groupe de derviches, *que Dieu augmente leur nombre,* demanda à ma chétive personne de rédiger un traité sur la pauvreté, la piété, le confiant abandon et l'amour de Dieu. Je répondis à sa requête et priai Dieu Très Haut de m'accorder aide et assistance afin qu'Il me garde de la faute et de l'erreur, car *Il est puissant et prêt à exaucer.*

de la pauvreté ; des catégories de pauvres

Sache, *béni sois-tu dans les deux mondes,* que l'état de pauvreté signifie « être sans rien ». Le pauvre est celui qui ne possède aucun des biens de ce monde.

O Derviche ! Le dénuement est une grande aubaine ; la richesse, une lourde peine. Mais les hommes ignorent qu'il en est ainsi. Ils fuient la pauvreté et s'accrochent à la richesse. Pour cette raison, ils sont précipités en ce monde, dans les fléaux et les malheurs ; et, dans l'autre, en des tourments multiples.

O Derviche ! De même que le « chaud » accompagne le

miel et le « froid » le camphre, la séparation et la dispersion vont de pair avec la richesse et la position. Celui qui mange du miel, qu'il soit savant ou ignorant, éprouve la « chaleur » du miel. De la même manière, celui qui jouit de la fortune et de la position, qu'il soit savant ou ignorant, éprouve la séparation et la dispersion, le malheur et le tourment.

O Derviche ! Notre Prophète, *sur lui le salut !,* choisit la pauvreté car il en connaissait, autant que de la richesse, les effets. Il disait à son peuple : « Que celui qui veut la sérénité et le repos en ce monde et en l'autre, choisisse la pauvreté ; que celui qui veut la séparation et la dispersion, le malheur et le tourment, en ce monde et en l'autre, choisisse la richesse. » La pauvreté a un défaut et de nombreuses vertus ; la richesse, une vertu et de nombreux défauts. Mais voici : cet unique défaut de la pauvreté est apparent, alors que ses vertus sont cachées ; cette unique vertu de la richesse est apparente, alors que ses défauts sont cachés. Les hommes ne voient que ce qui est apparent.

O Derviche ! Ce n'est qu'après avoir porté, des années durant, le poids de l'opulence, être tombé dans les pièges et les embûches, que l'homme riche sait avec certitude que la richesse est un fléau et la pauvreté, une aubaine.

Ayant appris le sens de la pauvreté, sache maintenant qu'il est des catégories parmi les pauvres ; à chacune est un niveau. Au premier est celui qui n'a aucun des biens de ce monde et cependant les convoite. Il recherche le monde ; par désir de celui-ci, il demande aux hommes. C'est le « pauvre avide ». Au deuxième est celui qui n'a aucun des biens de ce monde et n'en convoite aucun mais qui, en cas de nécessité, demande. Il ne demande que selon son besoin et de cela se contente. C'est « le pauvre frugal ». Au troisième est celui qui n'a aucun des biens de ce

monde, n'en convoite aucun et qui, même en cas de nécessité, ne demande pas. Si rien ne lui est procuré, il patiente ;
il vit dans l'abandon confiant. C'est « le pauvre patient ».
Au quatrième est celui qui n'a aucun des biens de ce monde
et n'en convoite aucun ; qui ne recherche pas le monde
et en cas de nécessité ne demande pas l'aumône mais qui,
si rien ne lui est procuré, vit dans l'abandon confiant,
et rend grâce. C'est « le pauvre reconnaissant ».

Ces deux derniers, le patient et le reconnaissant, sont
les vrais pauvres. Ils sont, en ce monde, les Amis de Dieu
et, en l'autre, Ses intimes. Demain, au Jour du jugement,
tous les hommes demanderont à Dieu pardon de leurs
fautes. Dieu Très Haut pardonnera aux pauvres patients
et aux pauvres reconnaissants et leur dira : « Puisque vous
avez traversé le monde, que par amitié pour Moi vous avez
enduré ces multiples peines — aujourd'hui est votre Jour.
En récompense, Je vous accorde deux choses. L'une est
que, sans jugement, vous entriez au Paradis ; là, tous vos
désirs seront exaucés. L'autre est que toute intercession de
votre part soit par Moi entendue. Allez sur la plaine du
Jugement ; prenez par la main quiconque vous aura un
jour fait le bien et emmenez-le avec vous au Paradis. »

Le Prophète, *sur lui le salut !* disait : « Les pauvres de
mon peuple devanceront de cinq cents ans les riches au
Paradis. » Selon une autre tradition, ils les devanceraient
de quarante ans.

O Derviche ! Il se peut que l'objet de ce *hadîth* soit le
pauvre avide. Le pauvre frugal, le patient et le reconnaissant précéderaient de cinq cents ans au Paradis l'homme
riche ; le pauvre avide, de quarante ans seulement. Donc ce
dernier aussi participe à la récompense des pauvres. Le
Prophète dit encore : « Ils m'ont révélé le Paradis : la plupart des habitants du Paradis sont des pauvres. Ils m'ont

révélé l'Enfer : la plupart des habitants de l'Enfer sont des riches. »

O Derviche ! On rapporte que Shaqīq[12] rencontra un jour Ibrahim Adham[13]. Ibrahim lui demanda : « Comment étaient les derviches de ta ville lorsque tu les as quittés ? — Fort bien ! — Qu'est-ce à dire ? — Lorsqu'ils trouvent, ils rendent grâces ; autrement, ils patientent. — Les chiens, en notre ville, reprit Ibrahim, font de même. Lorsqu'ils trouvent, ils mangent ; autrement, ils patientent. — O Ibrahim !, dis-moi alors ce que les derviches doivent faire ? — Lorsqu'ils ne trouvent rien, dit Ibrahim, qu'ils rendent grâces ; et lorsqu'ils trouvent, qu'ils soient prodigues ! »

On rapporte qu'un quidam offrit à Ibrahim Adham dix mille dirhems, le priant de les dépenser comme bon lui semblerait. Ibrahim n'accepta point. L'homme d'insister. « Ne m'importune pas, dit Ibrahim ; je n'accepterai pas. Voudrais-tu que mon nom soit effacé du registre des pauvres pour être inscrit à celui des riches ? »

O Derviche ! Si la pauvreté n'était d'un si haut rang, notre Prophète ne s'en serait pas glorifié. Il n'aurait pas dit : « *Ma pauvreté est ma fierté.* » Si ce rang n'était pour Dieu si élevé, le Prophète n'aurait pas fait cette prière : « *O Dieu ! Fais que je vive pauvre, que je meure pauvre, que je sois parmi les pauvres !* »

de la piété ; des catégories d'hommes pieux

Sache que la piété signifie « renoncement ». On appelle « homme pieux » celui qui, ayant sa part des biens de ce monde, y renonce volontairement. Celui qui n'a rien, qui donc n'a pas à renoncer, ne peut être appelé pieux ; il est seulement pauvre. Et celui qui renonce au monde pour faire montre de générosité, par souci de bonne réputation ou pour toute raison autre que Dieu et l'au-delà ne peut non plus être appelé pieux. L'homme pieux est celui qui renonce à ce monde, soit pour la récompense dans l'autre monde, soit pour l'amour de Dieu.

O Derviche ! L'homme pieux absolu est celui qui, d'emblée, renonce au monde et, totalement, se détourne des biens et de la position. Quoique le renoncement à certains des biens de ce monde ainsi que le repentir de certaines fautes, soient bons — la récompense promise dans l'autre monde revient à l'homme pieux qui a totalement renoncé au monde ; au repentant qui s'est totalement détourné de la faute.

Ayant appris le sens de la dévotion, sache maintenant qu'il est des catégories parmi les hommes pieux ; à chacune est un niveau. Au premier est celui qui est pieux afin d'être préservé du châtiment de l'au-delà ; d'être délivré des tourments multiples de l'Enfer. C'est la piété de « celui qui a peur ». Au deuxième est celui qui est pieux afin de gagner l'autre monde, de mériter les bienfaits multiples du Paradis. C'est la piété de « celui qui espère ». Au troisième est celui dont la piété n'est entretenue ni par la crainte de l'Enfer ni par l'espoir du Paradis — il renonce pour l'amour de Dieu. L'amour de Dieu Très Haut prévaut en son cœur.

O Derviche ! Celui qui renonce à ce monde pour la récompense dans l'autre est pieux. Toutefois, sa piété, aux yeux des mystiques, est faible — ce monde et l'autre, pour ceux-ci, étant choses méprisables. Les mystiques ne craignent pas les tourments bigarrés de l'Enfer ; ils n'attendent pas les bienfaits multiples du Paradis. Ils craignent Dieu ; espèrent en Dieu ; trouvent en Dieu.

O Derviche ! Le monde ne vaut pas que tu sois occupé

par lui ; qu'à sa poursuite, tu perdes en vain tes jours. Ce qui, aujourd'hui, est à toi et demain sera à un autre, n'a aucune valeur pour l'homme intelligent. Comme on demandait à Bāyazīd [14] par quel moyen il était arrivé à un si haut rang parmi les mystiques, il répondit : « Par aucun. — Comment cela ? — Lorsque j'ai su d'authentique science, reprit-il, que le monde n'est rien, j'y renonçai aussitôt et accédai à ce rang. »

O Derviche ! Si tu ne comprends pas ces paroles et que le monde pour toi ait quelque valeur — tiens la piété pour une transaction avec Dieu. Ce monde est échangé contre l'autre ; l'éphémère contre le permanent. Celui qui troque une coupe en terre contre une coupe en or fait une affaire fructueuse. Tout homme avisé aspire à pareil négoce. C'est pourquoi il a été dit que les hommes pieux sont les plus intelligents des hommes.

O Derviche ! Si tu ne comprends pas ces paroles et n'y accordes pas crédit — tiens le monde pour semence de désunion et de nostalgie, de peine et de tourment. Plus la fortune et la position sont élevées, plus le malheur est grand. L'homme intelligent n'aspire qu'à la quiétude et à la sérénité ; or, quiétude et sérénité sont dans le renoncement. C'est pourquoi, dans la mesure de sa capacité, il renonce. S'il renonce complètement, il trouve la sérénité complète ; s'il ne le peut complètement, il trouve la sérénité en proportion de ce à quoi il a renoncé.

du confiant abandon

Le confiant abandon est le fait de s'en remettre à quelqu'un.

... celui qui craint Dieu,
Dieu donnera une issue favorable à ses affaires ;
Il lui accordera Ses dons.

Qorãn LXV/2.3

O Derviche ! Le confiant abandon est le fruit de la foi. Plus la foi est profonde, plus l'abandon est vrai. Autrement dit, celui qui croit en l'être et en l'unicité de Dieu sait avec certitude que Dieu est omniscient et omnipotent. La clémence et la sollicitude de Dieu envers ses serviteurs sont plus grandes que la clémence et la sollicitude d'une mère envers son enfant — que dis-je ! il n'est pas de comparaison entre celles-ci et celles-là. La tendresse d'une mère pour son enfant n'est que le reflet de la tendresse de Dieu pour son serviteur.

O Derviche ! Celui dont l'abandon est vrai sait avec certitude que Dieu Très Haut préside à la subsistance de Ses serviteurs — qu'Il a promis de veiller à cette subsistance. Il sait aussi que Dieu ne contrarie pas Sa promesse. Fort de ces certitudes, confiant en la générosité divine, le cœur en paix, il s'abandonne totalement.

O Derviche ! L'abandon vrai procède de la certitude vraie. Plus la certitude est grande plus l'abandon est confiant. La certitude est dans le cœur ; le confiant abandon est l'affaire du cœur. Le serviteur, une fois qu'il a le cœur apaisé — Dieu pourvoie à sa subsistance et préside à son entreprise. Que le serviteur, en apparence, s'affaire ou reste inactif, qu'il soit occupé par autrui ou ne le soit pas, qu'il se procure ce qui lui est nécessaire ou s'en dispense — l'abandon confiant en lui ne diminue pas. S'il s'adresse au prince, il sait avec certitude que c'est Dieu qui juge et décide. S'il s'adresse au médecin, il sait avec certitude que c'est Dieu qui guérit.

O Derviche ! Le confiant abandon ne repose ni sur les possessions, ni sur le métier, ni sur les moyens. Il dépend de la munificence et de la grâce de Dieu.

Sache maintenant que le confiant abandon de ceux chargés d'un foyer n'est pas altéré par le gain et la thésaurisation, à condition, toutefois, que ceux-là ne mettent de côté que pour une année ; que dans leur profession ils respectent les préceptes ; que dans leurs transactions, ils soient honnêtes ; qu'en aucun lieu, ils n'omettent la générosité et la bienveillance. Ceux qui n'ont pas la responsabilité d'une famille, qui sont seuls — si la nourriture, pendant un jour, vient à leur manquer et que, de ce fait, ils en aient l'esprit troublé — plutôt que d'attendre que le pain quotidien leur soit procuré, ils devront s'occuper à le gagner. Un tel travail n'est pas préjudiciable à l'abandon qui est leur. Cependant, ils ne gagneront que selon leurs besoins stricts et n'amasseront pas. Tout ce qu'ils gagneront en un jour, ils le dépenseront ce même jour pour le plaisir de Dieu. Et si la nourriture, pendant deux ou trois jours, vient à leur manquer sans pour autant qu'ils en aient l'esprit troublé, et qu'ils n'attendent rien d'autrui, ils renonceront à tout gain. Il serait dommage qu'à une quelconque besogne ils soient occupés car ils sont au nombre des compagnons — des familiers de l'entretien. Leur affaire est la quiétude et le rassemblement. Ils tiendront ce qui leur reste de vie pour une aubaine : ils passeront ce temps dans l'entretien fructueux, l'amitié, la prévenance et la modestie. Il n'y aura parmi eux ni maître ni disciple — ces notions étant affaire de débutants ; tous seront égaux, au service les uns des autres, obligés les uns des autres. En tribut de cette quiétude et de ce recueillement, que les membres de cette famille fassent en mémoire de moi une prière charitable. Je n'ai cessé de les chercher ;

pourtant, je n'en ai nulle part rencontré, soit qu'en mon temps cette famille n'existât pas ; soit, si elle existait, qu'elle ne se fût pas montrée à moi.

O Derviche ! Celui qui ne voit pas la science, la volonté et la puissance de Dieu sur toutes les créatures, celui-là s'appuie sur les instruments de la divine Volonté. Ne pouvant dépasser les instruments, il ne peut atteindre le Maître des instruments. Aussi, chaque fois que les instruments viennent à manquer, est-il chagrin et contrit, l'esprit troublé et dispersé. Par contre, celui qui voit que la science, la volonté et la puissance de Dieu englobent toutes les créatures, celui-là met sa confiance en Dieu — non dans les instruments de la divine Volonté. Il voit les instruments, autant que les effets, indigents, misérables et soumis à Dieu. Il voit Dieu omniscient et omnipotent. Il sait de science certaine que tout ce qu'il fait, c'est Dieu qui le fait ; que tout ce qu'il donne, c'est Dieu qui le donne. Et, si l'instrument vient à manquer, il n'en est ni troublé ni contrit.

O Derviche ! Il est le Puissant absolu. Tout ce qu'Il veut, Il le fait. Le verset :

Il réalise ce qu'Il veut.

Qorān LXXXV/16

s'applique à Lui. Hors de Sa science, de Sa volonté et de Sa puissance, pas une feuille ne tremble sur l'arbre ; pas un geste ne meut la main ; pas un élan n'anime le cœur. Hors de Sa science, de Sa volonté et de Sa puissance, rien ne vient à l'être, rien ne se met en branle. Il est le Créateur de toutes choses ; Celui qui met en mouvement ; Celui qui donne la vie ; Celui qui prend la vie. Il est le Nuisible et le Bénéfique ; Il est Celui qui retient et Celui qui dispense ; Il est Celui qui apporte l'abondance et Celui qui apporte la pénurie.

> *C'est Nous qui avons réparti entre eux leur nour-*
> *riture dans la vie de ce monde.*
>
> Qorān XLIII/32

O Derviche ! Puisque tu sais qu'il en est ainsi, ne te tourmente pas davantage à propos du monde. Laisse à Dieu Sa tâche : Il est le Dispensateur. Que le serviteur accomplisse la sienne ! L'affaire du serviteur est d'obéir ; celle du Seigneur, de pourvoir.

O Derviche ! Les sages ne veulent rien en ce monde. A tout ce qui leur échoit, ils consentent et se soumettent.

> *Je confie mon sort à Dieu.*
> *Dieu voit parfaitement Ses serviteurs.*
>
> Qorān XL/44

de l'amour de Dieu

Sache que l'amour de Dieu Très Haut est une étape élevée — qu'il est l'étape suprême. L'extrême perfection du serviteur est que l'amour de Dieu Très Haut prévaut en son cœur — lui emplit tout entier le cœur. Ou du moins, que l'amour de Dieu prévaut sur celui de toute autre chose car, en cet amour, est le salut du serviteur. Le bonheur et le repos dans l'autre monde sont en proportion de l'amour qu'on a eu pour Dieu ici-bas. Celui qui aura plus d'amour, recevra davantage ; celui qui d'amour sera totalement dépourvu, n'aura rien. Le Prophète, *sur lui le salut !* disait qu'il n'est pas de foi vraie, tant que l'amour de Dieu et de l'Envoyé de Dieu ne l'emportent pas sur tout autre. Comme on demandait au Prophète ce qu'est la foi, il répondit : « L'amour qu'on a pour Dieu et pour l'Envoyé de Dieu. » Le Prophète sans cesse répétait cette prière : « *O Dieu, nourris-moi de Ton amour, de l'amour de celui qui T'aime et de l'amour de ce qui m'approche de Ton amour.* »

O Derviche ! L'amour de Dieu Très Haut procède de la connaissance de Dieu. Celui qui connaît Dieu, aime Dieu. L'amour de Dieu est en proportion de la connaissance de Dieu. Si la connaissance est parfaite, l'amour l'est aussi. Et lorsque l'amour est parfait, le bonheur et le repos dans l'autre monde aussi le sont.

O Derviche ! La connaissance de Dieu Très Haut est le fondement sur lequel s'élèvent maintes étapes. Une fois la connaissance totalement récoltée, gravir les étapes est chose aisée — que dis-je ! toutes d'emblée sont gravies. Il n'est pas de doute qu'il en soit ainsi. Lorsque le pèlerin fait un pas dans la connaissance, il fait un pas dans l'ascension. Et lorsque la connaissance est accomplie, toutes les étapes sont franchies. Ces paroles sont, ô combien, excellentes ! Il faut s'appliquer à acquérir la connaissance, car de celle-ci tout le reste découle — tout, sauf la bonté, laquelle s'acquiert par une autre voie. La connaissance est un monde ; la bonté un autre. Nombreux sont ceux qui possèdent l'un et sont dépourvus de l'autre ; et inversement. Celui qui possède les deux est parfait. Mais revenons à notre objet.

O Derviche ! Tant que l'amour pour Dieu ne s'est pas entièrement emparé de son cœur, le serviteur n'a ni direction, ni *qibla*. Tant qu'il n'a pas de *qibla,* le serviteur n'est pas honoré de la Présence : il ne peut être avec Dieu.

O Derviche ! Dieu est avec le serviteur. Il faut que le serviteur soit avec Dieu pour qu'il atteigne la perfection.

Et lorsque le serviteur est avec Dieu, s'il prie, il prie avec présence. S'il récite le chapelet, il récite avec présence. S'il fait l'aumône, il donne avec sincérité. Etre avec Dieu comporte de nombreuses vertus ; être sans Dieu de nombreux vices. Tout acte de dévotion sans la présence du cœur, est une forme sans âme ; il n'a pas de valeur. Celui qui dans toute son existence ne s'est prosterné qu'une seule fois, mais avec la présence du cœur, a accompli sa mission. Celui qui, chaque jour de son existence, a effectué des milliers de prosternations, mais le cœur ailleurs, n'a rien fait. Le seul chemin qui conduit à la présence du cœur est l'amour de Dieu. De même que la connaissance, l'amour de Dieu Très Haut est le fondement de maintes étapes.

O Derviche ! J'ai assemblé et écrit ces trois traités à Ispahan.

Gloire à Dieu le Seigneur des deux mondes.

Traité sur l'Origine première ;
sur les trois Univers,
le *Jabarūt,* le *Malakūt* et le *Molk*
(développement du second traité)

Un groupe de derviches, *que Dieu augmente leur nombre,* demanda à ma chétive personne de rédiger un traité sur l'Origine première et les trois Univers : le *Jabarūt,* le *Malakūt* et le *Molk.* Je répondis à sa requête et priai Dieu Très Haut de m'accorder aide et assistance afin qu'Il me garde de la faute et de l'erreur, car *Il est puissant et prêt à exaucer.*

O Derviche ! La méthode et la règle du premier volume étaient d'une sorte ; celles de ce deuxième volume seront d'une autre. Les deux livres sont éloignés l'un de l'autre. Les paroles de ce deuxième volume doivent être entendues avec une oreille autre ; lues avec des yeux autres. Que celui qui n'a pas cette oreille et ce regard n'essaie pas d'entendre ni de lire. Les pèlerins, sans cesse, récitent cette prière : « *O Dieu ! Procure l'entendement à nos oreilles ; la vision à nos yeux ; l'élan à nos cœurs.* »

de l'Origine première. Du monde

Sache, *béni sois-tu dans les deux mondes,* au sujet de l'être, de deux choses l'une : ou il a un commencement ou il n'en a pas. S'il n'a pas de commencement, il est « l'Etre Nécessaire par soi-même » *(wājib al-wojūd).* S'il a un commencement, il est « l'être non nécessaire par soi-même » *(momkin al-wojūd).* On appelle l'Etre Nécessaire « l'Origine première », le « Dieu du monde ». On appelle l'être advenant « le monde de Dieu », « le livre de Dieu ». Le monde est, tout d'abord, de deux sortes : le monde du non-être et le monde de l'être. A son tour, le monde de l'être est, tout d'abord, de deux sortes : le monde sensible et le monde intelligible. Ces paroles sont des plus claires. Pourtant, de crainte que tu n'aies pas entièrement compris, je m'exprimerai plus clairement encore.

de l'être ; du non-être ; des contingents

Ce que les hommes de connaissance savent, ce que les hommes de compréhension entendent est de trois sortes — de trois seulement : le nécessaire, l'impossible, le possible. Le nécessaire est un être à qui le non-être ne s'applique pas. Donc, l'être nécessaire a toujours été et toujours sera. L'impossible est un non-être à qui l'être ne s'applique pas. Donc, l'impossible n'a jamais été et jamais ne sera. Le contingent est une chose à laquelle peut s'appliquer soit l'être, soit le non-être. Donc, le contingent peut venir ou ne pas venir à l'être.

Ainsi, le contingent possède deux mondes : celui de l'être et celui du non-être. Il est tantôt dans l'un, tantôt dans l'autre. Le monde du non-être est un monde immensément vaste, peuplé de nombreuses créatures, lesquelles ignorent ce monde où nous sommes. Le Prophète, *sur lui le salut !* disait : « Il est à Dieu une contrée, outre celle dans laquelle nous sommes. Cette terre inaccessible est peuplée de nombreuses créatures, lesquelles ignorent qu'il est en dehors de la leur une terre autre ; que là se trouvaient Adam et Eve ; que quelqu'un pût se rebeller contre Dieu Très Haut. »

O Derviche ! Tu sais quelle est cette terre ; qui sont ces créatures. Cette terre est celle du non-être ; ces créatures sont les contingents, lesquels sont dans le monde du non-être. La vérité de cette assertion est que les substances et les accidents du monde, tous, d'emblée, existent en puissance d'une façon générique dans le monde du non-être. Ces substances et ces accidents sont appelés « les contingents ». Ils peuvent recevoir l'être et le non-être. Au-delà de l'être et du non-être, ils constituent la vérité des étants. Si ces êtres en puissance n'étaient pas, il n'y aurait pas d'êtres actués.

Ces prémisses étant posées sache maintenant que le monde est de deux sortes : le monde de l'être et le monde du non-être. Dans le monde du non-être, les êtres sont en puissance ; dans le monde de l'être, ils sont en acte. A son tour, le monde de l'être est de deux sortes : le monde sensible et le monde intelligible. Les êtres sensibles constituent le *Molk* ; les êtres intelligibles, le *Malakūt* ; les êtres en puissance, le *Jabarūt*.

des noms du Jabarūt, *du* Malakūt *et du* Molk

Sache que le monde du non-être, lequel contient les êtres en puissance, est mentionné par des épithètes, des qualificatifs et des noms différents, tels que : monde des êtres contingents, des quiddités, des réalités vraies, des universaux ; monde de l'aptitude, de la constitution, de la puissance ; monde des formes, des Intelligences chérubiniques, etc. Mais l'objet de toutes ces appellations n'est jamais que ce même monde : le monde de la puissance. Les deux autres mondes, dans lesquels sont les êtres sensibles et les êtres intelligibles, sont également mentionnés par des épithètes, des qualificatifs et des noms différents tels que : le *Molk* et le *Malakūt,* le monde sensible et le monde intelligible ; le monde de la création et le monde de l'Impératif ; le monde visible et le monde invisible ; le monde des ténèbres et le monde de la lumière ; le monde corporel et le monde spirituel ; etc. L'objet de toutes ces appellations n'est jamais que l'un ou l'autre de ces deux mondes.

O Derviche ! Non que le monde soit une chose et les étants, une autre ; non qu'il soit le réceptacle et les étants, le contenu : les étants sont le monde même. Mais revenons à notre propos. Les êtres en puissance constituent le *Jabarūt,* ou monde des Intelligences chérubiniques ; les êtres intelligibles, le *Malakūt,* ou monde des Ames ; les êtres sensibles, le *Molk,* ou monde des corps matériels.

de la substance première ; de l'apparition des corps simples et des corps composés

Sache que les êtres en puissance sont des non-êtres en puissance d'être. Tous sont des choses ; tous sont connus de Dieu. A ces choses vint l'interrogation : « *Ne suis-je pas votre Seigneur ?* » (Qorān VII/172) — « Oui ! » répondirent-elles. Ces choses jamais ne changent ni ne changeront.

Acquitte-toi des obligations de la Religion
en vrai croyant
et selon la nature que Dieu a donnée aux hommes,
en les créant.
Il n'y a pas de changement dans la création de Dieu.
Voici la Religion immuable.

Qorān XXX/30

O Derviche ! Pour ces choses, l'être et le non-être des étants est indifférent. Si toutes les créatures, d'un seul coup, s'anéantissaient, et si mille autres mondes semblables à celui-ci venaient à l'existence, ces non-êtres en puissance d'être ne seraient ni augmentés ni diminués ; en eux n'apparaîtraient ni changement ni altération parce que tous sont des universaux. Les universaux jamais ne changent d'état. Par l'être et le non-être des singuliers, leur abondance ou leur rareté — les universaux ne sont ni augmentés ni diminués ; ni changés ni altérés.

Bref, sache que Dieu Très Haut est l'Agent absolu et le *Jabarūt,* le monde des Pures Intelligences, l'Aptitude absolue. Dieu, l'Agent absolu, s'adressa à une substance du *Jabarūt* disant : « Sois ! » et la substance, en un clin d'œil, fut. Elle vint du monde de la puissance au monde de l'acte ; du monde condensé au monde développé.

L'ordre concernant l'Heure sera comme un clin
d'œil ou plus bref encore.

Qorān XVI/77

Cette substance est appelée « Substance première ». Seul Dieu connaît la majesté de la substance première, tant cette substance est à l'extrême subtile et noble, savante et proche, présente et aimante. Elle est sans cesse désir de Dieu ; jamais, de cette Présence, elle n'est ou n'a été distraite ; de cette Cour, elle n'est ou n'a été absente. La grandeur de la substance première est que, sans intermédiaire, elle a surgi. Alors, lui vint cette exhortation : « Trace les corps simples du monde ! » Le temps d'un regard, la substance écrivit, en sorte que les corps simples vinrent à l'existence, passèrent du monde de la puissance au monde de l'acte, du monde condensé au monde développé.

> *Tel est, en vérité, son Ordre :*
> *quand Il veut une chose,*
> *Il lui dit : « Sois ! »*
> *et elle est.*
>
> Qorān XXXVI/82

Les corps simples du monde sont les intelligences, les âmes, les natures, les sphères, les étoiles et les éléments. Une fois les corps simples tracés, la mission de la substance première fut achevée — la plume devint sèche. Alors, aux corps simples vint cette exhortation : « Tracez les corps composés du monde. » Les corps simples écrivirent et sont encore à écrire, en sorte que les corps composés furent et continuent de venir à l'existence, passèrent et continuent de passer du monde la puissance au monde de l'acte.

Les corps composés du monde sont : le minéral, le végétal et l'animal. Tel est l'ensemble des étants ; tel est l'exposé des mondes de l'être et du non-être.

Il n'est pas d'autre monde que ceux-ci. Ces mots : « *Par*

le calame et par ce qu'ils écrivent ! » (Qorān LXVIII/1) se rapportent au *Jabarūt,* le monde des Intelligences chérubiniques. Le calame représente la substance première, laquelle est le calame de Dieu. « *Par ce qu'ils écrivent* » se rapporte aux corps simples du monde, lesquels sont les écrivains. Les écrivains, sans cesse, sont à écrire ; leur affaire, sans cesse, est de tracer les corps composés, lesquels sont les paroles du Seigneur des deux mondes. Ces paroles jamais ne tarissent. Elles n'ont pas de fin ; pourtant, jamais elle ne se répètent *.

O Derviche ! Certains disent que la terre fut créée en premier ; qu'ensuite, ce fut le tour des étoiles et des cieux. Autrement dit, les éléments et les natures furent d'abord créés. D'autres disent que les sphères et les étoiles furent créées en premier ; qu'ensuite, ce fut le tour des éléments et des natures. D'autres encore disent que les sphères, les étoiles et les natures furent créés d'emblée, au même instant.

des démiurges

O Derviche ! Il est assurément de par le monde des artisans qui œuvrent selon l'ordre de Dieu.

> *Ils ne désobéissent pas à l'Ordre de Dieu,*
> *ils font ce qui leur est commandé.*
>
> Qorān LXVI/6

Certains appellent ces artisans « anges » ; d'autres « intelligences », « âmes », « natures ». Ce n'est là qu'une ques-

---

* Qorān XVIII/109, cf. 164.

tion de langage. Chaque groupe use du terme qui lui est propre. Pour celui qui les appellent « anges », le monde des anges est le *Malakūt,* et le monde des corps, le *Molk.* Pour celui qui les appelle « intelligences », « âmes » et « natures », les intelligences, les âmes et les natures constituent le *Malakūt ;* les sphères, les étoiles et les natures, le *Molk.* Quel que soit le terme employé, l'intention est la même.

O Derviche ! Assurément, le monde des corps a une âme. Les actes des corps, leur croissance, leur perception, leur mouvement procèdent de cette âme. Si cette âme n'était pas, les corps n'auraient pas de vie : ils n'auraient ni acte, ni croissance, ni perception, ni mouvement. L'âme de toute chose est le *Malakūt* de cette chose. Cette âme a des degrés ; partant, le *Malakūt* aussi a des degrés.

Un autre groupe dit que la substance première vint à l'existence sur l'Impératif divin. Un autre encore, que la substance première émana de l'essence divine. Ce n'est également là qu'une question de langage. Au fond, l'intention de tous est la même.

O Derviche ! Ces différends et oppositions sont le fait des ignorants — débutants, qui ne savent pas que l'objet de tous est unique. D'où l'apparition de sectes et l'égarement des esprits. Les débutants ignorent, parce qu'ils vont de la lettre au sens. Les initiés savent, parce qu'ils vont du sens à la lettre. Toutes les lettres, pour les débutants, sont autant de voiles. Celui qui reste à ce stade est pour toujours dans l'égarement.

du monde supérieur ; du monde inférieur

Ayant appris ce que sont les trois univers, le *Jabarūt,*

le *Malakūt* et le *Molk*, sache maintenant que les Intelligences et les Ames, lesquelles sont les Chérubins et les Purs esprits, les Sphères et les Etoiles, lesquelles sont le Trône et l'Empyrée, constituent le monde supérieur ; que les Natures et les Eléments constituent le monde inférieur.

Sache encore que les monades du monde supérieur ont chacune une forme ; que cette forme ne change pas ; que les monades ne peuvent prendre une autre forme. Toutes à leur tâche assignée sont astreintes, sans jamais éprouver ni fatigue, ni ennui, ni changement, ni altération. Leur « savoir » et leur « faire » sont inhérents à leur essence — immuables, innés. Leur perfection est concomitante à leur essence. Pour cette raison, le monde supérieur est appelé le monde de la pérennité, de la constance.

> *Ceux qui demeurent auprès de ton Seigneur*
> *ne se considèrent pas trop grands pour l'adorer.*
> *Ils le glorifient*
> *et ils se prosternent devant Lui.*
>
> Qorān VII/206

Les monades du monde inférieur aussi ont chacune une forme ; mais cette forme change : les monades prennent une autre forme. Ainsi, le feu devient air ; l'air eau ; l'eau terre et inversement. La terre, l'eau, le feu, l'air entrent en composition, puis redeviennent simples et chacun fait retour à son origine propre. Pour cette raison, le monde inférieur est appelé le monde de la génération et de la corruption.

O Derviche ! Quand les corps simples se font composés, les accidents qui sont en puissance en eux sont actués. Ils passent du virtuel à l'actuel ; du monde condensé au monde développé ; ils deviennent manifestes. A leur tour, quand les corps composés redeviennent simples, que chacun fait retour à son origine propre, ces mêmes accidents qui étaient en puissance en eux restent de la sorte en puissance, sans augmentation ni diminution. Donc, les substances et les accidents, du point de vue de l'être, jamais n'augmentent ni ne diminuent — jamais ne changent.

des trésors de Dieu

O Derviche ! Les corps simples des mondes supérieur et inférieur sont tous les trésors de Dieu.

> Les trésors des cieux et de la terre
> appartiennent à Dieu.
>
> Qorān LXIII/7

Si grande soit la part de ces trésors que les corps composés reçoivent, les trésors ne sont en rien diminués. Ces trésors sont : l'être, la vie, la subsistance, l'intelligence, la connaissance, la création, la puissance, la félicité, la fortune, la sérénité et autres biens. Combien de fois as-tu entendu que Dieu possède maints trésors ; que bien qu'Il les prodigue, ces trésors ne sont en rien diminués ? Et voici que tu ignores quels sont ces trésors et pourquoi ils ne diminuent pas.

O Derviche ! Dieu possède dans le monde du non-être des myriades de trésors. Les universaux, lesquels sont dans le monde du non-être, sont tous des trésors — chaque universel est un trésor. Dans le monde de l'être aussi, Dieu possède des myriades de trésors. Parmi les corps simples, l'eau et la terre sont des trésors ; l'air et le feu, les sphères et les étoiles, les intelligences et les âmes — des trésors encore. Parmi les corps composés, chaque minerai est un trésor ; chaque plante, chaque arbre, chaque animal, chaque être humain — un trésor.

> *Il n'y a rien*
> *dont les trésors ne soient pas auprès de Nous ;*
> *Nous ne les faisons descendre*
> *que d'après une mesure déterminée.*
>
> Qorān XV/21

O Derviche ! Chaque grain, chaque pousse est un trésor. De chacun, des myriades d'autres trésors surgissent. Quel prodigieux atelier que le royaume de Dieu ! Quel lieu majestueux que celui de Sa Présence ! Que de sagesse dans Son Décret !

O Derviche ! Ceci est la connaissance. Ceci est le sens de cette prière du Prophète, *sur lui le salut !* « Montre-nous la réité des choses. » Celui à qui s'ouvre cette porte, à qui les mystères du *Molk,* du *Malakūt* et du *Jabarūt* sont révélés, devient l'intime de Sa Présence ; il accède du monde de la foi à celui de la certitude.

> *Ainsi avons-Nous montré à Abraham*
> *les royaumes des cieux et de la terre*
> *pour qu'il soit au nombre*
> *de ceux qui croient fermement.*
>
> Qorān VI/75

du microcosme

Sache que tout ce qui est affirmé à propos du macrocosme doit, pour que cette assertion soit juste, être représenté dans le microcosme — celui-ci étant la copie, l'image de celui-là.

Ces prémisses étant posées, sache maintenant que la semence humaine représente le *Jabarūt,* le monde des intelligences chérubiniques. Toute chose qui vient à l'existence en l'homme, qui passe du virtuel à l'actuel, du monde condensé au monde développé, est en puissance dans la semence de l'homme, y est cachée et condensée. La nature, qui apparaît dans la semence, est la représentation de la substance première. Le corps et l'esprit sont respectivement les représentations du *Molk* et du *Malakūt,* le monde sensible et le monde intelligible.

O Derviche ! La semence de l'homme est le *Jabarūt* du microcosme ; la nature de l'homme, la substance première du microcosme ; le corps et l'esprit de l'homme, le *Molk* et le *Malakūt* du microcosme. Tout ce qui est en puissance dans la semence de l'homme, y est caché et condensé — est actué dans le corps et l'esprit de l'homme, passe du virtuel à l'actuel, du monde condensé au monde développé.

Ayant appris que la première chose qui apparaît dans la goutte de semence est la nature, que pour cette raison la nature est appelée la substance première du microcosme, sache maintenant qu'à cette substance vient l'exhortation : « Trace les corps simples du microcosme ! » La nature écrit jusqu'à ce que la semence se délite en quatre couches. Ainsi l'atrabile ou « mélancolie », le phlegme, le sang et la bile viennent à l'existence, passent du virtuel à l'actuel, du monde condensé au monde développé. Alors, à ces corps simples vient l'exhortation : « Tracez les corps composés du microcosme ! » Les corps simples écrivent et, d'eux, surgissent, passant du virtuel à l'actuel, du monde condensé au monde développé, tous les membres intérieurs et extérieurs de l'homme. Ceux des accidents qui sont liés aux membres de l'homme passent, en même temps que ces membres, du virtuel à l'actuel. Les autres accidents, ceux qui sont liés à la perfection de l'homme, à la récolte de ce monde et de l'autre, restent en puissance.

Quand les corps simples se font composés, que les membres de l'homme apparaissent — les accidents qui sont en puissance dans les corps simples s'actualisent dans les corps composés, passent de la puissance à l'acte. Si l'enfant qui vient au monde subsiste, qu'il reçoit l'éducation et les soins appropriés, il atteint sa plénitude. Mais si tous les accidents en puissance en lui ne s'actualisent pas, soit que l'enfant ne subsiste pas, soit que son éducation et sa croissance ne s'accomplissent pas comme il se doit, l'enfant effectue, déficient, son retour. Ce n'est que lorsque l'homme s'adonne au travail assidu et à l'effort, qu'il se range au service et aux conseils d'un Maître et travaille sous sa directive, que les accidents passent du virtuel à l'actuel.

O Derviche ! L'homme possède, à l'intérieur comme à l'extérieur, maints trésors. Chacun de ses membres intérieurs et extérieurs est un trésor. Bien que l'homme les prodigue, les trésors ne sont en rien amoindris. Il est de par le monde tant d'industries et d'arts, tant d'édifices admirables ; tant de sciences, de connaissances et de sagesses issus des trésors de l'homme ! Le Prophète, *sur lui le salut !* disait : « Les hommes sont comme des mines d'or et d'argent. » Certains gardent leurs trésors enfouis et envient ceux des autres. Mais revenons à notre propos.

O Derviche ! Le *Jabarūt* du macrocosme est le livre

condensé ; le *Molk* et le *Malakūt* du macrocosme sont le livre déployé. Le *Jabarūt* du microcosme aussi est le livre condensé ; le *Molk* et le *Malakūt* du microcosme aussi sont le livre déployé. La première sourate révélée à Mohammad, *sur lui le salut !* commence ainsi :

> *Au nom de Dieu :*
> *celui qui fait miséricorde,*
> *le Miséricordieux.*
>
> *Lis au Nom de ton Seigneur qui a créé !*
> *Il a créé l'homme d'un caillot de sang.*
> *Lis !...*
> *Car ton Seigneur est le Très Généreux.*
>
> Qorān XCVI/1.2.3

Autrement dit : d'abord, connais le livre de ton propre être ; ensuite, connais ton Créateur. Puis, à partir de ce tien livre, découvre le Grand Livre — celui-là étant la copie, l'image de celui-ci. Autrement dit encore : connais-toi toi-même afin de connaître toutes choses. Apprends à te connaître toi-même, afin de Nous connaître. Connais tes propres actes, afin de connaître Nos actes. Voici malgré moi que je deviens prolixe.

O Derviche ! Si tu appelles la semence de l'homme « le grain », son corps et son esprit, « l'arbre » — c'est juste. Les paroles bonnes, les actes bons, les dispositions naturelles bonnes et les connaissances vraies sont les fruits de cet arbre. Si les fruits sont ceux-là mêmes qui ont été dits, l'arbre est pur. Si les fruits leur sont contraires, l'arbre est impur. Ces paroles : « *Voilà le meilleur de l'humanité !* » et « *Voilà le pire de l'humanité !* » (Qorān XCVIII/6.7) sont descendues à propos de ces deux groupes.

291

Si tu dis fruits de cet arbre, les paroles bonnes, les actes bons et les connaissances, c'est juste. Si tu les dis « Enfants » de ce « Père » et de cette « Mère », c'est encore juste. D'où cette sentence du Prophète : « *L'enfant est le secret du père.* »

de la descente et de l'ascension ; de l'accès à la perfection

O Derviche ! Si l'on demande : Puisque la substance première du microcosme est la représentation de la substance première du macrocosme, celle-là ne doit-elle pas être semblable à celle-ci ? Or il n'en est rien. La substance première du macrocosme, au contraire de la substance première du microcosme, est à l'extrême noble et subtile ; savante et proche ; présente et brûlante de désir.

Réponse : O Derviche ! Il n'est pas de doute que la substance première du microcosme est la représentation de la substance première du macrocosme. Mais celle-ci est l'origine de la descente ; et celle-là, le point de départ de la montée. Donc, la première est dans l'extrême proximité et la seconde, dans l'extrême éloignement. L'une est à l'extrême noble ; l'autre, à l'extrême basse. Dans la descente, c'est au début que la substance première est le plus noble ; dans l'ascension, c'est à la fin. Dans la descente, plus la substance première s'éloigne de l'origine, plus elle devient vile ; dans l'ascension, plus elle s'éloigne du point de départ, plus elle devient noble. De là vient la différence. Par ailleurs, toute représentation d'une chose n'est pas nécessairement en tous points identique à cette chose. S'il en était ainsi, cette image serait la chose même. Partant, il faut qu'il y ait différence pour qu'il y ait représentation.

Et si — demande-t-on encore — le retour est vers l'origine, à quoi bon cette descente et cette montée ? La réponse est celle que reçut le prophète David, *sur lui le salut !* lorsqu'il demanda à Dieu : « Seigneur ! Pourquoi as-Tu créé le monde ? » Dieu Très Haut lui répondit : « J'étais un trésor caché ; Je voulus me manifester. » Cette réponse est des plus élevées. Si tu ne la comprends pas, je t'en donnerai une autre plus accessible.

O Derviche ! C'est l'amour qui fait cela. Toutes les monades qui existent débordent d'amour.

> « Sans l'amour et sans douleur d'amour,
> Ces belles paroles que tu profères, qui les eût entendues ?
> Sans le souffle du vent pour soulever les boucles de la chevelure,
> Qui donc montrerait à l'amant le visage de l'aimée ? »

Cette réponse est encore élevée. Si tu ne la comprends pas, je t'en donnerai une autre plus accessible encore.

O Derviche ! Tout ceci est pour que l'homme atteigne sa propre perfection ; que, bonheur suprême, il fasse retour à son Créateur ; que dans la proximité de la Présence glorieuse et éternelle, il éprouve la joie et la quiétude. L'esprit de l'homme descend en quête de la perfection. Cette perfection est dans la connaissance, la pureté, la présence et le désir ardent. Il faut donc que l'esprit, se détournant de tout ce qui n'est pas Dieu, se tourne vers Dieu afin de se connaître soi-même et de connaître son Seigneur, d'être attaché à Son seuil, de dépasser en connaissance, en pureté et en désir, les intelligences et les âmes du monde supérieur, afin de faire retour à la substance première, de clore le cycle.

du vicaire de Dieu

O Derviche ! Celui qui clôt le cycle clôt le parcours du microcosme, arrive au sommet de la hiérarchie humaine, devient l'Homme Parfait. Celui qui a parcouru le microcosme devient dans le macrocosme le représentant, le *khalife*, le vicaire de Dieu. Son affaire, désormais, est de rendre les autres parfaits. Celui qui n'a pas achevé le parcours du microcosme ne peut être, dans le macrocosme, le vicaire de Dieu. Il aura beau s'efforcer d'être en ce monde le guide, il ne le pourra pas. Voici là des paroles à l'extrême véridiques. Celui qui ne s'est pas accompli soi-même, comment guiderait-il les autres vers leur accomplissement ? Celui qui ne s'est pas redressé soi-même, comment veillerait-il à la rectitude des autres ?

J'ai voulu, dans ce traité, achever l'exposé de l'essence et des attributs de l'Origine première ainsi que celui des trois univers, le *Jabarūt*, le *Malakūt* et le *Molk*. Je n'ai pu y parvenir. Puissé-je dans le traité suivant m'acquitter de cette tâche.

Gloire à Dieu le Seigneur des deux mondes.

Second traité sur l'Origine première ;
sur les trois Univers :
le *Jabarūt*, le *Malakūt* et le *Molk*
(développement du douzième traité)

Sache, *béni sois-tu dans les deux mondes,* que le *Molk* est le monde matériel visible ; le *Malakūt,* le monde invisible ; le *Jabarūt,* le monde invisible de l'invisible ; que Dieu Très Haut est l'Invisible de l'invisible de l'invisible.

O Derviche ! Le *Jabarūt* — le monde invisible de l'invisible — est le monde de la puissance. Ce monde est au-dessus du *Molk* et du *Malakūt,* parce que dans ceux-ci, les étants sont en acte alors que dans le *Jabarūt,* ils sont en puissance ; que les étants en puissance précèdent les étants en acte. Il y a d'abord disposition, puis réalisation. Par ailleurs, les étants en puissance n'ont pas de commencement alors que ceux en acte en ont un.

O Derviche ! Les substances et les accidents du monde sont d'emblée en puissance, d'une façon générale, dans le monde du non-être. On les appelle « les quiddités », « les contingents », « les universaux ». Ces êtres en puissance sont tous des choses ; sont tous connus de Dieu. Il y a le non-être possible et il y a le non-être impossible. Le non-être possible est une chose mais le non-être impossible n'est pas une chose. Ibn 'Arabī appelle ces choses les « ecceités éternelles » ; le Shaykh d'entre les shaykhs Sa'doddīn Hamū'ī les appelle les « choses éternelles » ; quant à moi, je les appelle les « réalités éternelles ». Ces choses sont qualifiées d'éternelles parce que jamais elles ne changent ni ne changeront d'état. Mais revenons à notre propos : l'élucidation des quiddités.

des quiddités

Sache que les quiddités sont les réalités vraies des étants. Chaque étant qui existe en acte possède une vérité ; est actué par cette vérité. Si cette vérité n'était pas, l'étant ne serait pas actué. Cette vérité est appelée « quiddité » ; elle est aussi appelée « contingent ». Cette vérité est autre que l'être et le non-être. L'être et le non-être extérieurs s'appliquent à elle comme deux qualités. Cette vérité, en tant que telle, est qualifiée tantôt par l'être, tantôt par le non-être.

Au sujet de l'Etre de Dieu Très-Haut — l'Origine première — les avis diffèrent : a-t-Il une quiddité ou n'en a-t-Il pas ? Certains disent que l'Etre de Dieu n'a pas de quiddité, parce que dans l'essence de Dieu il n'est aucune espèce de multiplicité. Dieu Très Haut est l'Etre simple, l'Unicité absolue. D'autres disent que l'Etre de Dieu Très Haut est Sa vérité même. D'autres encore, que l'Etre de Dieu Très Haut est autre que Sa vérité, pour cette raison que l'Etre de Dieu est connu par l'homme alors que Sa réalité vraie ne l'est pas. Pour ceux-là, la Vérité de Dieu est différente de l'Etre de Dieu.

Au sujet des êtres contingents, tous s'accordent pour

dire qu'ils possèdent des quiddités ; que les quiddités sont les vérités réelles des étants ; qu'elles sont autres que les étants. Les noms des choses sont les noms de ces vérités. Ainsi les mots : « Monde », « Ciel », « Terre », « Homme », sont les noms de ces réalités. Autrement dit, ces noms désignent les quiddités — le monde pouvant être qualifié soit par l'être soit par le non-être. Partant, il faut que le mot « Monde » soit le nom d'une chose autre que l'être et le non-être — celle-ci est la quiddité. Ce verset :

> *Ne s'est-il pas écoulé pour l'homme*
> *un laps de temps durant lequel*
> *il n'était pas quelque chose dont on fasse mention ?*
> Qorān LXXVI/1

témoigne de cette assertion.

O Derviche ! Les quiddités sont pures, abstraites, simples, sans contour. Toutes sont aptes à recueillir la perfection qui est leur. Le monde des quiddités est un monde à l'extrême heureux et paisible ; le monde de l'existence, un monde à l'extrême malheureux et tourmenté. Le monde des quiddités est l'épiphanie du Paradis — que dis-je ! — est le Paradis même. Dans ce monde, il n'y a ni désunion ni dispersion ; ni douleur ni maladie ; ni peur ni affliction ; ni lassitude ni ennui ; ni vieillesse ni mort. Les quiddités sont à l'abri du changement et de l'altération — nulle grâce n'égale la sécurité ! Les étants s'originent aux quiddités. Leur être actué est un attribut parmi les nombreux attributs des quiddités. Mais revenons à notre propos.

de l'aptitude des quiddités

Sache que les quiddités autres que celles de l'homme ont chacune l'aptitude pour une tâche. Lorsqu'elles s'actualisent, chacune s'adonne à la tâche qui est sienne, reçoit le contour qui lui revient. Aucune ne peut s'acquitter de la tâche d'une autre. Les quiddités de l'homme, par contre, ont chacune l'aptitude à plusieurs tâches ; à plusieurs tracés. Lorsqu'elles s'actualisent, chacune reçoit, par l'intermédiaire du père et de la mère ainsi que du milieu, un contour propre et l'habilité pour une tâche. « *Tout enfant naît avec sa nature propre ; ce sont ses parents qui le font juif, chrétien ou zoroastrien.* » Toutefois, ce ne sont pas les quiddités qui font que les hommes sont perspicaces, stupides, heureux, malheureux, magnanimes, mesquins, fortunés, infortunés, généreux, avares, riches ou pauvres. Ce sont là les effets des quatre temps, des hasards heureux ou malheureux. Les quiddités, tant qu'elles ne sont pas actuées, sont générales, absolues, pures de tout additif. Lorsqu'elles s'actualisent, elles deviennent conditionnées, sujettes au devenir. L'universel ne se réalise que dans le singulier. Les quiddités sont connues de Dieu avant et après leur réalisation. Dieu Très Haut les englobe toutes. Dès avant qu'elles ne soient, Il les connaît toutes. Il sait, une fois réalisée, ce qu'il adviendra de chacune et voit alors ce qu'Il savait être en celle-ci.

des catégories d'êtres et de non-êtres

Sache qu'il est quatre catégories d'êtres : le mental, le sensible, le verbal, l'écrit. Qu'il est pareillement quatre catégories de non-êtres, ces derniers étant les corollaires des premiers. Ayant appris ceci, sache maintenant que l'être mental et l'être noétique ne font qu'un. Toutefois, la première expression s'applique à l'homme ; la seconde, à Dieu. Pour l'être mental, la compréhension est noétique ; pour l'être extérieur sensible, la compréhension est eïdétique. Pour l'être mental, la certitude est noétique ; pour l'être sensible la certitude est eïdétique.

Ces prémisses étant posées, sache maintenant que les quiddités des étants, toutes d'emblée, existent en puissance d'une façon générale dans le *Jabarūt,* le monde des Intelligences chérubiniques. Toutes sont des choses ; toutes sont connues de Dieu Très Haut ; toutes sont immuables — jamais elles ne changent d'état ni n'en changeront.

Certains disent que Dieu connaît les quiddités des étants, lesquelles sont les universaux, et non les étants mêmes, parce que ceux-ci, une fois au monde, changent : sans cesse, ils passent d'un état à l'autre ; que lorsque le connu change, la connaissance aussi change ; que tout ce qui change, advient. Or, l'essence et les attributs de Dieu Très Haut sont éternels — *ab aeterno.*

Réponse : Sache que Dieu Très Haut connaît le singulier et l'universel.

Rien n'est caché à Dieu sur la terre et dans le ciel.
Qorān XIV/38

Dieu connaît la perfidie des regards
et ce qui est caché dans les cœurs.
Qorān XL/19

Mon Seigneur connaît le mystère incommunicable :
le poids d'un atome ne lui échappe
ni dans les cieux, ni sur la terre.
Qorān XXXIV/3

Mais Dieu est connaissant par essence, non par science acquise. Le devenir du connu nécessite le devenir de la connaissance — non celui de l'essence. Je sais que tu n'as pas entièrement saisi ; je m'exprimerai plus clairement.

des attributs de Dieu Très Haut

Sache que Dieu Très Haut, l'Origine première, est l'Un vrai. Dans Son essence, il n'est aucune sorte de multiplicité. Il est l'Essence simple, l'Unicité pure. Si Dieu était vivant par la vie, connaissant par la connaissance, voulant par la volonté, puissant par la puissance, entendant par l'ouïe, voyant par la vue, parlant par la parole — le multiple serait nécessaire à Son essence. Or, de l'avis de tous, le multiple est absent de l'essence divine. Partant, Dieu n'est pas connaissant par la connaissance, puissant par la puissance, etc. De l'avis de tous, ce qui est connu par la connaissance, pu par la puissance, voulu par la volonté, etc., Lui est inhérent — n'est autre que Son essence même. Donc, nous en concluons nécessairement que Dieu est, par essence, Vivant, Connaissant, Voulant, Puissant, Entendant, Voyant, Parlant ; que, par contre, la substance première est vivante par la vie ; connaissante par la connaissance ; agissante par la volonté, etc.

O Derviche ! Tous les étants sont les manifestations des attributs de Dieu. La substance première est l'épiphanie des attributs de l'essence de Dieu ; ainsi : la vie, la connaissance, la puissance, la volonté, l'ouïe, la vue, la parole. Les intelligences, les âmes et les natures, les sphères, les étoiles et les éléments sont les manifestations des attributs des actes de Dieu ; ainsi : la création et l'annihilation, la vie et la mort, le respect et le mépris, la contraction et l'expansion.

O Derviche ! Les attributs de l'essence ne sont que sept ; mais ceux des actes sont nombreux. Combien de fois a-t-il été dit que la descente est dans les corps simples et la montée, dans les corps composés. La substance première est l'épiphanie des attributs de l'essence. Les corps simples sont les manifestations des attributs des actes. La descente est achevée. L'ascension, en regard de celle-ci, reste à effectuer : les minéraux, les végétaux et les animaux sont les manifestations des attributs des actes ; l'Homme Parfait est la manifestation des attributs de l'essence. L'ascension est achevée. Lorsque les corps composés arrivent au point où ils deviennent les manifestations des attributs de l'essence — ils font retour à la substance première : le cycle est clos.

O Derviche ! Cette descente et cette ascension sont nécessaires pour que tous les noms et attributs de Dieu apparaissent, que tous les actes de Dieu et toute la *Sophia* divine s'épiphanisent. Les actes qui se manifestent à partir des corps simples ne peuvent se manifester à partir des corps composés ; et inversement.

> *Les armées des cieux et de la terre*
> *appartiennent à Dieu.*
>
> Qorān XLVIII/7

La *Sophia* qui est thésaurisée parmi les trésors des corps simples ne peut être parmi les trésors des corps composés ; et inversement.

> *Les trésors des cieux et de la terre*
> *appartiennent à Dieu.*
>
> Qorān LXIII/7

301

O Derviche ! Du temps que j'étais au service du Shaykh des shaykhs Sa'doddīn Hamū'ī et me tenais à l'ombre de son enseignement, le Shaykh dit :

« La substance première est la manifestation des attributs de Dieu. »

Le Maître n'en avait, jusqu'alors, jamais tant dit. Je fus étonné par ces paroles et ne les acceptai que difficilement. A présent, il est pour moi certain que les monades qui existent sont toutes, d'emblée, les épiphanies des attributs de Dieu.

Une autre fois, le Maître vénéré dit :

« Quoique Dieu Très Haut soit le Créateur de toutes choses, certaines cependant sont de telle sorte qu'elles s'accomplissent par la main de l'homme. Tant que l'homme n'intervient pas, ces choses ne se réalisent pas. »

Certes, nous comprenions ces paroles. Toutefois, nous nous imaginions que seul l'homme avait ce pouvoir. A présent, nous savons de science certaine que toutes les monades qui existent sont ainsi. A chacune est une tâche assignée. Chacune, de cette tâche, s'acquitte. Aucune, de la tâche d'une autre, ne peut s'acquitter :

> Il n'y a personne parmi nous
> qui n'ait une place désignée.

Qorān XXXVII/14

J'ai voulu, dans ce traité, achever d'élucider ce que sont l'essence et les attributs de Dieu ainsi que les trois Univers : le *Molk*, le *Malakūt* et le *Jabarūt*. Je n'ai pu m'en acquitter. Puissé-je dans le traité suivant y parvenir !

Gloire à Dieu le Seigneur des deux mondes.

Troisième traité sur l'Origine première ;
sur les trois Univers :
le *Jabarūt,* le *Malakūt* et le *Molk*
(développement détaillé du treizième traité)

Sache que le *Molk* est le monde de l'antagonisme ; le *Malakūt* le monde de l'ordre ; le *Jabarūt* — à la fois l'un et le multiple — le monde sans nom et sans lieu ; que l'essence de Dieu est l'Unicité pure.

> *Dis :*
> « *Lui, Dieu est Un !* »

Qorān CXII/1

et :

> *Votre Dieu est un Dieu unique.*

Qorān XVI/22

Dans le *Jabarūt,* les étants existent tous d'emblée en puissance, d'une manière générale, mais ne possèdent ni nom, ni lieu, ni forme, ni visage. Donc, le *Jabarūt* a tout et n'a rien. Par ce côté où tous les possibles sont en lui, il a tout. Par ce côté où rien n'est réalisé, il n'a rien. Quand

303

les êtres en puissance atteignent le *Malakūt*, la hiérarchie apparaît, les noms et les signes se manifestent. Quand ils atteignent le *Molk*, le contour et la forme apparaissent ; les antagonismes se manifestent.

Que le Molk *est la représentation du* Malakūt *et le* Malakūt, *celle du* Jabarūt

Sache que le *Molk* — le monde des phénomènes — est la représentation du *Malakūt* — le monde des Ames — et le *Malakūt*, celle du *Jabarūt* — le monde des Intelligences chérubiniques. A partir du *Molk*, on conçoit le *Malakūt* et, à partir du *Malakūt*, le *Jabarūt*. Dire que le *Molk* est le miroir du *Malakūt* et le *Malakūt*, le miroir du *Jabarūt* est également juste : le monde des Intelligences chérubiniques contemple sa propre beauté dans le monde des Ames ; de même celui-ci, dans le monde des phénomènes. Toute chose qui dans le *Jabarūt* est cachée et condensée devient, dans le *Malakūt*, manifeste et développée. Pour cette raison, on appelle le *Jabarūt* « la Nuit du destin », « la Nuit du rassemblement », et le *Molk*, « le Jour de la résurrection », « le Jour du rassemblement », « le Jour du jugement ». L'imam Ja'far Sādiq °, *sur lui le salut !* disait : « *Dieu Très Haut créa le* Molk *à l'image de Son* Malakūt. *Il établit Son* Malakūt *à l'image de Son* Jabarūt *en sorte que l'on puisse concevoir à partir du* Molk *le* Malakūt *et à partir du* Malakūt *le* Jabarūt. »

O Derviche ! Le destin de tous les étants est fixé dans le *Jabarūt ;* la quantité et la qualité de toute chose également.

Toute chose est mesurée par Lui.

Qorān XIII/8

Tout ce qui, dans le *Jabarūt,* est mesuré et défini, y est caché et condensé, devient, dans le *Malakūt* et le *Molk,* manifeste et développé, passe du condensé au développé, du virtuel à l'actuel.

des rapports des trois Univers entre eux

O Derviche ! Si quelqu'un demande : Comment faut-il considérer les uns par rapport aux autres l'essence de Dieu, laquelle est l'Origine première ; le *Jabarūt,* lequel est le monde des quiddités ; le *Malakūt,* lequel est le monde des intelligibles et le *Molk,* lequel est le monde des sensibles ? La réponse est des plus difficiles. Et si tu veux savoir pourquoi la réponse est ainsi, je ferai cette remarque : Dire que l'illimité, l'infini, existe et en même temps qu'autre chose existe aussi — donc que les deux existent — est des plus difficiles puisque l'infini n'a ni frontière ni extrêmité ; qu'il n'est sujet ni à l'orientation ni à l'analyse ni à la division.

Réponse : O Derviche ! On ne peut dire que l'essence de Dieu Très Haut est au-dessus de tout ; qu'en dessous viennent successivement le monde des Pures Intelligences, le monde des Ames et le monde des phénomènes. Ce serait donner à l'essence divine une limite et une orientation. Puisque tu ʲais avec certitude qu'il n'en est pas ainsi, donc, il n'est d'autre possibilité que celle de considérer ensemble l'Essence divine et les trois mondes. Il n'y a ni limite ni direction dans cette association, laquelle peut s'effectuer

305

de plusieurs manières. Je tenterai de m'exprimer plus clairement, car la compréhension de ces paroles est capitale.

de la terre, de l'eau, de l'air et du feu

Sache que la terre est dense et l'eau subtile, que l'air est plus subtil que l'eau et le feu, plus subtil que l'air. Plus le corps est subtil, plus son lieu est élevé.

Ces prémisses étant posées, sache maintenant que ces quatre choses, selon leur subtilité ou leur densité, ont chacune dans le monde un lieu ; ont chacune l'une dans l'autre également un lieu. Par exemple, si l'on emplit de terre un bassin à ras bord, en sorte qu'il n'y ait plus de place pour une miette de terre — il y a cependant place pour l'eau. Et parmi cette eau, il y a place pour l'air — là où il n'y a plus place pour l'eau, il y a place pour l'air. Et parmi cet air, il y a place pour le feu — là où il n'y a plus place pour l'air, il y a place pour le feu. Plus une chose est subtile, plus son lieu est éloigné et sa pénétration profonde, plus sa contenance et sa capacité sont grandes. Il n'est pas un atome de cette terre dans le bassin que l'eau, par essence, n'accompagne et n'enveloppe. Il n'est pas un atome de cette eau et de cette terre que l'air, par essence, n'accompagne et n'enveloppe. Il n'est pas un atome de cette eau, de cette terre et de cet air que le feu, par essence, n'accompagne et n'enveloppe. S'il en était autrement, le mélange, jamais, ne se ferait — les plantes ne croîtraient pas. Bien que les quatre soient ensemble, enveloppés les uns dans les autres, chacun se localise en son lieu propre. Le dense ne peut atteindre le lieu du subtil, ne peut être au lieu du subtil. Si tu veux comprendre avec certitude qu'ils sont ensemble, chacun en son lieu propre, sache que si quelqu'un met la main dans le feu, il se brûle la main, mais ne se la mouille pas. S'il met la main dans l'eau, il se mouille la main mais ne se la brûle pas. Et s'il trempe la main dans l'eau bouillante, il se brûle et se mouille à la fois. Il est donc évident que l'eau et le feu sont ensemble. Pourtant tu sais que l'eau et le feu ne peuvent être en même temps au même lieu. Partant, l'eau est en son lieu propre et le feu, en le sien. Ce lieu dépend de la subtilité et de la densité.

O Derviche ! Je m'exprimerai plus clairement. Si on apporte une bougie dans une salle obscure, la pièce à la lumière de la bougie est éclairée — la lumière s'empare de toute la place de l'air laquelle, cependant, n'est en rien diminuée. Il n'est pas nécessaire qu'une partie de l'air de la salle soit expulsée pour que la lumière de la bougie, y pénètrant, éclaire la salle tout entière. Ceci, parce qu'il est un lieu pour la lumière et un autre pour l'air. Là où est la lumière, l'air ne peut accéder, ne peut être. Donc, la lumière n'abolit pas l'air ni n'empiète sur son lieu, et inversement. Et si l'on apportait dix autres bougies dans cette même salle et que celle-ci en devienne à l'extrême éclairée, l'air de la salle, pour autant, n'en serait pas déplacé.

O Derviche ! Si tu veux savoir quelle est la différence d'un lieu à un autre, sache que d'aucuns voyagent dans le lieu de la terre ; d'autres, dans le lieu de l'air ; d'autres, dans le lieu de la lumière. Celui qui voyage sur terre parcourt tout au plus par jour dix à vingt parasanges. Celui qui voyage dans l'air parcourt en un jour cinq cents à mille parasanges. Celui qui voyage dans la lumière va, en un instant, de l'Orient à l'Occident et de l'Occident à l'Orient ; en un instant, il va de la Terre à l'Empyrée et fait retour. Mais revenons à notre propos.

Ce que nous venons de dire là était une digression puisque la terre, l'eau, l'air et le feu sont tous quatre des corps. Partant, ils sont situés et orientés ; limités et finis ; susceptibles d'être analysés et divisés ; partagés et reconstitués. Or, notre propos est l'Essence de Dieu, le *Jabarūt* et le *Malakūt,* lesquels ne sont pas des corps. Ils n'ont ni lieu ni direction ; ils ne sont susceptibles d'être ni analysés ni divisés, ni déchirés ni reconstitués. Cette digression n'était que pour faciliter la compréhension. A cette fin, je t'apporterai un autre exemple plus probant encore.

de l'esprit et du corps de l'homme

Sache que l'esprit de l'homme, par essence, est *avec* le corps de l'homme. Il n'est pas un atome du corps auquel l'esprit, par essence, ne participe, que l'esprit n'enveloppe. Pourtant, le corps est en son lieu propre et l'esprit en le sien. Le corps ne peut accéder au rang de l'esprit, ne peut être au rang de l'esprit. Si du corps on retranche un membre, l'esprit reste à son rang, en son état. Si l'on en retranche un autre, l'esprit, de même, reste à son rang, en son état. Bref, si l'on réduit le corps en atomes, il n'en résulte pour l'esprit ni altération ni dommage, parce que le corps, ses actes et ses instruments, ne peuvent accéder au rang de l'esprit.

O Derviche ! L'esprit est *avec* le corps, non *dans* le corps. D'où l'erreur et l'égarement de celui qui croit à l'incarnation. Celui-là ignore que Dieu est *avec* tout, non *en* tout. Il y a une grande différence entre « être avec » et « être en ». Cette différence est par la subtilité de l'esprit et la densité du corps. Sache qu'il en est ainsi de tous les subtils et de tous les denses : le dense ne peut atteindre le rang du subtil.

que Dieu, par essence, est avec toute chose

O Derviche ! Cette digression était pour que tu comprennes ce que je vais dire maintenant. Sache que la subtilité du *Molk* n'a aucun rapport avec celle du *Malakūt*, lequel est à l'extrême subtil. Que la subtilité du *Malakūt* n'a aucun rapport avec celle du *Jabarūt*, lequel est à l'extrême subtil, subtil. Que la subtilité du *Jabarūt* n'a aucun rapport avec celle de l'Essence de Dieu Très Haut, laquelle est à l'extrême subtile, subtile, subtile. La subtilité de l'Essence divine est infinie — hors de mesure, de qualification, de compréhension.

Ces prémisses étant posées, sache maintenant qu'il n'est pas un atome du *Molk* que le *Malakūt*, par essence, n'accompagne et n'enveloppe ; qu'il n'est pas un atome du *Molk* et du *Malakūt* que le *Jabarūt*, par essence, n'accompagne et n'enveloppe ; qu'il n'est pas un atome du *Molk*, du *Malakūt* et du *Jabarūt*, que Dieu Très Haut, par essence, n'accompagne ; qu'Il n'enveloppe ; dont Il ne soit informé.

> *Ne doutent-ils pas de la Rencontre de leur Seigneur ?*
> *La Science de Dieu n'enveloppe-t-elle pas toute chose ?*
>
> Qorān XLI/54

Il est « l'Enveloppant » et par essence et par science.

Dieu est, en vérité, puissant sur tout ;
et Sa Science s'étend à toute chose.

Qorān LXV/12

O Derviche ! L'enveloppement corporel est une chose ; l'enveloppement spirituel, une autre. L'enveloppement corporel est figuré ; celui qui est spirituel est vrai. L'enveloppement corporel est à la ressemblance de l'enveloppement des sphères les unes sur les autres. L'enveloppement spirituel est la ressemblance de l'enveloppement de l'esprit de l'homme sur son corps. Il n'est pas un atome du corps avec lequel l'esprit, par essence, ne soit, que l'esprit n'enveloppe.

Bref, notre but par ces paroles est que tu saches avec certitude que Dieu, par essence, est avec tout ; qu'Il est de tout informé. Tel est le sens de :

Il est le Subtil, Il est parfaitement informé.

Qorān VI/103

A ce seul verset, tous les hommes auraient dû mettre leur foi en Mohammad. Mais il ne fut entendu que par quelques-uns.

O Derviche ! Le Subtil absolu est l'Enveloppant absolu ; l'Enveloppant absolu est l'Averti absolu. Autrement dit, le subtil vrai est l'enveloppant vrai ; l'enveloppant vrai est le connaissant vrai. Plus la subtilité est grande, plus l'enveloppement est grand. Quiconque n'a pas compris ce sens, comment comprendrait-il ce verset :

Où que vous soyez, Il est avec vous.
Dieu voit parfaitement ce que vous faites.

Qorān LVII/4

Et comment ce *hadîth* :

Je suis pour l'homme l'oreille, l'œil, la main et la langue. Par Moi, il entend, il voit, il palpe, il articule.

O Derviche ! La Présence glorieuse est à l'extrême proche de chaque créature. Elle est plus proche de toi que tu ne l'es toi-même :

> *Nous sommes plus près de lui que la veine de son cou.*
>
> Qorān L/16

Dans le Qorān et les *hadîths,* il est maintes allusions de la sorte ; hélas, seul un très petit nombre d'hommes les saisissent :

> *Restreint est le nombre*
> *de Mes serviteurs reconnaissants.*
>
> Qorān XXXIV/13

La gratitude vient une fois l'aubaine comprise. Puisque rares sont les hommes qui comprennent, rares pareillement sont les serviteurs reconnaissants. L'homme reste à l'extrême éloigné ; il n'est pas réjoui par la Présence divine. De la part des gens du commun, ceci n'a rien d'étonnant — la plupart des hommes sont ignorants et insoucieux. Mais de celle des pèlerins, il est surprenant que d'aucuns s'imaginent le *Malakūt* loin d'eux ; le *Jabarūt,* plus éloigné encore ; et Dieu Très Haut, à l'extrême éloigné. A longueur de temps, ils déclarent chercher Dieu et ne point le trouver. Ils ignorent que Dieu est présent partout et toujours ; qu'il n'est pas nécessaire de l'appeler. Le Maître disait :

« Par la vision de mon œil, c'est Toi qui vois ;
par mes mots et par mes phrases, c'est Toi qui
parles.
Par mes pas, c'est Toi qui parcours la Voie ;
ô Toi devenu moi et moi, Toi — qu'ordonnes-
Tu ? »

Le *Molk* est avec toi ; le *Malakūt* est avec toi ; le *Jabarūt* est avec toi ; Dieu Très Haut, *que Son nom soit sanctifié !* est avec toi ; de toi, plus près que toi-même. Mais
voici : tu n'as pas cet œil qui te permette de voir la beauté
de Dieu ; cette oreille qui te permette d'entendre les paroles de Dieu.

« Où le cœur qui, le temps d'un respir, perçoive
Ses secrets ?
Où l'oreille qui, le temps d'un souffle, entende Ses
paroles ?
L'Aimé déploie Sa beauté jour et nuit :
Où l'œil qui se réjouisse de Sa vision ? »

L'affaire du pèlerin est d'accomplir sa tâche ; de parcourir, une à une, ses propres étapes jusqu'à ce que la
lumière de Dieu lui soit révélée ; que cet œil et cette
oreille lui soient procurés — qu'il voie la beauté de
Dieu ; qu'il entende la parole de Dieu.

« O toi qui te languis en quête du dénouement ;
toi né de l'union, tu meurs de la séparation.
Au rivage de l'Océan, te voici prostré, lèvres
sèches ;
au seuil du Trésor, te voici, d'indigence agonisant. »

O Derviche ! Dieu n'est pas éloigné pour les uns et proche pour les autres. Dieu est *avec* tous. Les plus élevés et les plus bas d'entre les hommes sont égaux en éloignement et en proximité. Eloignement et proximité sont en proportion de l'ignorance et de la connaissance.

Dieu est « parlant » par toutes les langues. Par celle des hommes, même si les hommes ignorent quand Il parle et ce qu'Il dit. Par celle des oiseaux et des autres animaux, même si oiseaux et animaux ignorent quand Il parle et ce qu'Il dit.

O Derviche ! Les membres de l'homme parlent à l'homme. Ils l'avertissent de la manne ou du fléau. Mais c'est Dieu qui par leur truchement parle. Autrement, les membres et les gestes de l'homme, que sauraient-ils de l'avenir ? De même, dans le rêve véridique et la pensée juste, c'est Dieu qui parle à Son serviteur.

O Derviche ! Quoique Dieu, de partout, soit « parlant », en tout, soit « présent » — c'est l'affaire de ceux qui ont « l'oreille » d'entendre, de partout, les paroles de Dieu ; de ceux qui ont « la vue » de voir, en tout, la beauté de Dieu.

Un derviche fit à mon humble personne cette remarque :

Vous dites que Dieu, par essence, est avec tout, qu'il n'y a pas un atome d'entre les atomes du monde avec lequel Dieu ne soit, qu'Il n'enveloppe, dont Il ne soit averti. S'il en est bien ainsi, les attributs tels la vie, la connaissance, l'ouïe, la vue, manquent à Dieu. En effet, nous savons avec certitude que le minéral n'a pas de vie ; partant, qu'il est dépourvu des attributs propres à la vie. Donc, Dieu n'est pas *avec* le minéral. Et s'Il est avec le minéral, ces attributs Lui font défaut.

Réponse : O Derviche ! Nous ne disons pas que chaque monade est l'épiphanie de tous les attributs de Dieu.

Nous disons seulement que Dieu est *avec* tout. La manifestation de tous les attributs de Dieu en chacune des monades est impossible. Chaque monade Le manifeste selon son aptitude propre. Toutes ensemble manifestent les attributs, les actes et la sagesse de Dieu. Si le minéral n'a pas de vie, il ne s'ensuit pas nécessairement que Dieu n'ait pas de vie. Et si autre chose n'a ni ouïe ni vue, il ne s'ensuit pas nécessairement que Dieu n'ait ni ouïe ni vue.

O Derviche ! De même, si la main de l'homme n'a pas la vue, il ne s'ensuit pas nécessairement que l'homme n'ait pas la vue ; un autre membre est la manifestation de la vue. J'ajouterai une chose.

O Derviche ! Celui qui affirme que le minéral n'a pas de vie, se trompe. S'il ne lui était pas de vie, le minéral ne serait pas même minéral. Mais il est une hiérarchie de l'esprit. A chaque niveau, il porte un nom : esprit minéral ; esprit végétal ; esprit animal. Chaque monade reçoit l'esprit selon son aptitude propre. Et il faut qu'il en soit ainsi. Si toutes avaient la même aptitude, les attributs et les noms, les actes et la sagesse de Dieu ne se manifesteraient pas tous et l'ordre du monde ne serait pas. Ce qui se manifeste à partir des corps simples ne peut se manifester à partir des corps composés, et inversement. Sache qu'il en est ainsi en toute chose.

exhortation

O Derviche ! Accepte le conseil de celui qui est plus avancé que toi sur la Voie — à travers lui, entends Dieu ; ne refuse pas le tien à celui qui est moins avancé que toi. Voici là une entreprise bénie aux multiples bienfaits. Fortuné celui qui accepte le conseil des grands ; infortuné, celui qui le rejette ! En outre, cherche la compagnie des hommes bons et pieux ; évite celle des hommes vils et impies. La première est pleine de vertus excellentes.

O Derviche ! Toutes ces ascèses et tous ces efforts persévérants, ces rites et préceptes innombrables en vigueur parmi les soufis ne sont que pour rendre le pèlerin digne du dialogue avec un Sage. Ce but atteint, le pèlerinage est achevé. Enfin, sois tolérant, patient et reconnaissant. Par la tolérance, jamais personne ne souffre — que dis-je ! —, chacun tire profit. Car, lorsque tu endures l'affront, que tu ne réponds pas et ne te venges pas, c'est Dieu qui répond pour toi, qui venge pour toi en sorte que tu n'as pas à intervenir. La patience est l'affaire des hommes intelligents, de ceux qui savent que personne n'est sûr de ce que sera l'instant suivant, qui savent que personne ne sait où est son bien, alors même qu'il est peut-être dans l'instant présent. La gratitude augmente l'aubaine, illumine le cœur, procure l'union et la sérénité. L'ingratitude obscurcit le cœur ; apporte la désunion et la dispersion.

Gloire à Dieu le Seigneur des deux mondes.

Traité sur la Table Préservée ;
le Livre de Dieu ; l'Encrier et le Calame
(autre développement du quatorzième traité)

Un groupe de derviches, *que Dieu augmente leur nombre*, demanda à ma chétive personne de rédiger un traité sur la Table Préservée et le Livre de Dieu ; l'Encrier et le Calame. Je répondis à sa requête et priai Dieu Très Haut de m'accorder aide et assistance afin qu'Il me garde de la faute et de l'erreur, car *Il est puissant et prêt à exaucer.*

du Jabarūt, *le monde des Intelligences chérubiniques*

Sache, *béni sois-tu dans les deux mondes,* que le *Jabarūt,* le monde des Intelligences chérubiniques, est à la fois la Table Préservée, le Livre de Dieu et l'Encrier parce qu'il a deux faces — l'une tournée vers Dieu et l'autre, vers le *Molk* et le *Malakūt,* le monde des phénomènes et le monde des âmes. La face vers Dieu est appelée « la Table Préservée » et « le Livre divin », parce que tout ce qui fut, est, sera, d'emblée, est inscrit dans le *Jabarūt.*

316

Il n'est rien de vert ou de desséché
qui ne soit mentionné dans le Livre explicite.
Qorān VI/59

La face vers le *Molk* et le *Malakūt* est appelée « Encrier » parce que les corps simples et les corps composés du monde surgissent tous à partir du *Jabarūt*. Tant qu'ils sont dans le *Jabarūt*, ils sont tous cachés et condensés. Le *Jabarūt*, donc, est l'encrier.

Ayant appris ceci, sache maintenant que la substance première est le Calame de Dieu parce qu'à la substance première vint l'exhortation : « A partir de cet encrier, écris ! » Le temps d'un regard, la substance écrivit : les corps simples vinrent à l'existence, passèrent du monde de la puissance au monde de l'acte, du monde condensé au monde développé. Les corps simples du monde sont les intelligences, les âmes, les natures, les sphères, les étoiles, les éléments. Lorsque la plume eut tracé les corps simples, elle devint sèche. « *Dieu en eut fini avec la création, la subsistance et la mort.* » La plume des corps simples devint sèche ; mais les corps simples sont toujours à écrire — ils écrivent les corps composés.

Noun.
Par le calame et par ce qu'ils écrivent !
Qorān LXVIII/1

« *Noun* » représente le *Jabarūt* ; « *par le calame* », la substance première ; « *et par ce qu'ils écrivent* », les corps simples du monde.

O Derviche ! Les corps simples du monde ont chacun une tâche à laquelle ils sont astreints. Cette tâche est

317

d'écrire sans cesse les corps composés, lesquels sont le minéral, le végétal et l'animal. Il n'est d'autres étants que ceux-ci.

O Derviche ! Le *Jabarūt* est le Livre divin ; le *Molk* et le *Malakūt* aussi sont le Livre divin. Mais le *Jabarūt* est le livre condensé ; le *Molk* et le *Malakūt* sont le livre déployé. Dans le livre déployé, les corps simples du monde sont les lettres de l'alphabet et les corps composés, les mots. De là vient que les corps simples sont au nombre de vingt-huit et les corps composés de trois : le minéral, le végétal et l'animal — les vingt-huit lettres de l'alphabet d'une part ; le nom, le verbe et la particule, d'autre part.

des corps simples et des corps composés

Sache que les corps simples du monde sont à la fois la Table Préservée, le livre, l'encrier et la plume, parce que les corps simples aussi offrent deux faces. L'une est tournée vers le *Jabarūt* ; l'autre, vers les corps composés. La face vers le *Jabarūt* est appelée « la Table Préservée » et « le livre », parce que tout ce qui dans les corps composés fut, est, sera — tout cela, le Calame premier à partir de l'Encrier premier, l'écrivit sur eux. La seconde face, tournée vers les corps composés, est appelée « l'encrier » et « le calame ». On l'appelle encrier, parce que tous les corps composés du monde procèdent des corps simples. Tant qu'ils sont dans les corps simples, ils sont tous cachés et condensés. Les corps simples constituent l'encrier. On appelle aussi cette face « le calame », parce que les corps simples sont toujours à écrire : ils écrivent les corps composés. La Plume première qui traça les corps simples devint sèche. Mais ces plumes qui continuent à tracer les corps composés ne sèchent jamais ; toutes sans cesse sont à écrire *.

O Derviche ! La plume première qui écrivit les corps simples et ces plumes, qui sans cesse sont à écrire les corps composés, n'ont de personne appris l'art d'écrire. L'écriture est inhérente à leur essence. La perfection des corps simples, contrairement à celle des corps composés, est concomitante à leur essence même.

de la semence de l'homme

Il a été dit que tout ce qui est affirmé à propos du macrocosme doit avoir sa représentation dans le microcosme pour que cette assertion soit vraie. Le microcosme en effet est l'image et la copie du macrocosme ; tout ce qui est dans le macrocosme est représenté dans le microcosme.

O Derviche ! La semence de l'homme est à la fois la table préservée, le livre et l'encrier, parce qu'elle a deux faces. L'une est tournée vers Dieu ; l'autre, vers les membres de l'homme. La face vers Dieu est appelée « la table préservée » et « le livre », parce que tout ce qui apparaît en l'homme est inscrit dans la semence adamique. L'autre face, celle vers les membres de l'homme, est appelée « l'encrier », parce que tous les membres de l'homme procèdent de la semence adamique. Tant qu'ils sont dans la semence ils sont cachés et condensés.

Ayant appris ce que sont la table, le livre et l'encrier du microcosme, sache maintenant que la Nature, laquelle est la substance première du microcosme, est le calame. A cette nature vint l'exhortation : « A partir de cet encrier,

* Qorān XVIII/109, cf. 164.

écris ! » Le calame s'exécuta : les membres intérieurs et extérieurs de l'homme vinrent à l'existence ; passèrent du monde de la puissance au monde de l'acte ; du monde condensé au monde développé.

des membres de l'homme

Sache que les membres de l'homme sont à la fois la table préservée, le livre, l'encrier et le calame parce que, eux aussi, ont deux faces. L'une est tournée vers la semence ; l'autre vers leurs propres actes et leur perfection. La face tournée vers la semence est appelé « la table » et « le livre », parce que tout ce qui sera en l'homme, tout cela, le calame premier à partir de l'encrier premier l'écrivit sur eux. L'autre face, tournée vers leurs propres actes et leur perfection, est appelée « l'encrier » et « le calame ». On l'appelle encrier parce que tous les actes procèdent des membres, se manifestent et se développent à partir d'eux. On appelle aussi cette face calame parce que les membres sont toujours à écrire : ils écrivent les paroles, les actes, les connaissances. Tout ce qui est, en fait de paroles excellentes, d'arts, d'industries, d'édifices magnifiques, de sciences, de connaissances et de sagesses, tout cela est tracé par l'homme et continue de l'être. La plume première, après avoir écrit les membres, devint sèche. Mais ces plumes secondes ne sèchent jamais : elles sont toujours à écrire les paroles, les actes, les dispositions et les connaissances.

O Derviche ! J'ai tenté dans ce traité d'exposer ce que sont la Table, le Livre, l'Encrier et le Calame en sorte d'être compris par tous. Puissé-je y parvenir dans le traité suivant !

Gloire à Dieu le Seigneur des deux mondes.

Traité sur la Création première
(autre développement du dix-septième traité)

Un groupe de derviches, *que Dieu augmente leur nombre,* demanda à ma chétive personne de rédiger un traité sur les créations premières ; d'exposer si l'objet de ces créations est une seule substance ou si l'objet de chacune est une substance différente. Selon une tradition il est dit : « *La première chose que Dieu créa fut l'Intelligence.* » Selon une autre : « *la première chose que Dieu créa fut le Calame* ». Selon une troisième : « *La première chose que Dieu créa fut l'Esprit.* » Selon une quatrième : « *La première chose que Dieu créa fut la Lumière* », et ainsi, selon d'autres traditions encore. Par ailleurs, d'exposer ce que sont l'Ange, Satan et Iblis. Je répondis à sa requête et priai Dieu Très Haut de m'accorder aide et assistance afin qu'Il me garde de la faute et de l'erreur, car *Il est puissant et prêt à exaucer.*

de la Substance première

Sache, *béni sois-tu dans les deux mondes,* que la première chose que Dieu créa fut une substance. Pour cette raison, on appelle celle-ci la Substance première. Cette substance première est l'Intelligence. Pour la même raison, on appelle celle-ci l'Intelligence première. Cette Intelligence première est mentionnée par des épithètes, des qualificatifs et des noms différents tels : Substance, Intelligence, Esprit, Lumière, Calame, Ange rapproché de Dieu, Trône immense, Adam, etc. Toutes ces appellations sont justes, toutes se rapportent à la Substance première.

Ces prémisses étant posées, sache maintenant que notre Prophète, *sur lui le salut !* vit une substance qui était vivante et rendait vivant. Il la nomma « Esprit » parce que l'esprit est à la fois vivant et vivifiant. Quand il vit que cette même substance avait la capacité de comprendre et celle de faire comprendre, il la nomma « Intelligence » parce que tel est le propre de l'intelligence. Et quand il vit que cette même substance était manifeste et rendait manifeste, il la nomma « Lumière » parce que tel est le propre de la lumière.

O Derviche ! Enoncer chacun de ses noms serait long. Qu'on appelle cette Substance unique : Calame, Ange rapproché de Dieu, Adam, Envoyé de Dieu, Demeure divine, Temple de la Ka'ba, Demeure habitée, Demeure première, Temple de Jérusalem, Trône immense — est également juste. L'Intelligence première est le Trône du *Malakūt,* le monde intelligible ; la Sphère première est le Trône du *Molk,* le monde sensible. Tous ces noms désignent l'Intelligence première.

de l'intelligence de l'homme

Sache que, dans le macrocosme, l'Intelligence première

322

est le Vicaire de Dieu ; que, dans le microcosme, c'est l'intelligence de l'homme le vicaire de Dieu. Dans le macrocosme, l'Intelligence première est l'Envoyé de Dieu ; dans le microcosme, c'est l'intelligence de l'homme l'envoyé de Dieu. Dans le macrocosme, l'Intelligence première est l'Ange rapproché de Dieu ; dans le microcosme, c'est l'intelligence de l'homme l'ange rapproché. Dans le macrocosme, l'Intelligence première est le Calame de Dieu ; dans le microcosme, c'est l'intelligence de l'homme le calame de Dieu. Dans le macrocosme, l'Intelligence première est Adam ; dans le microcosme, c'est l'intelligence de l'homme qui est Adam.

Ces prémisses étant posées, sache maintenant que l'intelligence de l'homme possède, à l'extérieur, deux formes : la langue et la main. La langue est l'épiphanie de la connaissance ; la main, celle de l'acte. Les connaissances théoriques et les entités intelligibles se manifestent par la langue ; les connaissances pratiques, les arts et les industries, par la main. La langue transmet le message de l'intelligence à ceux qui sont présents ; le livre, à ceux qui sont absents.

O Derviche ! La science et la puissance de l'intelligence de l'homme ne se manifestent que par le truchement de ces deux formes. Sache qu'il en est du macrocosme comme du microcosme. L'Intelligence première en ce bas-monde possède deux formes : le prophète et le souverain. Le prophète est l'épiphanie de la connaissance ; le souverain, celle de la puissance. Le prophète est l'épiphanie de la faveur ; le souverain, celle du courroux. La science et la puissance de l'Intelligence première ne se manifestent que par ces deux formes.

O Derviche ! Le prophète est le visage de l'Intelligence première. Pour cette raison il a été dit : « *Dieu Très Haut*

créa l'homme à Sa ressemblance » c'est-à-dire, « *à la ressemblance d'Adam* ». L'Intelligence première est la première des créatures — l'Adam des créatures. L'Adam terrestre est le premier des hommes — l'Adam de ses
descendants. Dieu créa cet Adam-ci à l'image de cet Adam-
là.

> « Le Roi suprême, derrière la porte solidement fer-
> mée,
>
> revêtit peau d'homme ; alors, Il parut sur le seuil. »

Pour la raison que cet Adam-là est « parlant » — cet
Adam-ci également est « parlant » ; que cet Adam-là est
« enseignant » — cet Adam-ci également est « enseignant » ; que cet Adam-là est « vicaire » — cet Adam-ci
également est « vicaire ». Tel est le sens de ces paroles :
« *Dieu Très Haut créa l'homme à Sa ressemblance.* »

Bref, de même que la langue est la forme de l'intelligence humaine, Adam est la forme de l'Intelligence
première. Ceci n'est pas particulier à Adam ; tous les prophètes sont les formes épiphaniques de l'Intelligence première. Pour cette raison il a été dit : « *La première chose
que Dieu créa fut l'Esprit.* » Et encore : « *La première
chose que Dieu créa fut la Lumière.* » De même que le
prophète est la forme de l'Intelligence première, l'Intelligence première est l'âme du prophète.

O Derviche ! Si l'on dit que tous les membres de l'homme sont les formes de l'Intelligence première, c'est également juste ; il n'est pas de doute qu'il en soit ainsi. Si l'on
dit que tous les êtres du *Molk,* d'emblée, sont les formes
de l'Intelligence première, c'est encore juste ; il n'est pas
de doute qu'il en soit ainsi. Le macrocosme est la manifestation de la puissance de l'Intelligence première ; et le

microcosme, celle de sa science. L'Intelligence première
est la manifestation des attributs et de l'essence de Dieu.
Seul Dieu connaît la magnificence et la grandeur de l'Intelligence première. Beaucoup parmi les maîtres arrivèrent
à cette Intelligence première et ne purent la dépasser : ils
virent en elle les attributs de Dieu, mais ne virent pas qu'il
est, au-delà de son ordre, un Ordre autre ; au-delà de son
impératif, un Impératif autre.

> *Tel est, en vérité, son Ordre :*
> *quand Il veut une chose,*
> *Il lui dit : « Sois ! »*
> *et elle est.*
>
> Qorān XXXVI/82

Ils prirent l'Intelligence première pour Dieu et l'ado-
rèrent jusqu'à ce que, par la grâce divine, ils virent au-delà
de son ordre, cet Ordre autre ; au-delà de cet impératif,
cet Impératif autre.

> *Notre Ordre est une seule parole,*
> *il est prompt comme un clin d'œil.*
>
> Qorān LIV/50

Alors, il devint clair pour eux que l'Intelligence première est le vicaire de Dieu — et non Dieu même ; la
manifestation des attributs de Dieu — et non Dieu même.
Ils dépassèrent l'Intelligence première et arrivèrent à Dieu.

O Derviche ! Dans le Qorān et les *hadīths,* il est souvent fait mention de cette Intelligence première.

de l'Ange ; de Satan ; d'Iblis

Sache que le Shaykh d'entre des shaykhs, Sa'doddīn Hamū'ī, *sanctifié soit-il !* dit que l'Ange « découvre » ; que Satan « recouvre ». Le Prince des Amants, 'Aïn al-Qozāt Hamadāni [15], dit que l'Ange est la cause ; que Satan aussi est la cause. Le premier est la cause du dévoilement ; le second, du voile. L'Ange miséricordieux est la cause de la clémence ; l'Ange du tourment, la cause de la peine.

O Derviche ! Celui qui t'invite aux belles actions et te garde des mauvaises est l'ange en toi. Celui qui t'invite aux mauvaises actions et te retient des bonnes est le démon en toi.

O Derviche ! L'homme, lequel est le microcosme, est composé de deux mondes : le *Molk* et le *Malakūt*. Le premier est le corps ; le second l'âme. Le premier est la maison ; le second, le maître de maison. A ce maître est une hiérarchie ; à chaque degré de cette hiérarchie, le maître porte un nom. A un degré, le maître est appelé « nature » ; à un autre, « âme » ; à un autre, « intelligence » ; à un autre, « lumière divine ».

Ces prémisses étant posées, sache maintenant qu'à partir de la nature, laquelle est le premier degré, trois choses viennent à l'existence — l'une : l'abondance, la prospérité et la soumission ; l'autre : la corruption, la destruction et la désobéissance ; l'autre : l'orgueil, l'égoïsme et l'insoumission. Pour cette raison, les prophètes ont donné trois noms à ce maître de maison. Suivant qu'il construit, cultive et se soumet, ils le nomment « Ange ». Suivant qu'il corrompt, détruit et désobéit, ils le nomment « Satan ». Suivant qu'il s'enorgueillit, s'infatue et se rebelle, ils le nomment « Iblis ». D'où cette affirmation que tout homme porte en lui un démon. Le Prophète, *sur lui le salut !*

326

disait : « *De ma main, j'ai soumis Satan en moi.* » Donc, l'Ange, Satan et Iblis sont une même substance, laquelle est mentionnée par des épithètes et des qualificatifs différents. Les appeler tous trois démons est également juste.

> *(Nous avons soumis à Salomon)*
> *les Démons bâtisseurs ou plongeurs*
> *et d'autres encore,*
> *enchaînés deux à deux.*
>
> Qorān XXXVIII/37.8

O Derviche ! Sache qu'Iblis est rarement parmi les gens du commun ; parmi ceux-ci, se trouvent l'Ange et Satan. Iblis est parmi les savants, les maîtres et les gouvernants. Ces derniers, souvent, sont infatués et vaniteux ; ils ne voient personne au-dessus d'eux — tous les hommes, à leurs yeux leur sont inférieurs. Mais revenons à notre propos.

O Derviche ! Le macrocosme aussi est composé de deux mondes : le *Molk* et le *Malakūt*. Le premier est la forme ; le second, le sens. Le premier est le corps ; le second l'âme. Le premier est la maison ; le second le maître de maison. A ce maître est une hiérarchie ; à chaque degré de cette hiérarchie, le maître porte un nom. A un degré, le maître est appelé « nature » ; à un autre, « âme » ; à un autre « intelligence ». Certains appellent le maître et les serviteurs de cette maison : « intelligences », « âmes », « natures ». D'autres les appellent « anges ». Ce ne sont là que des termes.

O Derviche ! De même qu'il y a des artisans dans le microcosme, il y en a assurément aussi dans le macrocosme. Ces artisans sont appelés par certains « intelligences »,

« âmes », « natures » ; par d'autres « anges ». Le savoir, le faire et le rang de chacun est défini :

> *Il n'y a personne parmi nous*
> *qui n'ait une place désignée.*
>
> Qorān XXXVII/164

Leur savoir n'augmente pas ; leur faire ne varie pas. Tous sont à leur travail. Celui-ci ne leur a été enseigné par personne ; leur savoir et leur faire sont inhérents à leur essence même. A cette tâche, ils ne peuvent se soustraire :

> *Ils ne désobéissent pas à l'ordre de Dieu,*
> *ils font ce qui leur est commandé.*
>
> Qorān LXVI/6

Gloire à Dieu le Seigneur des deux mondes.

Traité sur la doctrine
des adeptes de la métempsychose

du pont Chinvat

Sache que la cinquième étape est la métempsychose.
C'est là une doctrine immémoriale qui a cours depuis des
milliers et des milliers d'années parmi les hommes. Les
trois quarts des habitants de ce monde, que dis-je ! davantage, ont été et sont engagés sur cette voie. Les adeptes de
la métempsychose s'accordent avec les philosophes sur le
lieu d'origine et le lieu de retour, mais diffèrent sur l'accès
à l'eschatologie. Pour les adeptes de la métempsychose le
lieu de retour est cet endroit où, ayant séjourné une fois,
l'âme aspire à retourner. Donc, le lieu d'origine et le lieu
de retour sont une seule et même chose ; celle-ci, suivant
qu'elle est le point de départ ou le point d'aboutissement,
est appelée « lieu d'origine » ou « lieu de retour ». Cette
chose est l'Intelligence première laquelle émana en premier de l'Etre Nécessaire. Tout ce qui fut, est, sera —
tout est en puissance dans l'Intelligence première. De là
vient que celle-ci est également appelée la « Table Préservée ».

Ces prémisses étant posées, sache maintenant que les adeptes de la métempsychose disent que les âmes de tous les hommes existent dans le monde supérieur ; que chacune, en son temps, descend au monde inférieur, enfourche la monture du corps et se met en quête de sa perfection. Une fois la perfection recueillie, l'âme fait ascension et retourne au monde supérieur. Cette descente et cette montée des esprits est un pont tendu au-dessus de l'Enfer — un pont, comme il est dit dans un *hadîth,* plus étroit qu'un cheveu, plus effilé que le fil d'une épée. Sur cette voie, il faut tantôt descendre, tantôt aller à plat, tantôt monter. Celui qui franchit le pont dépasse l'Enfer et arrive au Paradis. Certains le franchissent vite et aisément ; d'autres, lentement et à grand dam ; d'autre ne le peuvent franchir et tombent en Enfer.

Sur ce pont, il faut avancer en ligne droite afin de parcourir, agile et rapide, cette descente et cette montée. La voie droite en toute affaire est la voie médiane. Celle-ci est plus étroite qu'un cheveu, plus effilée que le fil d'une épée. Mais revenons à notre propos.

O Derviche ! Donc, chaque âme particulière descend du monde supérieur au monde inférieur en quête de sa perfection. Celle-ci recueillie, l'âme fait retour au monde supérieur. Mais voici : la perfection sans un outil ne peut être obtenue. L'outil de l'âme est le corps. L'âme se fabrique un outil selon son aptitude et son savoir, tel le forgeron ou le menuisier. Plus l'artisan est habile, meilleur est l'outil qu'il se procure. L'âme particulière prend successivement la forme du végétal, celle de l'animal et celle de l'homme. A chaque étape, elle prend un nom. Je sais que tu n'as pas entièrement saisi ; je m'exprimerai plus clairement.

de l'ascension

Sache que pour les adeptes de la métempsychose, tout ce qui est au-dessous le monde sublunaire — à savoir le monde de la génération et de la corruption, le monde des natures et des appétits — constitue l'Enfer et les abîmes de l'Enfer. Que tout ce qui est au-dessus de la sphère lunaire — à savoir le monde de la pérennité et de la constance, le monde des intelligences et des âmes — constitue le Paradis et les degrés du Paradis. La sphère de la Lune est intermédiaire entre le Paradis et l'Enfer ; elle est le lieu des âmes des enfants et de ceux qui, en réalité, sont des enfants. Il est huit paradis et sept abîmes infernaux.

Ces prémisses étant posées, sache maintenant que chaque âme descend, en premier, du monde supérieur, dans les éléments et les natures. Longtemps elle reste à ce stade, cependant que les sphères et les étoiles, sans cesse, tournent autour des éléments et des natures, leur communiquant leurs influx et leurs effets. Le but de ces rondes est que l'âme particulière déposée dans les natures et les éléments effectue sa croissance et devienne apte à l'ascension. L'âme reste à ce niveau plusieurs milliers d'années ; elle est alors appelée : « nature ».

Puis, à partir des éléments et des natures, l'âme s'élève jusqu'à la plante. La première forme végétale qu'elle prend est celle d'une mousse d'eau — une verdure qui apparaît dans les eaux. Cette mousse, par degré, s'élève et se transforme en plante et en arbre jusqu'au point où l'arbre devient proche de l'animal ; ainsi le dattier, la mandragore et le *wāq-wāq* [10]. L'âme reste à ce niveau plusieurs autres millénaires et, par la rotation des sphères et des

étoiles, effectue son développement. Elle est alors appelée
« âme végétale ».

Puis, du végétal, l'âme passe à l'animal. La première
forme animale qu'elle prend est celle du *kharātīn*, un ver
rouge, long, mince, qui vit dans la boue et les marécages.
Ce ver, par degré, s'élève et se transforme en animal jusqu'au point où l'animal non parlant devient proche de
l'animal parlant ; ainsi l'éléphant, le singe et l'orang-
outang. L'âme reste à ce niveau plusieurs autres millénaires
encore et, par la rotation des sphères et des étoiles, effectue son développement. Elle est alors appelée « âme animale ».

Puis, de l'animal l'âme passe à l'humain. La première
forme humaine qu'elle prend est celle du *Zenghī,* habitant
de Zanzibar. A ce niveau, elle est appelée « âme humaine »
— elle est « l'âme parlante ». L'âme, à ce plan, est « l'âme
impérative ». Par degré, elle s'élève jusqu'au niveau des
sages. A ce plan, l'âme parlante est appelée « âme blâ-
mante ». Par degré elle s'élève encore jusqu'au niveau des
Amis de Dieu. A ce plan, l'âme parlante est appelée « âme
sanctifiée ». Par degré elle s'élève encore jusqu'au niveau
des prophètes. A ce plan l'âme parlante est appelée « âme
pacifiée ». L'âme, alors, atteint la perfection ; c'est pour
elle le temps du retour.

> *O toi !...*
> *Ame apaisée !...*
> *Retourne vers ton Seigneur,*
> *satisfaite et agréée ;*
> *entre donc avec Mes serviteurs ;*
> *entre dans Mon Paradis !*
>
> Qorān LXXXIX/27.30

O Derviche ! « *Entre donc avec Mes serviteurs* » signifie : O toi Ame ! rejoins les intelligences et les âmes du monde supérieur ainsi que les degrés du paradis. « *Entre dans Mon Paradis* » signifie : Rejoins l'Intelligence première, laquelle est ton paradis propre. Lorsque l'âme arrive au niveau des sages, elle dépasse l'Enfer et atteint les degrés du Paradis. Lorsqu'elle arrive au niveau des Amis, elle dépasse les degrés du Paradis et atteint son paradis propre. Lorsqu'elle arrive au niveau des prophètes, elle dépasse son paradis propre et arrive à Dieu.

> *Oui, ceux qui craignent Dieu*
> *demeureront dans des Jardins,*
> *au bord des fleuves,*
> *dans un séjour de Vérité,*
> *auprès d'un Roi tout-puissant.*
>
> Qorān LIV/54.55

Les savants et les sages sont aux « *Jardins, au bord des fleuves* » ; les Amis de Dieu, au « *séjour de Vérité* » ; les prophètes, auprès du « *Roi tout-puissant* ».

O Derviche ! Tant que tu ne te seras pas entièrement purifié des penchants blâmables et paré des qualités louables, tu ne seras pas délivré de l'Enfer et n'atteindras pas les degrés du Paradis. Tant que tu ne sauras pas et ne verras pas la réité des choses et leur raison d'être, tu n'accéderas pas au Paradis qui est tien. Tant que tu ne mourras pas à toi-même et ne te ranimeras pas en Dieu, tu n'arriveras pas à Dieu. Ces trois étapes correspondent respectivement à la *Sophia*, à l'Amitié divine et à la Mission prophétique.

de la Résurrection

O Derviche ! Ce qui vient d'être dit — l'âme particulière prend d'abord la forme du végétal, puis progressivement celle de l'animal et celle de l'homme — se passait
en un temps où, de par le monde, il n'y avait ni végétaux
ni animaux. Mais dans un monde où il y a végétaux, animaux et humains tel qu'il en est présentement, l'âme particulière s'attache, selon son aptitude, soit au végétal, soit à
l'animal, soit à l'humain. En effet, pour les adeptes de la
métempsychose, il est possible que deux âmes, dix, ou
davantage, descendent dans le même corps. Lorsque ceci
se produit, la différence entre les âmes disparaît — toutes
deviennent une seule âme ; toutes s'adonnent à la même
tâche. Lorsque dans le monde il n'y a plus ni végétal ni
animal — c'est-à-dire après un déluge universel, lequel
revient d'une façon cyclique — il y a résurrection. Il est
trois cycles ; partant, il est trois résurrections : la résurrection mineure ; la résurrection majeure et la plus grande
résurrection.

La résurrection mineure n'est pas universelle : elle se
produit en certains lieux de la terre. La résurrection majeure est universelle : elle s'empare de toute la surface de
la terre. Les plantes et les animaux sont engloutis sous des
cataclysmes d'eau, de vent et de feu. Mais il se peut que
certains vestiges du passé subsistent — ainsi les châteaux
forts et les constructions sûres aux flancs des montagnes
que n'affecte nulle intempérie. La plus grande résurrection
aussi est universelle : elle s'empare de toute la surface de
la terre en sorte qu'il ne reste plus ni plantes, ni animaux
ni vestiges aucun. Puis, derechef, au début d'un autre cycle,
apparaissent progressivement, comme il a été dit, les végétaux et les animaux. Les végétaux et les animaux simples

peuvent croître n'importe où sur la terre ; mais les animaux évolués et l'homme ont besoin d'un climat tempéré tel celui de Taprobane [l'île de Ceylan actuelle]. La tradition qui veut qu'Adam, *sur lui le salut !* ait vu le jour à Taprobane et fait de ce lieu le berceau de l'humanité, est vraie. C'est en ce lieu qu'Adam, passant du stade animal au stade humain, fut le premier homme. La semence apparut en lui ; il engendra sa progéniture, laquelle devint l'humanité terrestre. Je sais que tu n'as pas entièrement compris. Je m'exprimerai plus clairement.

des cycles

Sache que pour les adeptes de la métempsychose chaque millénaire constitue un cycle ; à la fin de mille années, il est une résurrection — la résurrection mineure. Chaque sept millénaires constitue un autre cycle ; à la fin de sept mille années il est une autre résurrection — la résurrection majeure. Chaque quarante-neuf millénaires constitue un autre cycle ; à la fin de quarante-neuf mille années il est une autre résurrection — la plus grande résurrection.

Ces prémisses étant posées, sache maintenant que sept mille années constituent le cycle de Saturne — mille en propre et six mille en commun. Sept mille autres années constituent le cycle de Jupiter — mille en propre et six mille en commun ; et ainsi de suite jusqu'au cycle de la Lune, lequel est également constitué de sept mille années — mille en propre et six mille en commun. Soit au total quarante-neuf mille ans. Au cours de cette période, il est trois cycles et trois résurrections.

A la résurrection mineure, les us et coutumes des hommes sont renversés ; la méthode et l'expression des savants, la loi et le canon des prophètes, abolis ; puis tout, de nouveau, apparaît. Le prophète qui, dans ce temps, veut changer les us et coutumes, abroger la Loi religieuse première et en poser une autre, le peut aisément parce que ce temps est propice. Mais celui qui le voudrait en dehors de cette période, non seulement ne le pourrait mais s'il s'acharnait, trouverait la mort, cependant que de grands maux et d'innombrables châtiments s'abattraient sur son peuple et ses fidèles. Combien d'hommes perspicaces et savants qui périrent ou furent précipités dans le tourment pour avoir ignoré le temps et l'heure !

A la résurrection majeure, à cause de ces cataclysmes d'eau, de vent et de feu, il ne reste plus sur toute la surface de la terre ni végétaux ni animaux. Puis, au début du cycle suivant, ceux-ci réapparaissent progressivement. Chaque chose qui renaît accède par degré à la perfection. Au bout de sept mille ans, à la fin du cycle, la perfection est atteinte — il ne reste rien qui n'ait été dit ; rien qui n'ait été fait. Toute chose qui atteint sa perfection devient le sceau. Tel est le sens du sceau de la *nobowwat* et de la *walāyat,* la mission prophétique et la mission des Amis de Dieu.

A la plus grande résurrection, la terre d'un seul coup est engloutie sous les flots ; enveloppée par l'eau. Au bout d'un autre temps, une moitié qui était submergée resurgit et, progressivement, les végétaux, les animaux et les hommes réapparaissent. Personne alors ne peut dire si la terre, auparavant, était habitée, nul vestige du passé ne subsistant pour en témoigner. La terre est :

un bas-fond aplani
où tu ne vois ni ondulation, ni dépression.
Qorān XX/106

Progressivement des montagnes apparaissent, des édifices se construisent, des sages se révèlent, un appel et un enseignement se font entendre, les hommes s'occupent à polir leur nature, à développer leurs qualités.

O Derviche ! Quoique doctes et prophètes se manifestent en tout temps, ceux du début d'un cycle ne sont pas aussi savants que ceux de la fin. Au bout du cycle de sept mille années, les savants et les maîtres atteignent la perfection. Voici là l'exposé des résurrections et des cycles.

O Derviche ! Celui qui ne gaspille pas ses jours, qui accepte les paroles des sages et récolte la perfection, rejoint, après la séparation d'avec le corps, le monde supérieur et atteint le Paradis. Il est à tout jamais immortel parmi les Chérubins et les Purs esprits. Ceci est la doctrine des adeptes de la métempsychose.

de la métempsychose (naskh) ;
de la métamorphose (maskh)

Sache que pour ses adeptes, la métempsychose signifie que l'âme quitte une forme et en prend une autre qui est au-dessus de la première. Ainsi, l'âme particulière, qui en premier a la forme des éléments, quitte cette forme et prend celle du végétal ; puis, quittant la forme végétale, elle prend celle de l'animal ; quittant la forme animale, elle prend celle de l'homme ; enfin quittant la forme humaine, elle prend celle de l'ange. Tels sont les degrés de la métempsychose.

La métamorphose signifie que l'âme quitte une forme et en prend une autre qui est au-dessous de la première. Ainsi, l'âme particulière qui au niveau de l'homme ne recueille pas sa propre perfection et vit comme la bête, est qualifiée par les attributs de la bête ; elle commet maintes impiétés. Après la séparation d'avec le corps, cette âme redescend au niveau de l'animal non parlant, pour réapparaître ensuite sous la forme de l'animal dont l'attribut prévaut à l'heure du trépas. Par exemple, si les qualités de la fourmi ou de la souris prévalent alors sur elle, l'âme réapparaît sous la forme d'une fourmi ou d'une souris. Si ce sont les qualités de la vache ou de l'âne qui prévalent, l'âme réapparaît sous la forme d'une vache ou d'un âne. Il arrive que du stade de l'animal, l'âme retombe à celui du végétal ; et du végétal à celui du minéral ; elle réapparaît alors sous la forme du minéral. Tel est le sens de ce verset :

> *Préservez vos personnes et vos familles d'un Feu*
> *dont les hommes et les pierres seront l'aliment !*
>
> Qorān LXVI/6

L'âme reste à ce stade de nombreuses années :

> *Un jour*
> *dont la durée est de cinquante mille ans.*
>
> Qorān LXX/4

Autrement dit, d'abîme en abîme, l'âme descend jusqu'à ce qu'elle ait expié selon ses fautes et ait été châtiée selon ses crimes :

> *Chaque fois que leur peau sera consumée,*
> *Nous leur en donnerons une autre*
> *afin qu'ils goûtent le châtiment.*
>
> Qorān IV/56

Une fois descendue au tréfonds de l'Enfer, l'âme remonte par degré et atteint le niveau de l'homme. Si, cette fois encore, elle ne recueille pas la perfection, l'âme, derechef, après la séparation d'avec le corps, descend par degré jusqu'à ce qu'elle ait expié selon ses fautes et ait été châtiée selon ses crimes, puis remonte. Certaines âmes descendent jusqu'à l'animal non parlant ; d'autres jusqu'au végétal ; d'autres jusqu'au minéral. Elles descendent et remontent ainsi jusqu'à ce qu'elles atteignent leur perfection. Parfois l'âme humaine, au stade de l'homme, se sépare du corps sans avoir atteint la perfection, mais sans être pour autant qualifiée par les attributs de la bête. Elle reste au niveau de l'homme et prend un autre visage. Elle passe ainsi de forme humaine en forme humaine jusqu'à ce qu'elle recueille la perfection. Si dans la forme première elle a fait le bien et répandu la quiétude, dans la seconde elle est récompensée. Si dans la forme première elle a fait le mal et répandu l'affliction, dans la seconde elle est châtiée. A chaque fois que l'âme quitte un corps pour en prendre un autre, elle devient plus perspicace et plus apte. L'extrême perspicacité et aptitude de certaines âmes sont les effets de ce change répété.

O Derviche ! Que de fois a-t-il été dit que la perfection de l'âme particulière est en rapport avec les intelligences et les âmes du monde supérieur — lesquelles sont toutes subtiles, toutes pourvues de connaissance et de pureté ! Plus l'âme est élevée, plus sa connaissance et sa pureté sont grandes. Partant, l'âme qui a plus de connaissance et de pureté correspond à l'âme et à l'intelligence d'un rang plus élevé et vers celles-ci fait retour.

O Derviche ! Quand l'âme passe d'un corps humain à un autre qui est au-dessous du précédent, elle descend d'un abîme. Il y a métamorphose. Quand elle passe d'un corps à un autre qui est au-dessus du précédent, elle monte d'un degré. Il y a métempsychose.

O Derviche ! Après la séparation d'avec le corps humain, deux voies s'ouvrent à l'âme : l'une vers le haut ; l'autre vers le bas.

> *Une partie d'entre eux sera au Paradis*
> *et une autre dans le Brasier.*
>
> Qorān XLII/7

Si l'âme prend la voie du haut, elle s'élève, entraînant avec elle quiconque lui est attaché ; si elle prend celle du bas, elle s'enfonce, entraînant avec elle quiconque lui est attaché.

> *Le Jour où Nous rassemblerons,*
> *comme des invités de marque,*
> *ceux qui craignent le Miséricordieux ;*
> *Nous pousserons les criminels vers la Géhenne*
> *comme on conduit un troupeau à l'abreuvoir.*
>
> Qorān XIX/85.6

Gloire à Dieu le Seigneur des deux mondes.

Traité sur l'Etre Vrai et l'être imaginaire

Sache que les Témoins de l'unicité se rangent en deux groupes : l'un est à la sixième étape, l'autre à la septième. Il sera question dans ce traité du groupe parvenu à la sixième étape.

que l'être est de deux sortes

O Derviche ! Un groupe parmi des Témoins de l'unicité dit que l'être est de deux sortes : l'être vrai et l'être imaginaire. L'être vrai est l'Etre divin ; l'être imaginaire est l'être du monde.

O Derviche ! Pour ce groupe, le monde n'est qu'image et représentation ; en vérité, il n'existe pas. Mais, par la vertu de la Réalité vraie — l'Etre divin — le monde apparaît comme étant, tels les êtres qui apparaissent en rêve, à la surface de l'eau ou dans un miroir. Ce monde n'a d'autre existence que celle du leurre, du reflet, de l'ombre.

O Derviche ! L'Etre de Dieu n'a ni commencement ni fin ; ni semblable ni associé. Il n'est sujet ni au changement ni à l'altération ; ni à l'annihilation ni au non-être.

Il n'a ni lieu ni orientation parce qu'il n'a ni dessus ni dessous, ni droite ni gauche, ni avant ni après. C'est une lumière sans limite et sans fin, un océan sans fond et sans rive. Ce groupe s'accorde avec les soufis au sujet de l'Etre de Dieu mais diffère au sujet de l'être du monde. Pour les soufis, le monde n'est ni une chimère ni une représentation : il a, ainsi que chacun de ses habitants, une réalité propre. Mais l'Etre de Dieu est éternel alors que l'être du monde est advenu. Pour ce groupe, le monde et ses habitants, d'emblée, ne sont qu'illusion et apparence — ils n'ont pas de réalité. Mais revenons à notre propos.

O Derviche ! Pour ce groupe d'entre les Témoins de l'unicité, Dieu est un être qui apparaît comme non-être ; le monde, un non-être qui apparaît comme être.

> « Nombreux ceux qui sont en quête de l'union —
> et Dieu est inaccessible ;
> entre être et non-être, impossible est l'union.
> Union et séparation sont le fait de la pluralité ;
> Lui est Un ; Il est au-delà de l'union et de la séparation. »

de la représentation

Si l'on demande : Comment ne serions-nous qu'image et représentation quand certains d'entre nous sont heureux et d'autres malheureux, quand certains sont dans la peine et d'autres dans le bien-être, quand certains gouvernent et d'autres sont gouvernés, quand certains parlent et d'autres sont muets ? La peine et l'affliction, comment ne seraient-elles que vaine imagination ? La joie et la sérénité, qu'illusoire représentation ?

Réponse : O Derviche ! N'as-tu donc jamais rêvé ?
N'as-tu donc jamais vu en rêve un tel frappé de coup,
plongé dans la peine et le tourment ? Tel autre choyé,
entouré de quiétude et de bien-être ? Tel autre, frappé à
mort ? Tel autre porté sur le trône ? Il n'est alors pour
toi aucun doute que tout ceci n'est qu'illusion et représentation. Pourtant, certains sont dans la peine et le tourment ;
d'autres, dans la quiétude et le bien-être ; d'autres gouvernent et d'autres sont gouvernés. Le monde est à cette ressemblance — un leurre, une illusion, un songe.

de l'accès à la Réalité Vraie

O Derviche ! Les choses aperçues en rêve ne sont
qu'une image. Mais cette image est le signe d'une réalité
vraie. Il faut au rêveur dépasser l'image pour arriver au
réel, en être informé. C'est en ce sens qu'opère l'oniroman-
cien. De même, ce monde tout entier n'est qu'image et représentation. Mais cette image, cette représentation, est le
signe d'une Réalité Vraie — l'Etre de Dieu, *exalté et glorifié soit-Il !* Il faut donc à l'homme dépasser l'image afin
d'être informé de la réalité. Les savants sont les oniroman-
ciens : ce sont eux qui font dépasser aux hommes cette
image, cette représentation et les informent de la Réalité
Vraie. Le monde est un signe de Dieu.

exhortation

Les sages ont comparé ce monde à l'océan et ses phases
aux vagues de l'océan. Certains ont encore comparé les
phases du monde aux choses aperçues en rêve. Cette

343

comparaison également sied. Des choses apparaissent ; les hommes s'y attachent et, l'instant d'après, ils ne les voient plus, ne les trouvent plus.

O Derviche ! Certes, il en est ainsi. *Les hommes dorment ; c'est lorsqu'ils meurent qu'ils se réveillent.*

O Derviche ! Retiens seulement en guise d'exhortation que la cause de tous les maux, calamités et tourments est l'amour du monde et de ceux qui sont adonnés au monde. Je n'adresse pas ces paroles à toi seul ; à moi aussi je me les répète. Et j'ai de l'indulgence pour toi, moi et les autres, tant ce monde est un magicien habile. Certains sont abusés par ses sortilèges. D'autres, même s'ils tiennent le monde pour ce qu'il est et ne se laissent pas prendre à ses tours — poussés par le besoin, ont recours à lui : il leur faut alors frayer avec les hommes vils et manger au même plat que les ignorants. Quel fléau plus lourd que celui-ci ? Et il faut qu'il en soit ainsi pour que le monde tourne, que dis-je ! il faut aux sages servir les porcs et les ours pour traverser ce monde.

O Derviche ! Puisque ici-bas nous sommes tombés, il nous faut avec perspicacité atteindre le seuil, il nous faut accepter et consentir. Peut-être alors échapperons-nous, sains et saufs, à ce fauve sanguinaire. Rien ne sert de gémir ou de crier.

Gloire à Dieu le Seigneur des deux mondes.

De ce que disent les témoins de l'Unicité
sur le monde
(résumé du vingtième traité)

Les derviches, *que Dieu augmente leur nombre,* demandèrent à ma chétive personne de leur exposer comment les témoins de l'Unicité expliquent le monde ; quels sont, selon ceux-ci, le monde supérieur et le monde inférieur ; le premier Ciel et le septième Ciel. « *Ma réussite ne dépend que de Dieu. Je m'abandonne à Lui ; je m'en remets à Lui.* »

que tous les étants forment un même **arbre**

Sache, *béni sois-tu dans les deux mondes,* que pour les témoins de l'Unicité, tous les étants forment un seul arbre. La sphère première, ou Sphère des sphères, qui est simple et sans tracé, est le sol de cet arbre. La deuxième sphère, ou sphère des Fixes, est la racine de cet arbre. Les sept Cieux, lesquels sont chacun une planète, constituent le tronc de cet arbre. Saturne est au premier Ciel ; la Lune, au septième. Saturne est plus éloigné de nous. Ce qui est plus près de nous est plus élevé en hiérarchie. Les quatre éléments et les quatre natures constituent les branches de cet arbre. Le minéral, le végétal et l'animal en sont les feuilles, les fleurs et les fruits. Ayant appris les degrés de cet arbre, sache maintenant que les fruits sont au sommet — ils sont le substrat et la quintessence de l'arbre ; ils sont plus nobles et plus subtils que l'arbre même. Partant, tout ce qui est plus proche du fruit est d'autant plus élevé, plus subtil et plus noble.

Donc, les sphères et les planètes — lesquelles sont le sol, la racine et le tronc de l'arbre — constituent le monde inférieur. Les éléments, les natures, le minéral, le végétal et l'animal — lesquels sont les branches, les feuilles, les fleurs et les fruits de l'arbre — constituent le monde supérieur. De là, il a été dit que les sphères, les planètes, les éléments et les natures sont la Table Préservée, le Livre divin. Tout ce qui est écrit dans le Livre de Dieu se manifeste ici-bas :

Il n'est rien de vert ou de desséché
qui ne soit mentionné dans le Livre explicite.
Qorān VI/59

de la même manière que ce qui apparaît sur l'arbre est écrit dans la racine et les branches.

O Derviche ! Les gens de l'Unicité disent que les degrés de cet arbre furent et sont pour toujours achevés. Mais certains degrés sont de telle sorte qu'ils ne quittent pas la forme qu'ils ont et ne prennent pas une autre forme. Ces degrés relèvent du monde inférieur, lequel est constitué par les sphères et les étoiles. Ils sont la racine et le tronc de l'arbre. Il faut qu'il en soit ainsi, parce que la racine et le tronc ne quittent pas la forme qu'ils ont et n'en prennent pas une autre. D'autres degrés sont de telle sorte qu'ils abandonnent la forme qu'ils ont et ne prennent pas une autre forme. Ces degrés relèvent du monde supérieur, lequel est constitué par le minéral, le végétal et l'animal. Ils sont les feuilles, les fleurs et les fruits de cet arbre. Il faut qu'il en soit ainsi, parce que les feuilles, les fleurs et les fruits ne sont pas toujours sur l'arbre dans le même état. Certains fruits tombent au moment de la floraison ; d'autres, alors qu'ils sont encore verts ; d'autres, une fois mûrs. Puis, derechef, des feuilles, des fleurs et des fruits apparaissent, croissent, mûrissent et tombent. Plus l'arbre s'élève en degrés, plus il devient subtil et effilé. Pour cette raison, l'arbre devient vulnérable ; il oscille de côté et d'autre, au contraire de la racine, du tronc et des branches majeures.

Tout ce qui est propre à l'arbre — racine, tronc, branches, feuilles, fleurs, fruits — procède de l'arbre même. L'arbre est à soi le pourvoyeur, le jardinier, le sol, l'eau, l'air, le soleil, l'ombre, la vie. L'arbre a tout en soi et par soi. L'arbre est tout ; tout est cet arbre.

de la sensation ; du mouvement volontaire ; du choix

Sache que pour les gens de l'Unicité, il n'est, à tous les niveaux des étants, ni sensation, ni mouvement volontaire, ni choix — sauf à celui de l'animal. La sensation, le mouvement volontaire et le choix sont propres à l'animal. Il n'est à tous les étants ni intelligence ni connaissance — sauf à l'homme. Intelligence et connaissance sont propres à l'homme. Les sphères, les étoiles, les anges, les éléments, les natures n'ont ni sensation, ni mouvement volontaire, ni choix, ni intelligence, ni connaissance. Ils sont sans cesse à l'œuvre ; à chacun est une tâche assignée

à laquelle il ne peut se soustraire, qu'il ne peut échanger.
Donc, leur « faire » procède d'eux sans qu'il y ait de leur
part connaissance, réflexion et choix. Autrement dit, la
sensation, le mouvement volontaire, le libre arbitre, l'intelligence et la connaissance sont propres aux fruits de cet
arbre ; ils ne sont pas aux autres niveaux de l'arbre.

O Derviche ! Ce qui, en cet arbre, est sensible est appelé
le monde du *Molk*. Ce qui, en cet arbre, est intelligible est
appelé le monde du *Malakūt*. Le *Molk* est avec le *Malakūt*.
Tous deux vont de pair ; ils sont inséparables. Mais, lorsque les corps simples deviennent composés et que les corps
composés redeviennent simples, des différences apparaissent. L'on se figure alors que quelque chose vient d'ailleurs.
Or, rien ne vient de nulle part. Chaque monade qui existe
possède en soi et par soi ce qui est nécessaire pour atteindre sa propre perfection.

Traité sur la doctrine des gnostiques

Le plus humble d'entre les humbles, le serviteur des pauvres, 'Azizoddīn Nasafī, dit que les pèlerins parvenus à la huitième étape sont appelés « gnostiques », qu'ils forment un groupe si élevé que qualifier leur grandeur lui serait impossible.

O Derviche ! Les gnostiques sont ceux qui, de nombreuses années durant, se sont astreints, auprès d'un Maître, à l'ascétisme et à l'effort persévérant. Après avoir récolté la connaissance exotérique et la connaissance ésotérique, avoir cru être arrivés à Dieu, connaître Dieu — ils découvrent, au bout de soixante-dix années de vie, qu'ils ne savent rien, que tout ce qu'ils croyaient savoir n'est que fantasme et illusion. Ils se voient ignorants, indigents et misérables et reconnaissent leur indigence et leur ignorance. Ils font, d'emblée, la paix avec toutes les créatures du monde, les voyant comme eux-mêmes dépourvues et misérables. Ils sont délivrés de la rébellion et du reniement — ils consentent et se soumettent. Ils savent que l'aboutissement du pèlerinage est la conscience de leur ignorance. Lorsqu'ils savent de science certaine qu'ils ne savent rien, le pèlerinage est accompli, le but atteint.

O Derviche ! Sache que les gnostiques ont un temps frayé avec les théologiens, un temps avec les philosophes, un temps avec les adeptes de la métempsychose ; un temps avec les soufis, un temps avec les témoins de l'Unicité. De chaque groupe ils ont entendu : « C'est nous qui détenons la vérité ; ceux qui ne sont pas avec nous sont dans l'erreur. » Mais voici : « La vérité est une — se disent-ils en eux-mêmes. Or tous se contredisent. Donc, tous ne peuvent détenir la vérité. » Partant, ils savent de science certaine qu'aucun n'est dans le vrai. En outre, ils s'avisent au sujet de ceux-là mêmes qui d'abord prononcèrent ces paroles, établirent ces étapes, firent apparaître ces multiples sectes, de deux choses : ou ceux-là se réfèrent au Prophète ; ou ils parlent de leur propre chef. Si tous se référaient au Prophète, tous seraient unanimes. Or, ils se contredisent. C'est donc qu'ils parlent selon leur jugement, leur pensée et leur intellect. Celui qui s'exprime à partir de ces seuls critères, ignore tout de la pré-éternité et de l'éternité sans fin, ainsi que des états *post mortem*. Et s'il prétend savoir, il est dans l'ignorance totale ; il ne sait pas, et il ignore qu'il ne sait pas.

Les gnostiques, après avoir bien considéré et étudié les propos et raisonnements de ces divers groupes et vu qu'aucun n'a de fondement, savent qu'ils sont tous dans l'ignorance. Les sphères et les étoiles, qui relèvent du sensible, sont perceptibles par nos yeux. Pourtant, jamais personne n'a pu et ne pourra en atteindre le fond ; jamais personne n'a su et n'en saura les effets réels. Si d'aucuns ont pu déceler la marche des sept planètes, connaître ce qu'en vingt-quatre heures chacune parcourt, évaluer pour chacune l'hexagone, le carré, l'opposition et la conjonction — les autres effets des étoiles fixes leur sont totalement inconnus et le leur seront à jamais.

O Derviche ! Puisque les sphères et les étoiles, lesquelles sont visibles, demeurent inconnues, comment connaîtrait-on les attributs, les noms et les actes de Dieu ? le début et la fin du monde ? la marche de la pré-éternité à l'éternité sans fin ainsi que les états *post mortem,* lesquels sont invisibles ?

O Derviche ! Sache que pour les gnostiques, l'homme connaît les choses sensibles — hors celles-ci, il ne connaît rien. Et encore ces choses sensibles, telles qu'elles sont en réalité, il ne les connaît pas. Comment connaîtrait-il alors l'invisible ?

O Derviche ! Les animaux non doués de la parole savent tout ce qui leur est nécessaire pour subsister en ce monde. Ils pressentent leur ennemi et de lui se gardent. Ils distinguent parmi les comestibles ceux qui leur sont bénéfiques et les récoltent. Ils veillent à leur nourriture et, de ce qui leur est nocif, s'abstiennent. Ils ont leur séjour d'hiver et celui d'été ; la saison venue, ils s'y rendent. Ils s'accouplent en temps opportun ; mettent bas leurs petits et les élèvent. Ils construisent des gîtes à leur convenance et à celle de leur progéniture, etc. Ils savent ce qui leur est nécessaire et y pourvoient. Ils ont cette science-là.

Les hommes aussi savent ce qui leur est nécessaire pour subsister en ce monde : les paroles bonnes ; les constructions sûres, le commerce, l'agriculture, la connaissance des aliments, des boissons, des pharmacopées ; celle des douleurs et des maladies ainsi que du remède pour chacune — bref, tout ce qui appartient au monde empirique. Au-delà de ces choses tangibles, ils ne savent rien. Ils croient savoir mais ce n'est qu'illusion. Il en est d'eux comme il est rapporté dans l'histoire de l'éléphant et des aveugles.

O Derviche ! Pour les gnostiques, tous les prophètes, en dépit de leurs paroles diverses et de leurs décrets nom-

breux, eurent en commun dans leur appel ces quatre
objets :

Le premier est que l'homme renonce au monde — que
désormais par lui il ne soit plus séduit ; qu'il se contente
ici-bas de ce qui lui est indispensable et sache de science
certaine que richesse et position n'engendrent que tourments multiples.

Le second est que l'homme se purifie des mauvais penchants, et se pare des belles qualités.

Le troisième est que l'homme soit vrai en paroles et en
actes.

Le quatrième est que l'homme rejette tout prétendu
savoir, admette son indigence et son ignorance, imite son
prophète. Autrement dit, qu'il accepte et accomplisse ce
que son prophète a dit ; que de son propre chef, il n'embrasse pas une autre voie, une autre religion ; qu'il sache
avec certitude qu'il ne sait rien.

O Derviche ! L'affaire du pèlerin est de porter à la perfection ces quatre points afin d'atteindre sa propre perfection. Lorsqu'on interrogeait le Prophète sur autre chose
que les préceptes de la Loi religieuse, le Prophète s'offen-
sait et ne répondait pas. Ses compagnons étaient avertis et
se gardaient d'interroger. Un jour qu'un néophyte ques-
tionnait outre mesure, le Prophète rétorqua : « *J'ai été
envoyé pour élucider les décrets, non les Réalités Vraies.* »

J'ai entendu de maints esprits perspicaces que celui qui
accède à cette huitième étape, qui entend avec ferveur les
paroles des mystiques, qui connaît le but et la destination
des pèlerins — est bienheureux en ce monde et en l'autre.

Gloire à Dieu le Seigneur des deux mondes.

Première préface
(manuscrit 4899
de la bibliothèque Nūr-e-Uthmānī)

Un groupe de derviches, *que Dieu augmente leur nombre,* demanda à ma chétive personne de rédiger un livre sur les étapes des pèlerins — qui est le pèlerin ; quelle est la voie ; combien il y a d'étapes ; quelle est la destination ? — qui soit pour moi un trésor et un souvenir et pour eux un compagnon et un modèle. Je répondis à sa requête et priai Dieu Très Haut de m'accorder aide et assistance afin qu'Il me garde de la faute et de l'erreur, car *Il est puissant et prêt à exaucer.*

du pèlerin ; de la destination

Qui est le pèlerin ?
O Derviche ! Le pèlerin premier est le sensorium. Après un temps, le pèlerin devient l'intelligence, celle dont l'Envoyé décréta : « *L'intelligence est une lumière dans le cœur ; elle nous fait distinguer le vrai du faux.* » — non l'intelligence pratique. Après un autre temps, le pèlerin devient « la lumière de l'intelligence ».
Ayant appris ce qu'est le pèlerin, sache maintenant que

la destination et le but suprême de tous ceux qui sont sur la voie est la connaissance de Dieu. Cette connaissance est le fait de la lumière de Dieu ; le sensorium et l'intelligence pratique n'y ont aucune part. Les dix sens sont les ouvriers de l'intelligence. L'intelligence pratique règne sur la terre : construire, ici-bas, est son rôle. Donc, l'affaire du pèlerin est de s'adonner au travail et à l'effort sous la direction d'un sage, afin de parvenir à la lumière de Dieu, de connaître Dieu.

des étapes des pèlerins

Ayant appris ce qu'est le pèlerin, quel est son but et son désir suprême, sache maintenant que les derviches me demandèrent : « Quelle est la voie ? Combien y a-t-il d'étapes ? »

O Derviche ! Si l'on interroge sur les étapes du voyage *vers* Dieu, sache qu'il n'en est pas ; qu'il n'en est pas une seule — que dis-je, qu'il n'est pas même de voie.

O Derviche ! De toi à Dieu, il n'est pas de chemin, que ce soit dans le sens latitudinal ou dans le sens longitudinal. Il n'y a qu'un point. C'est à l'homme apte que la connaissance de Dieu est donnée par une seule parole du sage ; et voici : le voyage vers Dieu est achevé.

O Derviche ! De toi à Dieu il n'est pas de chemin. Et s'il en est un, tu es toi-même ce chemin. Efface donc l'être qui est tien afin d'abolir la distance. Sache avec certitude que l'être est à Dieu seul.

> « Pose un pas sur ton ego et l'autre dans la ruelle de l'Ami ;
> en tout vois l'Ami — qu'as-tu affaire de ceci ou de cela ! »

Quant aux étapes où s'arrêtent les pèlerins et la foi de ceux-ci à chacune d'elles, je les énoncerai car les connaître est d'un grand profit.

O Derviche ! Bien qu'il soit au monde maintes religions et d'innombrables croyances, celles-ci tiennent toutes sur dix niveaux. Nous exposerons en détail ces dix plans. La connaissance de ceux-ci est d'un grand profit. Elle est pour le pèlerin le secours dans le voyage en Dieu. Elle est pour le sage ce qui, dans l'enseignement et l'éducation des disciples, lui permet de connaître le défaut de chacun et d'y remédier. Toutefois, bien entendre ne suffit pas, car d'entendre à savoir, le chemin est long. A chaque étape, le pèlerin fait une pause afin de connaître véritablement l'harmonie et le désordre de cette étape ; puis, à partir de là, de progresser.

O Derviche ! Les hommes font une lourde erreur : tout ce qu'ils entendent, ils s'imaginent le connaître ; et lorsqu'ils le répètent, ils s'imaginent l'accomplir. De chacune de ces étapes, il est un chemin vers Dieu. Quelle que soit l'étape d'où il part, le pèlerin qui accomplit le pèlerinage selon la règle parvient au but. Aucune de ces étapes n'est antérieure ou postérieure à l'autre. Qu'importe à partir de laquelle s'ouvre la voie, car tous les hommes sont des imitateurs. Ce qu'ils entendent, ils le croient. Tout le jour, ils sont en conflit les uns avec les autres, chacun affirmant détenir seul la vérité. Celui qui achève le pèlerinage, qui recueille la connaissance divine, n'est à aucune de ces étapes — il est au but. Celui-là est en paix avec tout le monde. Le pèlerin, une fois au but, sait lesquelles de ces étapes sont éloignées, lesquelles sont proches, lesquelles sont au but même. La connaissance de Dieu, sache-le bien, se reconnaît à de nombreux signes. Ici, la parole est sans valeur ;

c'est l'acte et le déchiffrement des symboles qui importent.

Pour celui qui parvient à Dieu, qui connaît Dieu, le voyage *vers* Dieu est achevé. Celui-là, d'emblée, est en paix avec toutes les créatures du monde. Pour celui qui, après avoir connu Dieu, sait et voit la réité des choses et la sagesse de cette réité, le voyage *en* Dieu est achevé. Celui-là sait tout ; il ne reste rien qu'il ne connaisse. Le Prophète, *sur lui le salut !,* assurément est arrivé à Dieu, a connu Dieu — lui qui faisait cette ardente prière : « *Seigneur ! montre-nous les choses telles qu'elles sont !* »

Bref, pour en revenir à notre propos, les pèlerins, à chaque étape, parlent selon une règle et une loi.

O Derviche ! Sur cent mille pèlerins qui prennent la Voie, un seul parvient à Dieu, connaît Dieu. Sur cent mille pèlerins qui parviennent à Dieu, connaissent Dieu, un seul arrive à ce point où il sait et voit la réité des choses et la sagesse de cette réité. Tous les autres restent en chemin.

O Derviche ! Sois d'une haute force d'âme et, tant que tu es en vie, sois à l'œuvre, car la science et la sagesse de Dieu sont illimitées.

J'ai humblement, dans ce livre et les traités qui précèdent, rédigé et assemblé des propos sur quatre étapes. Je n'ai pu écrire sur plus de quatre, n'ayant pas rencontré de pèlerin à la force d'âme plus élevée. Si d'aucun possède la perspicacité, la compréhension, la diligence, l'agilité, l'amour, la sincérité, la constance, la loyauté, la reconnaissance, la circonspection, la discrétion — pour celui-là, les dix étapes sont assemblées et écrites ; « *Ma réussite ne dépend que de Lui ; je m'abandonne à Lui, je m'en remets à Lui.* »

Nous avons commencé par l'étape des théologiens ; tous les théologiens sont à la première étape.

Epilogue
du Livre des Etapes des Pèlerins

Un groupe de derviches, *que Dieu augmente leur nombre,* demanda à ma chétive personne de donner au Livre des Etapes, à présent terminé par la grâce de Dieu, l'épilogue et l'exhortation dignes des pèlerins. Je répondis à sa requête et priai Dieu Très Haut de m'accorder aide et assistance afin qu'Il me garde de la faute et de l'erreur, car *Il est puissant et prêt à exaucer.*

du pèlerin à la station de l'Unicité

Sache, *béni sois-tu dans les deux mondes,* que lorsque le pèlerin arrive à la station de l'Unicité, il est au seuil de déserts sanguinaires. S'il traverse sain et sauf ces immensités redoutables, il devient Homme et le titre de « monothéiste » lui sied. Il gravit les dix échelons — les neuf premiers étant les étapes, le dixième le but — et atteint la perfection. S'il ne peut traverser ces déserts, il demeure imparfait et, dans ces étendues désolées, éperdu il s'égare et périt.

357

O Derviche ! Au seuil de la station de l'Unicité, le pèlerin voit d'abord s'ouvrir devant lui le désert de l'Hérésie. Dans ce désert, nombreuses sont les créatures. Toutes sont égarées, en déréliction, pour avoir manqué à la Loi religieuse et délaissé la ruelle de la Vérité. Eperdues, égarées, elles s'imaginent pourtant avoir atteint la perfection, avoir accédé au but. Ce sont là, à leur propre insu, les plus déficients des hommes. Celui que la grâce touche, qui rencontre le guide sage et qui, grâce à l'assistance bénie de celui-ci, traverse le désert de l'Hérésie, voit s'ouvrir devant lui le désert de la Licence. Dans ce désert aussi, nombreuses sont les créatures. Toutes sont égarées, en déréliction. Le pèlerin que la grâce touche, qui rencontre le guide sage et qui, grâce à l'assistance bénie de celui-ci, traverse également le désert de la Licence, est délivré ; l'espoir lui est permis, le salut est proche. Le signe que le pèlerin a franchi ces deux déserts sanguinaires est que la Loi religieuse qu'il avait perdue, il la retrouve et la chérit. Orné par la piété, il sait avec certitude que jusque-là il était égaré, qu'il faisait fausse route, qu'à présent, il est sur la Voie. C'est alors qu'un troisième désert non moins effrayant s'ouvre devant lui : celui de l'ambition d'être shaykh et guide. Cette ambition est un voile épais.

O Derviche ! Arrivé là, le pèlerin, émerveillé, s'enorgueillit. Il ne voit et ne peut voir personne au-dessus de soi, ni en science ni en acte. Il n'écoute la parole et n'accepte le conseil de personne. Bien plus, il veut que tous l'écoutent, acceptent ses conseils, deviennent ses disciples. Et lorsqu'en son cœur cette ambition s'affermit, et malgré tout augmente, lorsqu'en outre, adonné avec ferveur à l'ascèse et à l'effort, il passe ses nuits et ses jours en adorations et en dévotions, n'omet aucune prière, ne néglige aucun point dans le rituel de la *Tarīqat* et de la *Sharī'at*

— la Voie mystique et la Loi religieuse — et accomplit tout cela par vanité, afin que les hommes le prennent à son tour en affection et deviennent ses disciples, alors l'illusion d'une mission prophétique s'empare de lui. Désormais, pareille personne ne se contente plus d'être un maître. C'est là encore un désert sanguinaire. Le pèlerin, à ce stade, ne peut assurément échapper à cette tentation. Le voici pour longtemps affligé de ce fléau ; la proie, jour et nuit, de cette pensée. Son cœur lui souffle : « Proclame-toi prophète ! » Son intelligence réplique : « Taistoi ! Tu serais aussitôt renié, désavoué ; le désordre s'ensuivrait. » Certains sont forts et sages ; ils n'expriment pas cette pensée secrète et, par devoir, le rejettent. Ceux-là recouvrent la santé. D'autres sont faibles et ignorants ; ils ne peuvent la réprimer. Que ceux-là s'ouvrent aussitôt de leur état à des amis compatissants et propices ; qu'ils demandent conseil à ceux qui furent guéris du même mal. Ils verront alors clairement que le désir de guider est le fait de l'âme charnelle, le fruit de l'ambition. Ils renonceront aisément à cette vaine prétention et passeront en paix le reste de leurs jours.

de l'ambition d'être guide et maître

Sache que cette ambition est inhérente à la nature de tous les hommes. L'âme charnelle est présomptueuse : elle ne souffre personne au-dessus de soi. Pourtant, certains hommes prévalent sur d'autres ; les tiennent solidement sous leur joug ; les conquièrent et les soumettent. Les uns font acte d'allégeance, contraints par la nécessité ; d'autres, par cupidité et ambition. Aucune âme librement ne se soumet ; cet attribut est inhérent à l'âme. Tous les hommes,

à leur mesure, sont présomptueux ; certains même préten-
dent être Dieu.

Quand les sages, instruits de ce secret, voient cet attribut prévaloir sur l'âme, ils savent que l'ego s'oppose à
l'union.

> *Celui qui aura préservé son âme des passions,*
> *le Paradis sera son refuge.*
>
> Qorān LXXI/41

Ils contrarient leur ego ; s'arrachent du cœur ce désir
de guider ; ils deviennent libres et sereins. C'est pourquoi
il a été dit que le dernier obstacle devant l'Ami véridique
est l'ambition.

Ce qui importe est la liberté et la quiétude. Tous les
pèlerins sont en route vers ce double but. Le renoncement
est ce qui les y conduit ; partant, il n'est rien de meilleur
pour le pèlerin que le renoncement. Les paroles creuses,
les futilités, les prétentions sont innombrables. Nous par-
lons beaucoup, nous entendons beaucoup. Tout cela en
vain. Seul le renoncement compte, parce que seul le renoncement conduit à la liberté et à la quiétude.

O Derviche ! L'appétit de régner, de gouverner, de diriger, de guider, de prêcher, de juger, de faire la leçon et
autres choses de la sorte sont les portes de l'Enfer. L'ignorant, à longueur de temps, s'acharne à rendre devant soi
ces portes plus larges et plus béantes. Le sage, au contraire,
n'a de cesse de les rendre plus étroites, de les clore devant
soi. Renoncer à l'ambition revient à clore devant soi les
portes de l'Enfer.

O Derviche ! Il faut que ces portes soient ; le monde
sans elles n'existerait pas. Mais il n'est pas nécessaire que
tu te tiennes devant.

Donc, c'est lorsque le pèlerin franchit ce dernier désert et renonce à s'imposer en guide qu'il trouve le salut. Jusque-là, il était dans la crainte et le désarroi. A présent, il est fort et sûr, au seuil de la Vérité.

exhortation

O Derviche ! En science et en connaissance, à quelque rang que tu accèdes, ne te fie ni à ton intellect ni à ta connaissance ; ne prétends pas détenir la vérité ; n'inaugure pas de toi-même une nouvelle voie ; ne fonde pas une nouvelle secte. En science et en connaissance, à quelque rang que tu sois, imite ton prophète ; ne manque pas à sa Loi. Les innovateurs et les hérétiques ont toujours été parmi les hommes de science et les théologiens qui se sont fiés à leur savoir et à leur intellect, qui ont prétendu détenir seuls la vérité. Prends garde de ne pas compter parmi eux.

O Derviche ! Sache avec certitude que c'est la vanité de ton ego qui affirme que tu es dans le vrai, que les autres sont dans l'illusion. Ne sois pas davantage vaniteux ; sors du leurre ! Sache avec certitude que la base de tout égarement est la vaine préséance de l'ego sur ce qui agrée à Dieu. Cela, ne le tolère pas ! Accepte de moi ce conseil — nul mal n'en viendra jamais : ne t'écarte pas de la tempérance. Autrement dit, ne manque pas à la Loi religieuse. L'âme charnelle a la nature de la paille — il faut la battre pour en séparer le grain.

Gloire à Dieu le Seigneur des deux mondes.

Fin

Notes

1. Dhū'l-Qarnaïn : litt. : « *Celui qui possède deux cornes* » c'est-à-dire Alexandre le Grand (Iskandar). On sait que la corne est considérée, chez les Sémites, comme le symbole de la puissance. Le récit contenu dans le verset 83-98 de la sourate XVIII est à comparer avec les légendes concernant Alexandre le Grand, conservées sous les noms du pseudo-Callisthène et de Jacques de Sarouj. (Cf. *Le Qorān*, introduction, traduction et notes par D. Masson. Bibliothèque de la Pléiade, note 83, p. 877).

2. Le prophète Ezéchiel (XXXVIII, 2) cite : « Gog au pays de Magog ». Dans l'Apocalypse de Jean (XX, 8) les noms « Gog et Magog » symbolisent les nations barbares. On les retrouve dans la légende d'Alexandre le Grand parmi les peuples féroces et sanguinaires contre lesquels Alexandre fit construire, par des forgerons, un mur d'airain destiné à les enfermer dans leur contrée et à les empêcher de nuire au restant de l'humanité. (*Le Qorān, op. cit.*, note 94, p. 877.)

3. *Majnūn* : litt. : « *Possédé par les djinns* ». Majnūn est le nom de l'amant de Layla dans le roman du poète Nizāmī (XIIᵉ après J.-C.), histoire, inspirée d'une vieille légende arabe, d'une passion mutuelle qui ne s'accomplit que dans la mort.

4. Khezr, cf. *Qorān* XVIII/60-83. Cet homme de Dieu, ce messager, peut être considéré comme un initiateur auquel la

364

Tradition musulmane donne le plus souvent le nom de « al khadir ». Khezr trouva la source de Vie, but de son eau et obtint l'immortalité. On l'identifie parfois avec le prophète Elie.

5. *Qibla* : direction de La Mekke indispensable pour la validité de la prière ; elle est fixée dans les mosquées par une niche plus ou moins ornée, le *mihrāb*.

6. *Borāq* : la jument sur laquelle Mohammad fut transporté au ciel.

7. *Vetr* : prière surérogatoire constituée d'une seule unité.

8. *Avvābin* : pluriel de *avvāb* qui signifie « le repenti », celui qui se repent.

9. Il s'agit de Ja'far le Véridique, le sixième grand Imām des shiites.

10. *Hadīth* : tradition relative aux paroles et aux actions de Mohammad.

11. *Ka'ba* : sanctuaire principal de La Mekke. La forme de l'édifice ressemble à un dé, mais est en réalité rectangulaire, environ dix mètres sur douze, avec une hauteur de quinze mètres. La *Ka'ba*, construite avec la pierre grise des montagnes environnantes repose sur une assise de marbre. Ses quatre angles sont dits respectivement irakien, syrien, yéménite (en raison de son orientation) et noir (à cause de la pierre noire).

12. *Shaqīq* : mystique célèbre mort en 194 de l'Hégire (VIIIᵉ siècle après J.-C.). Originaire de Balkh. Disciple et compagnon d'Ibrahim Adham. (Cf. Encyclopédie Mo'in.)

13. Ibrahim Adham : De souche royale, il renonça au sultanat de Balkh, fit vœu de pénitence et emprunta la voie des soufis. († en 162 de l'Hégire — VIIIᵉ siècle après J.-C.)

14. Bāyazīd : Abū Yazīd Bastāmī, un des maîtres sur la voie spirituelle ; désigné le « migrateur » (sayyāh). Il mourut en 260 de l'Hégire (IXᵉ siècle après J.-C.) et fut enterré à Bastām. Son grand-père était un zoroastrien converti à l'Islam.

15. 'Aïn al-Qozāt Hamadānī : un des plus grands maîtres soufis du premier quart du VIᵉ siècle de l'Hégire. Il était en jurisprudence adepte de Shāfe'ī et sur la voie mystique, disciple de Ahmad Ghazali (cf. Encyclopédie Mo'in).

16. Wāq-wāq : nom d'un arbre fabuleux dont les fruits ont la forme d'un homme ou d'un animal et ont le don de la parole. Cet arbre est toujours vert le matin et sans verdure le soir. (Cf. dictionnaire persan-français, Desmaisons.)

TABLE DES MATIERES

369

TABLE DES MATIÈRES

LE LIVRE DE L'HOMME PARFAIT

OUVRAGES DEJA PARUS DANS LA COLLECTION

1. **Thomas MERTON : *Zen, Tao et Nirvâna.***
    Une suite de pénétrantes études, par un moine chré-
    tien, sur l'esprit et la contemplation dans le Taoïsme
    et le Bouddhisme (particulièrement l'école Tch'an
    ou Zen), confrontés avec la mystique catholique.

2. **Miguel MOLINOS : *Le Guide Spirituel.***
    Réédition de la « bible » du quiétisme, depuis long-
    temps devenue introuvable, qui exerça une si grande
    influence au XVIIe et au XVIIIe siècle. Œuvre mal
    connue, elle est inséparable des écrits de Fénelon et
    de Mme Guyon.

3. **E.-Alexis PREYRE : *Le Doute Libérateur.***
    Se présentant comme un journal, un itinéraire spi-
    rituel insolite où voisinent de pénétrantes réflexions
    sur la vie intérieure et des extraits d'auteurs appar-
    tenant à tous les temps et à toutes les traditions.

4. Julius EVOLA : *Le Yoga tantrique.*
L'exposé le plus complet et le plus sérieux que nous ayons sur les fondements métaphysiques et les pratiques du Tantrisme, cette doctrine qui, d'après la tradition hindoue, est celle qui permet encore aujourd'hui une authentique réalisation spirituelle.

5. MILAREPA : *Ses Méfaits, ses Epreuves, son Illumination.*
Autobiographie du célèbre maître tibétain du XIe siècle, traduite du tibétain par Jacques Bacot. Un des plus grands documents spirituels de l'humanité, décrivant l'expérience mystique dans ce qu'elle a de plus concret. La meilleure introduction qui soit pour comprendre ce que fut le Tibet.

6. LIN-TSI : *Entretiens.*
Première traduction en une langue occidentale de l'un des livres essentiels de la secte bouddhique tch'an (zen). Lin-tsi (japonais : *Rinzai*) est le fondateur de la branche du zen utilisant les fameux *koâns*. Traduction et commentaires par Paul Démiéville.

7. Henrich ZIMMER : *Le Roi et le Cadavre.*
Ni étude ni exégèse mais un recueil de contes mythologiques puisés dans les traditions de l'Inde, de l'Irlande et de l'Islam. Entrelacés de commentaires métaphysiques, cosmologiques et psychologiques, l'auteur nous fait assister aux luttes pour la reconquête de notre intégralité perdue.

8. Jacob BOEHME : *Confessions.*

Toute la doctrine de Boehme, aujourd'hui d'une si grande actual té exposée par des textes choisis et commentée par Alexis Klimov. Une étude par le même spécialiste les accompagne : *Le Philosophe teutonique ou l'Esprit d'aventure.* Plusieurs esquisses biographiques par des témoins ayant connu Boehme figurent en appendice.

9. Choghyam TRUNGPA : *Méditation et Action.*

Recueil de causeries par un authentique moine tibétain, exposant sans érudition superflue la pratique de la méditation « vide », suivant l'approche lamaïque où l'action ne se sépare jamais de la vie intérieure.

10. Guiseppe TUCCI : *Théorie et Pratique du Mandala.*

Exposé détaillé des aspects métaphysiques et psychologiques des *mandala* : psycho-cosmogrammes jouant un rôle déterminant dans les pratiques de méditation bouddhique indiennes et tibétaines.

11. *Hatha-yoga-pradīpikā.*

Traduit du Sanskrit, le plus ancien et le plus complet traité de Hatha-yoga, avec les commentaires de Brahmananda. Une longue étude sur toute la religion yogique, par Tara Michaël, précède la traduction.

12. DOV BAER DE LOUBAVITCH : *Lettre aux Hassidim sur l'Extase.*

La première traduction en français des instructions d'un maître du hassidisme, l'école mystique juive qui

fit revivre au XVIII⁰ siècle les enseignements séculai-
res de la Cabbale.

13. SRI AUROBINDO : *Le Secret du Véda.*
Une clé pour comprendre l'un des plus anciens textes sacrés de l'humanité : le *Rig Véda.* Le maître de
Pondichéry propose la première interprétation absolument cohérente de cette toile de fond de sagesse et
de la pensée indiennes.

14. SOHRAVARDI : *L'Archange empourpré.*
Quinze traités et récits mystiques, traduits du persan
et de l'arabe, présentés et annotés par Henri Corbin.
Réunis pour la première fois, ces textes présentent la
doctrine des Platoniciens de Perse qui voulurent res-
susciter la « philosophie de la lumière » des sages de
la Perse préislamique. Cette école s'est perpétuée en
Iran jusqu'à nos jours.

15. *Haïku.*
Précédée par une préface de Yves Bonnefoy, et traduite par Roger Munier, la première anthologie de
haïku propose une expérience spirituelle qui se mesure à celle du satori, de l'illumination.

16. Antonio PORCHA : *Voix.*
Homme simple et qui exerça divers métiers manuels,
A. Porchia (1886-1968) n'écrivit qu'un seul livre,
issu de cette vie même dont il consigne l'expérience
extrême. Préfaçant ce recueil de maximes qui ne relèvent d'aucune tradition mais atteignent une sorte
de vérité immobile, J.-L. Borges écrit que l'on y

« sent la présence immédiate d'un homme et de son destin ». Traduit de l'argentin par Roger Munier.

17. Toshihiko IZUTSU : *Le kôan Zen.*
Par un spécialiste d'histoire des religions, un essai sur les aspects fondamentaux du bouddhisme zen tels qu'ils s'expriment dans le monde étrange des *koâns* et des *mondôs.*

18. Jacques MASUI : *Cheminements.*
Notés au fil des années, ces « fragments » retracent l'itinéraire spirituel de Jacques Masui qui dirigea la collection *Documents spirituels* jusqu'en 1975. Ces textes sont suivis de « Souvenir de Jacques Masui » par Henri Michaux.

19. W.B. YEATS : *Vision.*
Clé pour comprendre l'œuvre de Yeats, ce texte en prose écrit dans une langue magnifique constitue selon le critique anglais C. Brooks « la tentative la plus ambitieuse d'un poète pour créer un mythe ».

20. TRIPURARAHASYA : *La Doctrine secrète de la déesse Tripura.*
Traduit du sanskrit par Michel Hulin, ce dialogue entre un maître spirituel et son disciple expose une philosophie originale qui opère la synthèse du Vedanta non-dualiste et de certains courants tantriques.

21. Alain DANIELOU : *Shiva et Dionysos.*
Pour Alain Daniélou, l'Occident a perdu sa propre tradition et éloigné l'homme de la nature et du divin. Il nous fait découvrir ici les rites et les croyan-

ces du monde occidental ancien qui sont très proches du Shivaïsme et très aisément expliqués à l'aide des textes et des rites préservés dans l'Inde.

22. Roberto JUARROZ : *Poésie verticale.*
Pour Roberto Juarroz — « un grand poète d'instants absolus » selon Octavio Paz — c'est à la faveur d'un regard *vertical* que les choses de la surface prennent figure. Chacun de ces courts poèmes est donc une sorte de parcours où R. Juarroz éclaire le réel et parle en termes universels du destin de chacun. Traduction de Roger Munier.

23. *Alchimie.*
Traduits et présentés par Bernard Gorceix, ces traités allemands du XVIᵉ siècle nous montrent la signification spirituelle et la force poétique de la méditation alchimique.

24. Faridoddin ATTAR : *Le Livre de l'Epreuve.*
Traduit par Isabelle de Gastines, ce chef-d'œuvre de l'un des plus célèbres poètes et mystiques soufis de la Perse raconte le voyage initiatique de l'âme, incarnée par un pèlerin, en quête de l'unité.

25. Kristofer SCHIPPER : *Le Corps taoïste.*
Traitant du corps social comme du corps physique, de la liturgie, de la mythologie et de la mystique, ce livre montre les liens que le taoïsme établit entre les différents aspects apparemment contradictoires de l'existence humaine.

26. Emmanuel LEVINAS : *Ethique et Infini.*
Ces dix entretiens avec Philippe Nemo constituent une présentation fidèle de la pensée de Lévinas, le philosophe de l'éthique, qui est sans doute le seul moraliste de la pensée contemporaine.

27. Jacques LACARRIERE : *Sourates.*
Pour les disciples de Mohammed, *sourates* ne signifie pas seulement verset ou chapitre mais aussi révélations, voix perçues, voix reçues de l'homme-dieu qui est en nous. Ici, dans de courtes méditations, l'auteur de *L'Eté grec* s'est mis à l'écoute attentive, instinctive aussi — et souvent même émerveillée — de toutes les voix du monde environnant.

28. Marco PALLIS : *Lumières bouddhiques.*
Par des rapprochements heureux avec le christianisme, cet essai nous aide à comprendre le bouddhisme dans des catégories qui nous sont familières.

29. Henry CORBIN : *L'homme et son Ange.*
Ces récits d'initiation nous présentent la doctrine sohravardienne de l'*Ishrâq,* l'Ange étant le double céleste de la psyché terrestre.

— ACHEVÉ D'IMPRIMER —
LE 11 MAI 1984
SUR LES PRESSES DE
L'IMPRIMERIE
CARLO DESCAMPS
CONDÉ - SUR - L'ESCAUT
POUR LE COMPTE
DE LA LIBRAIRIE
ARTHÈME FAYARD
75, RUE DES SAINTS-PÈRES
PARIS VIe

35-10-7189-01
ISBN 2-213-01412-4

Dépôt légal : mai 1984
N° d'éditeur : 6865
N° d'impression : 3372

Imprimé en France